VENINGEN
eigefängnis
15 Mrt
el 784
?
ben later mammie...
fr. Zuchthaus
8-17 Sept
cel 5
We don't know where we go until we're there
sseldorf
afgefängnis
18-23 Sept
cel 61
es are round the corner
Ziegenhain
fr. Zuchthaus
23 Sept.-5 Oct
cel 42
Show me the way to go home
heim
stalt
-6 Mei
el 74
cel 253
La lune
rerans...
Bevrijding! 6 Mei-13 Juni Happy days..

Henriette Roosenburg

Morgen wartet eine neue Welt

aufbau

Die Heimreise: 17. Mai bis 13. Juni 1945

HENRIETTE
ROOSENBURG

Morgen wartet eine neue Welt

Frühling 1945 – der lange Weg nach Hause

Aus dem Amerikanischen
von Hans-Christian Oeser

aufbau

Die Originalausgabe unter dem Titel
The Walls Came Tumbling Down
erschien 1957 bei Viking Press, New York.

Mit einer Karte

Die Publikation dieses Buches wurde von der niederländischen Stiftung für Literatur finanziell unterstützt.

Nederlands letterenfonds
dutch foundation for literature

MIX
Papier aus verantwortungsvollen Quellen
FSC® C083411

ISBN 978-3-351-03836-6

Aufbau ist eine Marke der Aufbau Verlag GmbH & Co. KG

1. Auflage 2020

Einbandgestaltung zero-media.net, München
Satz und Reproduktion LVD GmbH, Berlin
Druck und Binden CPI books GmbH, Leck, Germany
Printed in Germany

www.aufbau-verlag.de

Für meine Freundinnen Joke und Nell,
meine Freunde Dries und Jos
und all jene, die starben,
auf dass Holland lebe

EINLEITUNG

Die folgende Geschichte schildert die Befreiung und den schwierigen Heimweg von vier niederländischen politischen Gefangenen nach Holland. Sowjetische Soldaten hatten sie in den letzten Tagen des Zweiten Weltkriegs aus der Frauenanstalt des Zuchthauses von Waldheim, einer Kleinstadt im Sächsischen, befreit. Die vier Personen sind:

Nell, dreißig Jahre alt, Amtsträgerin der niederländischen Pfadfinderbewegung, deren Organisationstalent im Widerstand von großem Nutzen war. Bevor die Gestapo im Herbst 1943 ihrer habhaft wurde, hatte sie ein Netz von Verstecken für über Holland abgeschossene alliierte Piloten organisiert. Darüber hinaus war sie an der Organisation des niederländischen Abschnitts einer *vluchtlijn* (Fluchtroute) beteiligt, die durch Belgien und Frankreich nach Spanien und Portugal führte und deren Zweck es war, die betreffenden Flieger dort, wo sie am meisten benötigt wurden, wieder zum Einsatz zu bringen.

Joke (ausgesprochen »Yoku«), zwanzig Jahre alt. Kaum der höheren Schule entwachsen, stürzte sich Joke beherzt in die Arbeit einer örtlichen Widerstandsgruppe, die sich ebenfalls darauf konzentrierte, alliierte Piloten, die über den Mooren um ihr Dorf abgeschossen worden waren, ausfindig zu machen und in Verstecken unterzubringen.

Schon bald schloss sie sich einer landesweiten Bewegung an und lernte auf diese Weise Nell und andere Menschen auf den *vluchtlijnen* kennen. Mehrere alliierte Flieger eskortierte sie über die niederländisch-belgische Grenze. Joke wurde im Mai 1944 gefasst und zum Tode verurteilt.

Zip, achtundzwanzig Jahre alt, Erzählerin dieser Geschichte. Als Studentin der niederländischen und französischen Literatur an der Universität Leiden begann sie in den frühen Tagen des Krieges für die Untergrundpresse zu arbeiten und wurde schließlich für Belgien, Frankreich und die Schweiz zuständige Kurierin einer Widerstandsgruppe, die der niederländischen Regierung in London Informationen über deutsche Truppenbewegungen und andere Angelegenheiten übermittelte. Als Kurierin hatte sie unweigerlich mit einigen der Fluchtrouten zu tun und half gelegentlich alliierten Piloten, wenn diese irgendwo festsaßen. Auf diese Weise lernte sie Nell und Joke kennen. Sie wurde im März 1944 aufgegriffen und zum Tode verurteilt.

Dries, der einzige Mann in der Gruppe, sechsundzwanzig Jahre alt. Als der Krieg ausbrach, weilte der Handelsmatrose zufällig auf Urlaub in Holland. Im Frühjahr 1944 versuchte er zusammen mit drei Freunden, von einem niederländischen Strand aus den Ärmelkanal zu überqueren. So tollkühn der Versuch auch war (denn die Deutschen bewachten die Küste so genau, dass es unmöglich war, ein gut ausgestattetes und seetüchtiges Boot zu Wasser zu lassen), hatten sie die Strecke doch fast zur Hälfte zurückgelegt, bevor sie von deutschen Kriegsschiffen umzingelt und schmachvoll zurückgeschleppt wurden. Dries wurde im April 1944 verhaftet und zum Tode verurteilt.

Die Nazis behandelten ihre politischen Gefangenen auf ganz unterschiedliche, rational nicht nachvollziehbare Weise. Viele Häftlinge wurden standrechtlich erschossen. Andere ließ man an Hunger, Ruhr, Tuberkulose und anderen in Konzentrationslagern und Gefängnissen grassierenden Krankheiten zugrunde gehen. Einige, wie die vier in dieser Geschichte, wurden zwar offiziell vor ein Kriegsgericht gestellt, doch diese Kriegsgerichte waren eine Farce: Vor der Urteilsverkündung durfte der von den Nazis bestellte Strafverteidiger die Gefangenen nicht sehen. Seine einzige Rolle bestand darin, während der Verhängung des Todesurteils anwesend zu sein – eine erbärmliche Erinnerung daran, dass Deutschland einst zu den zivilisierten Nationen gezählt hatte und wusste, was ein rechtskonformes Verfahren war.

Aber auch nach einem offiziellen Kriegsgerichtsprozess fiel die Behandlung unterschiedlich aus. Manchmal wurden die zum Tode Verurteilten tags darauf im Morgengrauen aus dem Gefängnis geholt und an einem geeigneten Ort in der Nähe erschossen. Manchmal wurden sie der sogenannten »Nacht-und-Nebel-Gruppe« zugeteilt (von Häftlingen und Wachen NN genannt) und von einem Gefängnis zum anderen verschoben, immer weiter von der Front entfernt. Die vier Hauptfiguren dieser Geschichte zählten zu den »NN-Häftlingen«.

In Zuchthäusern oder Konzentrationslagern angekommen, waren die NN-Häftlinge die niedrigste Häftlingskategorie. An der Spitze standen die deutschen Kriminellen, denen begehrte Kalfaktorenaufgaben wie Küchenarbeiten und die Verteilung von Lebensmitteln und Kleidungsstücken (das Beste behielten sie für sich) zugewiesen wurden. Als Nächstes kam eine bunte Mischung aus Prostituierten, Schwarzhändlern und Kleinkriminellen aller Nationen unter deutscher Besatzung. Sie waren die Assistenten der Aufseher, dienten als Botengänger und Spitzel in den Arbeitskommandos. Die dritte Kategorie bestand aus den politischen Gefangenen – vom unglücklichen Unschuldigen, der wegen Anhörens von BBC denunziert worden war, bis hin zum aktiven Widerstandskämpfer, der bei einem Sabotageakt ertappt worden war, eine illegale Zeitung verbreitet, Juden oder Mitgliedern seiner Untergrundorganisation Unterschlupf gewährt oder eine der tausend anderen von den Nazis verbotenen Handlungen begangen hatte. Sie waren diejenigen, die zum Arbeitseinsatz abkommandiert wurden. Ihre Arbeit konnte aus allem Möglichen bestehen: Holz schlagen in einem Sumpfgebiet, Präzisionsarbeit an Zeitzündern, Müll entsorgen, Gräber ausheben. Es hing sowohl davon ab, was das Lager oder das Gefängnis selbst benötigte, als auch von der Nähe zu Fabriken, die an Arbeitskräftemangel litten. Die »Politischen« genossen keine Privilegien, erhielten keine zusätzliche Nahrung oder Kleidung. Ihr einziger Vorteil war ein unbeabsichtigter: Sie durften sich umherbewegen. In den Fabriken, denen sie zugeteilt waren, hatten sie Kontakt mit deutschen Arbeitern oder mit Zwangsarbeitern; wenn sie in den Gefängniswerkstätten arbeiteten, mit Kriminellen und Prostituierten, die die täglichen Aufgaben verteilten. Manchmal bekamen sie eine deutsche Zeitung in die Finger, denen sie zwischen den Zeilen wichtige Nachrichten entnehmen konnten. Ihr »Flurfunk« funktionierte ausgezeichnet, und gewöhnlich lebten, arbeiteten und starben sie in sehr kleinen loyalen Gruppen.

Als Nächste – und zuunterst – kamen die NN-Häftlinge. Sie waren in Zellen eingesperrt, und wenn sie, etwa zweimal die Woche, für eine halbe Stunde auf den Hof geführt wurden, wurde besonders darauf geachtet, dass kein anderer Gefangener sie zu Gesicht bekam. Einige der Werkstätten hatten verglaste Türen zum Gefängnisflur. Wenn die NN-Häftlinge Hofgang hatten, wurden diese Türen mit schwarzen Tüchern verhängt. Ursprünglich wurden die NNs in Einzelhaft gehalten; erst im letzten Kriegsjahr, als die deutschen Haftanstalten unvorstellbar überfüllt waren, wurde diese Regel gelockert – bis zu dem Punkt, dass sechs NNs in eine Einzelzelle gepfercht wurden. Wenn die Politischen hartnäckig genug waren und ausreichend Krach schlugen, konnten sie sich beim Gefängnisdirektor über schlechte Verpflegung, unzureichende Unterkünfte, Diebstahl durch die Kalfaktoren (»Funktionshäftlinge«) usw. beschweren; zwar erreichten sie nicht immer was, aber ihre Beschwerden trugen doch dazu bei, dass sich die Zustände nicht weiter verschlechterten. Den NNs wurde ausdrücklich gesagt, dass sie kein Recht hätten, sich an irgendjemanden zu wenden; daher waren sie mehr als alle anderen dem Risiko ausgesetzt, von den Kalfaktoren bestohlen und von den Wachen schlecht behandelt zu werden.

Dieses für alle Gefangenen gültige System (mit Ausnahme der Juden, die in die Vernichtungslager geschickt wurden) brach in den letzten Kriegsjahren in den meisten großen Konzentrationslagern zusammen. Die Kalfaktoren erwiesen sich als zu unzuverlässig, und den Politischen gelang es dank ihres höheren Intellekts und ihrer zahlenmäßigen Überlegenheit, die Verwaltung der Lager und die meisten der einfacheren Arbeiten zu übernehmen. Oft verwischte sich auch die Trennlinie zwischen Politischen und NNs.

In den Gefängnissen jedoch, die wir vier durchliefen, wurde das System – abgesehen von Einzelhaft – rigide durchgesetzt, und die NNs zogen immer den Kürzeren. Nachdem wir drei Mädchen von Holland nach Deutschland überführt worden waren, verbrachten wir acht Monate in fünf verschiedenen deutschen Gefängnissen. In einigen blieben wir nur ein oder zwei Wochen, bevor wir weiterziehen mussten, in anderen drei Monate oder länger. In all den acht Monaten durften wir nur dreimal duschen.

Die Gefängnisroutine für NNs war in höchstem Maße monoton. Um 5 Uhr 30 ertönte durch eine laute, beharrliche Glocke das Wecksignal. Etwa eine halbe Stunde später kam eine Wärterin, öffnete die erste Zelle und ließ zwei Gefangene heraustreten, eine mit dem Toilettenkübel, die andere mit dem Wasserkrug. Die beiden gingen zum Waschraum auf der anderen Seite des Trakts, leerten den Kübel, füllten den Krug und kehrten zurück. Eine zweite Wärterin bewachte den Waschraum, damit wir anderen Häftlingen keine schriftlichen Mitteilungen hinterließen. Sie hatte keinen Erfolg, dafür sorgten wir. War die erste Wärterin in Eile, öffnete sie die Tür der nächsten Zelle, noch bevor die ersten beiden Gefangenen wieder weggesperrt waren, doch jedes Trödeln oder Reden während dieser morgendlichen Verrichtung wurde sofort strengstens geahndet, normalerweise mit Tritten und Schlägen, manchmal durch Nahrungsentzug.

Um acht Uhr kam die für die Essensverteilung zuständige deutsche Kriminelle mit einer großen Kanne Tee oder Kaffee vorbei – so jedenfalls die euphemistische Bezeichnung. Der einzige Unterschied war die Färbung des Wassers. Wenn tiefbraun, war es ein Gebräu aus Kiefernzapfen und gerösteter Sorghumhirse und nannte sich Kaffee. Wenn grünlich braun, war es aus irgendwelchen Kräutern aufgegossen und nannte sich Tee. Der Tee war bei Weitem genießbarer als der Kaffee. Mehr gab es zum Frühstück nicht. Von den Gefangenen wurde erwartet, dass sie eine der beiden täglichen Brotscheiben, die ihnen zugebilligt wurden, für ihr Frühstück am nächsten Morgen aufbewahrten. Die meisten von uns konnten sich das schließlich antrainieren, aßen sie aber gleich nach dem Aufwachen, lange bevor das morgendliche Gebräu kam.

An Werktagen öffnete sich die Tür wieder um neun Uhr, und wir wurden für die Arbeit eingeteilt. In Waldheim bestand unsere Arbeit darin, Gänsefedern auseinanderzuzupfen, damit die Daunen für Plumeaus verwendet werden konnten. Jeden Tag gab man uns einen großen Sack voll Federn und einen leeren Sack für die Daunen. Jeden Tag füllten wir die Federn einfach von einem Sack in den anderen, zerpflückten gerade mal so viel, um den Sack oben mit Daunen zu bedecken, und ließen es dabei bewenden. Wir hassten die Federn, denn selbst wenn wir nur das notwendige Minimum taten, um die Wärterinnen zu täuschen, schwebten die flauschigen Daunen ständig in der Zelle umher, reizten unsere Kehlen und rieselten auf unser Essen und in unser Wasser. Für die vielen unter uns, die an Tuberkulose litten, stellten sie eine fortwährende Gesundheitsgefährdung dar. Auch ließ sich mit Federn sonst nichts anfangen.

In Cottbus, dem Gefängnis, in dem wir drei Monate vor unserer Verlegung nach Waldheim zugebracht hatten, war es unsere Aufgabe gewesen, die Knoten aus alten Schnüren zu entfernen. Die meisten Schnüre waren zum Bündeln von Heu und Stroh verwendet worden und hatten offensichtlich auf Bauernhöfen und in Ställen herumgelegen, bevor sie eingesammelt und in die Gefängnisse geschickt wurden: Sie waren voller getrocknetem Mist, Schmutz, Ungeziefer, und gelegentlich fand sich ein Weizen- oder Roggenkorn, das wir vorsichtig herauslösten, um es zu essen. Bevor wir es hinunterschluckten, kauten wir so lange wie möglich auf ihm herum. Wir fanden nie heraus, was die Nazis mit all den entknoteten Schnüren anstellen wollten, die sie uns abzunehmen hofften, aber wir liebten die Schnüre ihrer unbegrenzten Möglichkeiten wegen. Wir drehten sie zu Kordeln und nähten sie dann zusammen, um Dinge herzustellen wie Sandalen mit doppelten Sohlen für unsere kalten Füße, breite Gürtel, um unsere Taille warm zu halten, kleine Disney-ähnliche Tiere, um sie anderen NNs zu Weihnachten zu schenken, Brotkörbe, um die Monotonie unseres Zellenmobiliars zu durchbrechen. Dann und wann durchsuchten die Wärterinnen während unseres Hofgangs die Zellen und konfiszierten all die Schätze, die wir nicht am Leibe trugen oder die wir in den Zellen nicht gut genug versteckt hatten.

Da uns aber reichlich Schnüre zur Verfügung standen, machten wir uns geduldig daran, die beschlagnahmten

Gegenstände zu ersetzen. Schließlich bekamen wir sogar zusätzliche Verpflegung, wenn wir den deutschen Kalfaktoren gegen sechs Kartoffeln und zwei Scheiben Brot ein Paar Sandalen verkauften.

Doch die Federn in Waldheim widerstanden uns. Wir versuchten, Blumen aus ihnen zu basteln, hatten aber nichts, womit wir sie färben konnten; außerdem waren sie zu spröde, um zu überdauern. Mitunter sammelten wir einige der längsten Kiele und spielten Mikado, doch im Großen und Ganzen empfanden wir die Federn als ein schreckliches Ärgernis. Unsere größte Ablenkung in Waldheim waren unsere diversen Stickereien – und das endlose Gerede über Essen, das allen hungernden Häftlingen gemeinsam ist.

Stickereien waren wie alle anderen persönlichen Aktivitäten verboten und mussten heimlich angefertigt werden. Doch in all den langen, aufreibenden Monaten erwiesen sie sich als eine unserer größten Tröstungen. In einem der ersten Gefängnisse, in denen ich eingesperrt war, hatte ich Uniformen und Socken für die Wehrmacht ausbessern müssen. Die Arbeiten fielen nie zufriedenstellend aus, aber ich bekam zwei Nadeln zur Verfügung gestellt, die ich bis zum Schluss aufbewahrte. Eine war sehr dünn, hatte aber eine halbwegs große Öse. Diese Nadel war mein Liebling, und ich ließ sie nicht aus den Augen. Die andere war etwas dicker; entweder lieh ich sie guten Freundinnen wie Nell und Joke oder tauschte sie für eine begrenzte Zeit bei anderen Gefangenen gegen Schätze wie farbiges Garn oder die Benutzung einer Schere aus.

Die ganze Zeit gelang es mir, das quadratische Leinentaschentuch meines Vaters zu behalten, das ich zufällig bei mir trug, als ich festgenommen wurde. Mit der Zeit wurde dieses Stück Leinen immer wertvoller, denn als ich von Gefängnis zu Gefängnis wanderte, stickte ich in kleinen Buchstaben und Zahlen den Namen der Anstalt, meine Zellennummer und die jeweiligen Daten hinein, und im Halbkreis darum das Lied, das wir mit dem betreffenden Gefängnis assoziierten, sowie einige mikroskopisch kleine Abbildungen dessen, was uns widerfahren war.

Um ein Beispiel zu nennen: Nell, Joke und ich verbrachten zehn Tage im Frauenzuchthaus in Anrath bei Aachen. Wir waren in Einzelhaft, aber unsere Zellen lagen nebeneinander, und so konnten wir uns verständigen, indem wir Morsezeichen an die Wände klopften. Auf meinem kostbaren Taschentuch sind der Name Anrath, die Zellennummer und die Daten (8. bis 17. September 1944) getreulich festgehalten. Ebenso Jokes und Nells Namen in Morsecode, womit sowohl auf die Einzelhaft wie auf die Tatsache der Kommunikation verwiesen wurde. Dazwischen (mit feldgrauem Faden, den ich aus Uniformen gezogen hatte, die ich eigentlich flicken sollte) die primitive »Zeichnung« einer Kanone, um zu vermitteln, dass wir, wie wir glaubten, alliiertes Geschützfeuer gehört hatten. Und drumherum der Song *We Don't Know Where We're Going (Until We're There!)* – sehr passend, wie sich herausstellte.

Als wir in Waldheim ankamen, hatten die meisten NNs in unserer Gruppe irgendeine Stickerei in Arbeit. Wir besaßen fast so viele Nadeln, wie wir Gefangene waren. Unsere sechs Zellen verfügten über eine Schere, und wir stürzten uns auf jeden noch so kleinen Fetzen Stoff, um daraus etwas zu machen. Als der Frühling kam und wir die Kälte in den unbeheizten Zellen nicht mehr so sehr fürchten mussten, schnitten wir aus unserer zerschlissenen Unterwäsche fröhlich kleine Vierecke heraus und verwandelten sie in die kompliziertesten Kunstwerke. Eine Französin in meiner Zelle war ein Genie beim »offenen Saum« und brachte mir die Nähte geduldig bei. Als ich glaubte, die Kunst gemeistert zu haben, schnitt ich aus meinem Baumwollhöschen ein 15 × 15 Zentimeter großes Stück heraus (das größte Quadrat, das ich auftreiben konnte) und bestickte es mit einem komplizierten Spinnennetz.

Die Suche nach farbigem Garn für unsere Stickereien hörte nie auf. Weiße Fäden waren einfach: Man zog sie aus weißer Unterwäsche oder, falls vorhanden, aus Laken und Handtüchern heraus. Zwei, drei Zentimeter reichten völlig; wir hatten genug Zeit und Geduld, um ein Stück Faden durch den Stoff zu ziehen, den Faden aus der Nadel zu nehmen, die Nadel so weit wie möglich hineinzustechen, den Faden wieder einzufädeln, ihn durch den Stoff zu ziehen, den Vorgang zu wiederholen und das winzige Ende des Fadens zu sichern. Schwarz ließ sich ebenso leicht besorgen, denn den meisten von uns waren schwarze Baumwolluniformen zugeteilt worden. Ebenso Gelb, denn jeder NN-Häftling trug einen gelben Streifen am Ärmel. Alle anderen Farben waren kostbar und Objekt intensiven Feilschens.

Dank ihrer anhaltenden lautstarken Proteste wegen eines Nierenleidens durfte eine der NNs, eine ältere Belgierin, die alliierte Piloten weitergeschleust hatte, ihren Nierenwärmer behalten. Gegen Ende ihrer Gefangenschaft wärmte dieser Schlauch ihre Nieren bestimmt nicht mehr; vielmehr schlabberte er an ihr genauso herum wie jedes andere der ausgegebenen Kleidungsstücke. Doch der Nierenwärmer mag dazu beigetragen haben, sie am Leben zu erhalten; denn immer wenn eine von uns für eine geplante Stickerei die Farbe Rosa brauchte, tauschte sie ein kurzes Stück rosa Faden gegen eine Brotkruste, eine halbe Kartoffel oder ein paar Löffel Suppe.

In Wahrheit kann der menschliche Körper weit mehr Hunger ertragen, als wir gemeinhin annehmen, solange der menschliche Geist etwas hat, an dem er sich festhalten kann, so trivial es auch sein mag. In diesem Fall konzentrierte sich die Besitzerin des Nierenwärmers auf den Tauschhandel mit Lebensmitteln, erwarb tatsächlich einige zusätzliche Bissen und überlebte. Wir anderen konzentrierten uns auf unsere Stickereien und konnten uns, obwohl wir darbten, dazu durchringen, Essensreste gegen rosa Garn zu tauschen. Viele NNs starben noch vor dem Kriegsende, aber nie wegen solcher Tauschgeschäfte. Soweit ich sah, starben sie entweder an unheilbaren Krankheiten wie Tuberkulose oder Typhus, verursacht durch Hunger beziehungsweise Verunreinigung, an Folterungen oder einfach weil ihr Geist zu müde war, den Kampf fortzusetzen. Ich habe Menschen gesehen, die den Lebensmut aufgaben, sich hinlegten und binnen weniger Tage starben. Einige von ihnen waren religiös, andere nicht. Die Lektion, die ich gelernt habe, lautet, dass Menschen sich unter den schrecklichsten Umständen am Leben festklammern können, wenn sie etwas außerhalb ihrer selbst finden, auf das sie sich konzentrieren können – und sei es nur ein armseliges Stück Baumwolle oder ein Nierenwärmer aus rosa Wolle.

Im Mai 1945 besaßen alle NN-Stickerinnen einen kleinen Vorrat an mehrfarbigem Garn, den sie untereinander tauschten. Ich erinnere mich an die Freude, die ich verspürte, als ich während einer tristen Runde auf dem Gefängnishof plötzlich ein etwa fünfzig Zentimeter langes Stück zart gezwirnter braun-gelber Kordel entdeckte. Ich täuschte eine Ohnmacht vor, griff nach der Kordel, blieb rund zehn Minuten lang still liegen und ließ mich von der Wärterin treten. Einmal aufgedröselt, waren die Fäden der Schnur seidenweich, und das Braun sowie der eigentümliche Gelbton ließen sich wunderbar eintauschen gegen etwas Rot und etwas Blau, die ich brauchte. Nur war ich hinterher beunruhigt, dass Joke tatsächlich an einen Kollaps glaubte und mir immer wieder etwas von dem Essen aufhob, das sie selbst so dringend benötigte. Es dauerte eine Woche, um sie vom Gegenteil zu überzeugen.

Gegen Mittag wurde uns eine Suppe aus geraspelten Steckrüben und Wasser vorgesetzt, die manchmal vage nach Schmalz oder Fleisch schmeckte, aus der jedoch alle sonstigen Spuren sorgfältig entfernt worden waren, bevor die Suppenkübel die NNs erreichten. Theoretisch hatte jede Gefangene Anspruch auf einen Liter Suppe, dementsprechend groß fielen die Näpfe aus. Immer wenn unsere bis zum Rand gefüllt waren, feierten wir ein Fest – es kam so selten vor. Etwa alle zwei Wochen erhielten wir sechs kleine, meist verfaulte Kartoffeln und einen halben Liter Suppe. Das waren großartige Tage, denn die Kartoffeln hatten ein gutes Sättigungsvermögen, ebenso die Überreste von Schalen und Sprossen, die wir zusätzlich zu unserer Zuteilung ergattern konnten.

Manchmal wurden wir nachmittags zu einem halbstündigen Gang auf den Hof geführt. Meistens aber blieben wir in unseren Zellen. Um 16 Uhr erhielt jede Gefangene zwei etwa einen Zentimeter dicke Scheiben Schwarzbrot und einen Behälter mit dreißig Gramm Ersatzmarmelade, Hüttenkäse, Zucker oder, in den seltensten Fällen, Schweineschmalz. Um 19 Uhr gab es einen weiteren Ausflug in den Waschraum, anschließend einen Zählappell nach Nummern, denn NNs waren grundsätzlich namenlos. Danach wurden wir für die Nacht in Ruhe gelassen.

Neben unseren Stickereien gab es noch eine andere Beschäftigung, der wir viel Energie und Phantasie widmeten: die unaufhörliche Suche nach Neuigkeiten von draußen.

Jedes Gefängnis verfügte über ein eigenes kleines Krankenhaus und eine medizinische Abteilung. Den NNs waren regelmäßige Revierstunden jedoch verwehrt. Wochen vergingen mit Beschwerden und Sticheleien, bevor eine Wärterin eine NN widerstrebend ins Krankenhaus brachte. Paradoxerweise konnten nur die Kräftigsten den Abstecher wagen. Das bekamen wir mit, als sich im Winter eine Dänin nach wochenlangem hohem Fieber und Bluthusten endlich medizinisch behandeln lassen durfte. Sie starb, während sie im eisigen Regen in der Warteschlange vor der Krankenhaustür stand. Allerdings war diese Schlange eine ausgezeichnete Nachrichtenquelle, und nur aus diesem Grund versuchten Joke, Nell und ich, abwechselnd dorthin zu gelangen. Sich Krankheiten auszudenken, dazu bestand kein Grund; wir alle hatten die Ruhr und eitrige Wunden, die nicht heilen konnten, weil wir nie die notwendige Nahrung erhielten.

Unsere nächstbeste Nachrichtenquelle war eine Gruppe französischer Politischer, die etwa fünfmal die Woche eine halbe Stunde Hofgang genau unter unseren Fenstern hatten und die, wenn die Wache weit genug weg war, Neuigkeiten, Klatsch und Tratsch sangen oder brüllten. Unsere Fenster waren weiter oben in die Wand eingelassen, knapp zwei Meter über dem Erdboden. Von innen waren sie vergittert, die Scheiben aus Milchglas. Mithilfe einer senkrecht an der Wand befestigten Stahlstange konnten die Fenster in einem Winkel von etwa 45 Grad geöffnet werden. Hinausschauen konnten wir aber nur, wenn wir auf den einzigen Schemel der Zelle stiegen, uns an die Gitterstäbe klammerten und uns den Hals verrenkten. Hinausschauen war strengstens verboten, und wir konnten, falls die Wachen zufällig nach oben blickten, sowohl von ihnen als auch von den stillen Spitzeln erwischt werden, die immer wieder die Korridore entlangschlurften und unsere Aktivitäten durch die Gucklöcher in den schweren Zellentüren beobachteten. Die Strafe betrug für jede von uns drei Tage ohne Kost.

Diese Strafe war so furchtbar und so gefährlich (ausgehungerte Menschen können, wenn ihnen jegliche Nahrungsaufnahme verweigert wird, sehr schnell sterben), dass das Risiko des Hinausschauens von jeder Zelle nur nach eingehender Diskussion und mit Mehrheitsbeschluss eingegangen wurde. Es gab in diesem Zuchthaus sechsunddreißig NNs, die in sechs Zellen zusammengepfercht waren. In gegenseitigem Einvernehmen wurde das Risiko auf die Zellen verteilt, so dass jede Zelle einmal an die Reihe kam. Ein Gefangener entwickelt einen geradezu unheimlichen sechsten Sinn, um zu spüren, wann er beobachtet wird; Sekundenbruchteile bevor die Wache draußen beschloss, nach oben zu schauen, zogen wir den Kopf ein; Sekundenbruchteile bevor geräuschlos der Verschluss des Gucklochs angehoben wurde, ließen wir uns von den Gitterstäben herunterfallen und fuhren damit fort, Gänsefedern auseinanderzuzupfen. Dreieinhalb Monate verbrachten wir in diesem Zuchthaus, und fast jeden Tag, wenn die französischen Politischen auf dem Hof waren, gelang es uns, Kontakt mit ihnen aufzunehmen. Aber nur zwei Zellen wurde die schreckliche Strafe auferlegt. Eine davon war meine Zelle, und die Schuldige war ich. Allerdings waren es nicht die Wachen im Hof, die mich gesehen hatten; beobachtet hatte mich die Ärztin von einem Fenster des Krankenhauses. Diese sogenannte Ärztin, ein wahnsinniges, sadistisches Mannweib, rannte zu unserem Trakt, um sich persönlich zu überzeugen, dass der Befehl zu unserer Bestrafung erging. Ob die von ihr betreuten Insassinnen verhungerten, war ihr vollkommen gleichgültig, solange nur die Regeln eingehalten wurden. Kein Wunder, dass ihr Krankenhaus öfter als das »Haus des Todes« bezeichnet wurde.

In den letzten drei Wochen vor der Befreiung schwirrte das Gefängnis von Gerüchten. »Der Rhein ist überquert worden« – dieses Gerücht hatten wir schon so oft gehört, dass wir es nicht mehr zu glauben wagten. »Präsident Roosevelt ist gestorben« – das lehnten wir als nationalsozialistisch inspiriert ab. »Die Russen sind nur noch achtzig Kilometer entfernt« – das schien wahrscheinlicher.

Drei Monate zuvor waren wir aus Cottbus, südöstlich von Berlin, nach Waldheim verfrachtet worden, weil die Rote Armee kurz vor der deutsch-polnischen Grenze stand. Damals konnten wir hören, wie die Brücken nach Osten gesprengt wurden. Die Viehwaggons, die uns nach Südwesten brachten, teilten wir mit Gefangenen aus verschiedenen Städten Polens, die auf Befehl der zurückweichenden deutschen Armeen evakuiert worden waren. Tatsächlich hatten wir uns die ganze Zeit gefragt, weshalb die Rote Armee so lange brauchte.

Dann, eines Nachts Ende April, pfiffen Granaten über das Zuchthaus hinweg. Zusammengekauert lagen wir im Dunkel und lauschten dem gedämpften Geschützdonner irgendwo in der Ferne, dem schrillen Fauchen der Granaten, die das Dach über unseren Köpfen zu streifen schienen, und den lauten Explosionen, die folgten. Wir lauschten, zählten und hofften – hofften, dass es das Ende wäre, dass wir als Befreite aufwachen würden, dass das Zuchthaus nicht getroffen würde. Nach etwa einer Stunde hörte der Artilleriebeschuss auf; es geschah nichts weiter, und als wir am nächsten Morgen aufwachten, waren wir noch immer Gefangene. Doch von diesem Tag an wehte eine Rot-Kreuz-Flagge auf dem Gefängniskrankenhaus.

Das nächste Gerücht war besorgniserregend: »Die Nazis lassen alle Kriminellen frei, sämtliche NNs werden erschossen.« Nachdem wir befreit worden waren, stellten wir fest, dass dieses Gerücht, wie alle anderen des vergangenen Monats, der Wahrheit entsprach: Kurz vor dem Zusammenbruch wurden Kriminelle (»Berufsverbrecher«) aus vielen deutschen Gefängnissen nach Hause geschickt – und in der Tat befahl Himmler, dass alle zum Tode verurteilten Häftlinge erschossen werden sollten. Der Befehl erreichte aber nicht rechtzeitig alle Gefängnisse und Lager, und so wurde er in einigen, auch dem unsrigen, nicht ausgeführt – vielleicht auch weil kein Erschießungskommando zur Verfügung stand. In anderen hingegen wurde der Befehl befolgt. In Halle zum Beispiel wurden mehrere NNs, darunter zwei Niederländer, zwei Tage vor der Befreiung der Stadt hingerichtet.

Zehn lange Tage mussten wir mit dieser Information leben, so gut wir konnten. Jedes Mal, wenn wir das hässliche Schlüsselklirren im Flur hörten, hielten wir den Atem an. Kamen sie, um uns zu erschießen? Das war keine neue Empfindung, war sie uns doch schon aus den Monaten kurz nach unserem Kriegsgerichtsverfahren bekannt, bevor wir der NN-Gruppe zugeteilt wurden. Seitdem waren wir mehr und mehr darauf bedacht, zu überleben, und hin und wieder spekulierten wir ausgelassen über die Gründe, weshalb es die NN-Gruppe überhaupt gab: Dass man uns so lange in Gewahrsam hielt, hatte zu bedeuten, dass wir gegen hochrangige Nazis in den Kriegsgefangenenlagern der Alliierten ausgetauscht werden sollten; oder man könnte uns als Verhandlungsmasse verwenden, um günstigere Bedingungen für eine Kapitulation zu erwirken; und so weiter. Jetzt aber, da wir mehr denn je davon überzeugt waren, dass das Ende des Krieges kurz bevorstand, hauste das Gespenst des Erschießungskommandos wieder unter uns, nagte bei Tage an unseren Gedanken und verfolgte uns bis in unseren unruhigen Schlaf.

ERSTES KAPITEL

Der 5. Mai 1945 war ein Tag der Vorahnung. Es war ein Sonntag; der Weckruf erfolgte eine halbe Stunde später als an Wochentagen. Das war Routine, doch statt der Wärterin, die sonst kam, um unsere Türen zu öffnen, erschien eine junge, ungepflegte Frau, die wir noch nie zuvor gesehen hatten, und öffnete alle sechs NN-Zellen auf einmal, ohne sich darum zu kümmern, wie viele Gefangene jede Zelle verließen. Zudem war sie allein; die übliche Wärterin im Waschraum fehlte. In kürzester Zeit waren alle zweiunddreißig NNs (als die Gruppe in Waldheim eintraf, waren es noch sechsunddreißig gewesen, doch vier von uns waren gestorben) auf den Flur hinausgeströmt und liefen freudig umher, unterhielten sich aufgeregt mit alten Freundinnen aus anderen Zellen, rannten über den schmalen Quergang, der über dem Treppenhaus zum Waschraum führte, und suchten dort nach Botschaften oder irgendwelchen Lumpen, die sie zum Sticken verwenden konnten.

Dann tat die Wärterin etwas noch nie Dagewesenes: Sie überquerte das Treppenhaus und öffnete die gegenüberliegenden fünf Zellen (die sechste war der Waschraum). Es zeigte sich, wie neu sie war, denn zwei der Zellen waren nicht besetzt. Sie spähte hinein und verriegelte sie wieder. Von den Gefangenen auf der anderen Seite hatten wir nie etwas gewusst, obwohl wir Kontakt zu vielen aus uns ganz unbekannten Bereichen des Zuchthauses hatten. Jeder Häftling, ob politisch oder kriminell, könnte Ihnen sagen, dass ein Treppenhaus eine der am schwersten zu überwindenden Schallbarrieren darstellt: Der Schall bewegt sich zunächst nach unten, bevor er auf die andere Seite springt, und erreicht daher zwangsläufig zunächst eine Wache und erst dann einen Häftling. Aus Erfahrung wussten wir, dass die Folgen für alle betroffenen Zellen äußerst unangenehm sein konnten, und so hatten wir nie versucht, unsere Gegenüber anzusprechen. Sie mussten ihre Übungen auf einem anderen Hof als dem unter unseren Fenstern verrichtet haben, denn dort hatten wir sie nie gesehen.

An diesem Sonntagmorgen jedoch erkannten wir sie, als sie im Flur erschienen. Es waren vierzehn der zweiundzwanzig polnischen Politischen, die den Viehwaggon von Cottbus nach Waldheim mit uns geteilt hatten, eine hundertdreißig Kilometer lange Fahrt ohne Proviant und Wasser, die zwei Tage und drei Nächte in Anspruch genommen hatte. Die Polinnen kamen in den Waschraum hereingetanzt, umarmten uns wie lange verschollene Schwestern und schnatterten aufgeregt in ihrer Sprache, die keine von uns verstand. Ihre Zeichensprache aber war unmissverständlich; sie wiesen immer wieder auf die Türen und warfen die Arme in die Luft, dann zeigten sie auf uns und machten Laufbewegungen. Und die ganze Zeit über lachten sie und schüttelten uns die Hände. Es war ganz offensichtlich, dass sie glaubten, es würde nicht mehr lange dauern, bis wir alle von hier verschwinden konnten. Wir antworteten mit einem Gebärdenspiel all der guten

Dinge, die uns erwarteten – meist Gesten des Essens, Rauchens und gähnenden Behagens. Ich versuchte, die polnischen Wörter für diese Beschäftigungen zu erlernen, aber die allgemeine Verwirrung war zu groß; das Einzige, was ich verstand, war eine Lautfolge wie *papirosky* für »Zigaretten«, die ich mir für später einprägte. Der Tumult hielt etwa eine halbe Stunde an, bevor scharfe Stimmen aus dem Hauptgeschoss unsere lässige Wärterin dazu brachten, sich von dem Treppengeländer, auf das sie sich gestützt hatte, zu lösen und uns in die Zellen zurückzutreiben. Wir waren dem Neuling dankbar und machten keine Scherereien, doch kurz bevor ich wieder in meine Zelle trat, lief Nell an mir vorbei und sagte: »Fafa ist im nächsten Trakt.« Dann schloss sich die Tür.

Zu dieser Zeit waren meine Zellengenossinnen drei Französinnen und eine Belgierin. Wir verteilten uns und unser Bettzeug – bestehend aus zwei mit Holzwolle gefüllten Säcken – in der Zelle. Während wir an der einen Scheibe Brot nagten, die wir vom Vortag aufbewahrt hatten, und auf das morgendliche Gebräu warteten, ergingen wir uns in erregten Spekulationen. Ich selbst grübelte über Nells knappe Mitteilung nach. Fafa war eine niederländische Politische, mit der wir in Cottbus engen Kontakt gehabt hatten und die mit uns nach Waldheim verbracht worden war. Zu diesem Zeitpunkt war sie bereits durch Arthritis verkrüppelt, und in den vergangenen drei Monaten hatten wir oft um ihr Leben gebangt, denn keine unserer Bemühungen, wieder mit ihr zu kommunizieren, war erfolgreich gewesen. Jetzt aber schien Nell zu wissen, wo sie sich befand, was zunächst einmal bedeutete, dass sie noch am Leben war.

Die Aufregung des frühen Morgens dauerte an, bis der Ersatzkaffee verteilt wurde. Insgeheim hatten wir wohl alle damit gerechnet, dass beim nächsten Öffnen der Türen etwas Aufrüttelndes passieren würde; als aber gar nichts geschah, fielen unsere hochgeschraubten Erwartungen in sich zusammen, und wir versanken in Trübsinn. Nach einer Weile holten wir unsere Stickereien hervor, und so, wie wir saßen, auf dem einzigen Schemel, dem Fußboden, den beiden übereinandergestapelten Matratzen, die Schultern vom Guckloch weggeduckt, um unsere Arbeit vor lauernden Blicken zu schützen, werkelten wir schweigend an unseren in bescheidenen Farben gehaltenen kläglichen Phantasien. Ich experimentierte mit einem neuen Stich, von dem ich mir erhoffte, dass er einen Gladiolenstängel lebensechter machen würde, war aber nicht wirklich mit dem Herzen dabei. Ich spitzte so lange die Ohren, bis ich das Gefühl hatte, den Pulsschlag und die Atemzüge jeder einzelnen Gefangenen im Gebäude hören zu können, und war fast froh, als Mickey, die Jüngste unter uns, den Gedanken laut aussprach, den ich zu verbannen gesucht hatte: »Vielleicht lassen sie uns herumkaspern, weil wir heute erschossen werden.«

Zu meiner eigenen Überraschung stellte ich fest, dass ich eine Antwort parat hatte: »Hast du je erlebt, dass sie so rücksichtsvoll sind? Sei nicht albern. Die sind selbst völlig durcheinander, das ist alles. Kommt schon, lasst uns singen.«

Wir sangen mehrere französische Lieder, und die Stimmung in der Zelle hellte sich etwas auf; doch der Vormittag schien endlos, und viel zu früh begannen wir, ausschweifende Spekulationen anzustellen, woraus das

Mittagessen bestehen würde. Dann ließen wir uns wie immer treiben und unterhielten uns über die phantastischsten Speisen. Laure, eine feurige Französin mittleren Alters, deren Hals von einer Drüsentuberkulose schrecklich geschwollen war, hielt uns für eine Weile mit der Beschreibung einer saftigen Canard à l'orange samt allem Drum und Dran in Bann. Als das Essen schließlich kam, war die Enttäuschung umso schmerzlicher; statt der etwas dickeren Suppe mit einigen Bohnen oder Erbsen, mit der wir sonntags rechneten, war es der übliche dünne orangefarbene Fraß: geraspelte Steckrüben und Wasser. Einen höchst ungewöhnlichen Ansporn allerdings gab es. Die Essenausgabe erfolgte durch ein dreiköpfiges Team: eine Wärterin, die die Tür öffnete; die deutsche Kriminelle, die normalerweise unsere Aufseherin war und die Schöpfkelle schwang, eine Mörderin mit bösen Augen; und Joke, die den Kübel von Tür zu Tür schleppte. Ich war die Letzte, die ihr den Napf hinhielt; Joke beugte sich mit dem Gesicht dicht über meins und zischte: »Hitler ist tot.« Dann zog sie den Kübel weg. Die Tür fiel zu.

Als alle über die armselige dünne Suppe fluchten, hatte ich einige Mühe, dieses neueste Gerücht weiterzugeben, aber als es endlich durchdrang, brach die ganze Zelle in schallendes Gelächter aus. Ich nehme nicht an, dass eine von uns ihm wirklich Glauben schenkte, aber die Nachricht war zu schön, um sie nicht zu genießen, sich diebisch über sie zu freuen und sie phantastisch auszuschmücken. Wie immer stillte die Suppe unseren Hunger nicht im Geringsten, aber unser Verstand war so mit dem zusätzlichen »Leckerbissen« beschäftigt, dass wir es kaum bemerkten. Eine ausgelassene Stunde verbrachten wir damit, uns die schrecklichsten Todesarten für Hitler auszudenken, und stellten eine lange Liste von Nazibonzen auf, die, davon waren wir überzeugt, mit ihm gestorben waren, einschließlich aller Gestapo-Agenten, mit denen wir zu tun gehabt hatten, und aller Repräsentanten der Nazimacht in unseren Ländern. Nach einer Weile stand ich unter dem Fenster und sang, so laut ich es mir getraute, ein holländisches Lied. In der nächsten Zelle nahm Nell es auf, und schon bald konnten wir Jokes Stimme drei Zellen weiter hören. Da verstummte ich und Nell ebenso; beide konnten wir hören, dass Joke mit der Melodie fortfuhr, aber den Text veränderte: »Es ist wahr, er ist tot, ich hab's gehört von –« Sie brach abrupt ab; wir wussten, dass Gefahr im Verzug war, und beeilten uns, unsere Stickereien zu verstecken.

Doch die Gefahr erwies sich als Überraschung: Wir wurden zum Hofgang aus den Zellen geholt – an einem Sonntag ein beispielloser Vorgang. Wieder gab es nur eine Wärterin statt der üblichen drei, und als wir auf dem Hof waren, sah sie zu, wie die Disziplin völlig zusammenbrach. Früher mussten wir immer, ohne zu sprechen, einzeln gehen, zwei Meter Abstand voneinander halten und die Hände hinter dem Rücken verschränken. Da eine Wärterin nicht ausreichte, um diese Vorschriften durchzusetzen, versuchte sie es gar nicht erst. Joke, Nell und ich liefen bald nebeneinander, und sie informierten mich über den Hintergrund der Neuigkeit. Joke hatte sie von einer Gefangenen aus dem Küchenkommando gehört, die die Suppenkübel in unser Stockwerk brachte – an sich schon ungewöhnlich, denn in der Regel wurde Joke erst dann aus ihrer Zelle gelassen, wenn das Küchenkommando gegangen war. Und am Morgen, als wir Übrigen ziellos umhergelaufen waren, hatte Nell die Geistesgegenwart besessen, in den nächsten Trakt zu huschen, an einer Zellentür nach der anderen die Abdeckungen der Gucklöcher anzuheben und nach Fafa zu suchen. Sie hatte sie gefunden, doch als sie eben an die Tür klopfte und sich bemerkbar machte, war eine andere Gefangene hinzugekommen, um mit ihr zu reden. Fafa war geblieben, wo sie war, unter einer Decke zusammengekauert in einem Winkel der Zelle. »Offenbar ist sie so gelähmt, dass sie sich nicht bewegen kann«, sagte Nell. »Wenn sie kommen, um uns zu befreien, müssen wir sie rausholen.«

»Wenn sie kommen, um uns zu befreien« – aber würden sie jemals kommen?

Gegen vier kam das Abendbrot: je zwei Schnitten Brot mit einer hauchdünnen Scheibe Wurst. Es war das erste Fleisch, das wir seit Langem gesehen hatten. Eine Scheibe Brot legten wir beiseite für den Morgen, die andere Scheibe aßen wir, saugten an der Wurst, bis sie sich in nichts aufgelöst hatte, und warteten erneut. Warteten worauf? Auf den nächsten Tag? Auf die Befreiung? Auf den Tod? Wir wussten es nicht.

An diesem Abend gab es keinen Appell. Die nahe Kirchenglocke schlug sieben, halb acht – und noch immer kein Appell. Um acht beschlossen wir, uns für die Nacht fertig zu machen. Unsere beiden Matratzen breiteten wir nebeneinander aus, dann legten wir uns quer darauf, denn nur so bot sie Platz für uns alle fünf. Unsere Füße hingen über den Rand, aber wenigstens hatte jede von uns fünf Zentimeter Holzwolle zwischen ihrem knochigen Körper und dem Betonboden. Wir wickelten uns in die Decken, die uns nach dem Winter ausgehändigt worden waren, und zappelten so lange, bis wir das übliche Puzzle aus Gliedmaßen, Schultern und Hüften bildeten. Doch schlafen konnten wir nicht. Das Gefängnis war von Leben erfüllt. Aus allen Richtungen kamen Geräusche, unerkennbare, unerklärliche – die Aufregung von Tausenden von Gefangenen, die sich fragten, weshalb kein Appell stattgefunden hatte, und Hoffnung, *Hoffnung* … Ich lag wach und lauschte. Für mich hörte es sich an wie ein Sturm im Wald an den ersten Frühlingstagen: Äste seufzen und knarren, Eichen rascheln mit dem letzten Kleid abgestorbener Blätter, und der Regen rauscht herab wie ein tiefer Atemzug, voller Verheißung und berstender Kraft.

Ich merkte, dass ich zitterte, und setzte mich auf. Keine von uns schlief. »Habt ihr was dagegen, wenn ich mal hinausschaue?«, fragte ich vorsichtig.

Sie hatten etwas dagegen. Laure schalt mich sanft: »Die ganze Zeit hast du mich am Leben erhalten – wozu willst du mich jetzt töten?« Zwischen Laure und mir bestand eine besondere Beziehung; jeden Tag hatte ich geduldig den Eiter aus ihren entzündeten Halsdrüsen gedrückt und die offene Wunde so sauber gehalten, wie es unter den gegebenen Umständen möglich war. Ich wusste, dass sie recht hatte: Nach einer weiteren Strafe von drei Tagen ohne Kost würde keine von uns mehr leben.

Auch Mickey, die neben mir schlief, zitterte. »Ich wünschte, es würde etwas geschehen«, stöhnte sie, »ich halte es nicht mehr lange aus.« Wir wussten alle, dass Mickey manchmal hysterisch wurde und dann in wildes Schluchzen oder Schreikrämpfe ausbrach. Da ich mich bereits schuldig fühlte, weil ich unsere allgemeine Anstrengung einzuschlafen gestört hatte, gab ich nach und legte mich wieder hin.

Jeanne, auf der anderen Seite von Mickey, bog ihren Körper in dem bisschen Raum, den sie hatte, legte einen Arm um das junge Mädchen und suchte sie zu beruhigen: »Schon gut, Kleine, es kann nicht mehr lange dauern. Etwas wird geschehen. Schlaf jetzt. Vielleicht kommen sie morgen.«

Wir schwiegen etwa eine Stunde, aber keine von uns konnte einschlafen. Wir alle lauschten, warteten, spürten die Anspannung, die im ganzen Zuchthaus herrschte, und versuchten, unsere eigene Anspannung unter Kontrolle zu halten. Gerade verkündete die Kirchenglocke, dass halb zehn vorüber war, als ich auf andere Geräusche aufmerksam wurde, die aus der Stadt kamen. Ein einzelner Schrei. Weit entfernte Gewehrschüsse; dann weitere Schreie; eine Art Rumpeln folgte, das anzuschwellen schien, aber nie so deutlich wurde, dass ich es hätte identifizieren können. Ich setzte mich auf, schlug die Decke zurück und sagte laut: »Diesmal werde ich hinausschauen.«

Laure lachte und sagte: »Nur zu, es ist sowieso fast dunkel, von draußen werden sie dich schon nicht sehen.« Mickey und Jeanne erklärten sich ebenfalls einverstanden. Nur Dora, die Belgierin, war dagegen, wurde aber überstimmt.

Ich nahm den Schemel, stellte ihn auf die Matratzen, stieg hinauf und zog mich hoch bis zu der Stelle, wo ich mein Knie in eine Vertiefung in der Wand drücken konnte, die für ebendiesen Zweck angelegt worden war.

Ein Schimmer Tageslicht war noch übrig, während Sterne und Mond verhüllt waren. Da sich meine Augen an die Dunkelheit gewöhnt hatten, konnte ich alles deutlich sehen: Da waren der Hof, die Gefängnismauer, die Dächer der Gebäude jenseits der Mauer und dahinter wenige Meter einer abschüssigen Straße am Hang – der einzige Blick auf ein normales Leben, der uns vergönnt war. Ich konzentrierte mich auf das Stück Straße und konnte schwach das weißliche Band des Gehwegs erkennen, der sich von den dunklen Mauern der Häuser abhob. Weiter gab es nichts zu sehen. Meine Hände an den Gitterstäben taten weh, mein Knie schmerzte von dem rauen Zement. Schon wollte ich aufgeben und herunterspringen, als das Wunder geschah: Ein erleuchteter Bus ruckelte das kurze Straßenstück hinunter. Nicht nur dass die Scheinwerfer eingeschaltet waren, auch das Wageninnere war beleuchtet, und ich konnte ein paar undeutliche Gestalten erkennen, bevor der Bus zwischen den Gebäuden verschwand. Man muss fünf Jahre Verdunkelung erlebt haben, um sich die völlige Unmöglichkeit eines Busses mit Innen- und Außenbeleuchtung vorzustellen. Ich ließ mich so schnell fallen, dass ich den Schemel umwarf und auf Mickey landete.

»Sie sind hier!«, rief ich. »Sie sind hier, ich hab sie gesehen, da war ein großer Bus mit eingeschalteten Lichtern!«

Als die anderen meine Erregung spürten, rappelten sie sich auf und wollten Einzelheiten wissen. »Sind es Russen?« »Sind es Amerikaner?« »Was sind das für welche?« »Woher weißt du das?«

»Ich weiß nicht, wer sie sind, aber sie sind hier, in einem erleuchteten Bus, wenn ich's euch doch sage!«

In diesem Augenblick waren von draußen weitere Schreie zu hören und plötzlich und sehr deutlich das Geräusch eines durchdrehenden Motors. »Das sind sie«, schrie ich. »Hört ihr sie? Das ist mein Bus!« Ich schlug gegen die Wand, um Nell in der Nachbarzelle zu alarmieren. Sobald sie zurückschlug, begann ich, Morsezeichen zu klopfen: »Bus mit Lichtern.« Sie klopfte zurück: »Wo?« Zu aufgeregt für diese langsame Morserei, gab ich ihr das Signal, ans Fenster zu kommen, kletterte selbst wieder hinauf, und als ich feststellte, dass ich an sämtlichen Fenstern ein Publikum hatte, rief ich die Nachricht auf Französisch und Niederländisch, damit alle sie verstehen konnten, und die Errregung verbreitete sich im Trakt wie ein Lauffeuer.

Meine Zellengenossinnen hatten die Matratzen aufgehoben und gegen die Wand gelehnt; jetzt standen wir in der dunklen Zelle, jede von uns umklammerte eine Decke, eine Scheibe Brot und die Stickereien. Woge um Woge schwoll der Lärm im Zuchthaus zu einem mächtigen Gebrüll an, um uns herum, ganz in unserer Nähe, aber doch nicht nahe genug. Wir waren noch immer eingesperrt. Hatten sie uns vergessen? In wütender Frustration hämmerten wir gegen die Türen, versuchten, die Paneele einzutreten; dann plötzlich das Getrappel hölzerner Sandalen auf der Eisentreppe und schrille französische Stimmen, die riefen: »*Les condamnés à mort, les condamnés à mort!*« Die französischen Politischen hatten uns nicht vergessen; sie kamen zu unserer Rettung. Ein unerträglich langer Moment, bis wir hörten, wie Türen geöffnet wurden und die hinausstürmenden Gefangenen kreischten und schrien. Dann klirrten die Schlüssel auch an unserer Tür, sie ging auf, und wir stürzten uns in das Gewühl von Französinnen um einen schmalen Rotarmisten, der die Schlüssel in der Hand hielt. Wir bedeckten ihn mit Küssen; er schob uns geduldig von sich und ging, noch immer von einigen der Französinnen geleitet, zur nächsten Zelle.

Ich erinnere mich, dass ich gegen das Treppengeländer gedrückt wurde, dort stocksteif verharrte und den schmächtigen jungen Kerl in seinem grauen Waffenrock beobachtete, wie er das Geschäft der Befreiung betrieb. Er öffnete die nächste Zelle, und wieder wurde er fast begraben unter einer Lawine von fünf ausgemergelten Frauen, die ihn umarmten und küssten und an seiner Uniform zerrten. Auch diese wehrte er sanft und geduldig ab wie lästige Kätzchen und ging zur nächsten Zelle, wo ihn der gleiche Ansturm erwartete. Bald würde er um die Ecke biegen und im nächsten Trakt verschwinden. Plötzlich spürte ich, dass ich es nicht ertragen konnte, ich durfte ihn nicht aus den Augen verlieren – noch nicht. Als ich mich durch die Menge schob, gelangte ich zu ihm, als er eben dabei war, den Schlüssel in das Schloss der letzten Zelle unseres Blocks zu schieben. Die gleiche Kraft, die mich zu ihm getrieben hatte, ließ mich seine Mütze abnehmen, den Stern der Roten Armee abreißen und ihm die Mütze wieder auf den Kopf setzen. Eine Hand hatte er am Schlüsselbund, mit der anderen wollte er nach seinem Stern greifen. Dann sah er mein Gesicht oder zumindest etwas darin, denn er zuckte mit den Achseln und lächelte. Ich küsste ihn voll auf die Lippen. Er drehte den Schlüssel um, und das war das Letzte, was ich von ihm sah.

Ich ging zurück, um Nell und Joke zu suchen, und fand

sie in der Nähe ihrer eigenen Zellen. Sie hatten den Schock noch nicht ganz überwunden. Beide umklammerten ihre zusammengerollte Decke und plapperten mit einigen der französischen Politischen, die uns unseren Befreier gesandt hatten. Ich hatte das Gefühl, dass ich wieder zu funktionieren begann, war mir aber nicht allzu sicher, und meine ersten Worte an sie waren harsch: »He, wir sollten uns organisieren. Die Eckzelle uns gegenüber ist leer. Könnt ihr Fafa dorthin bringen? Ich suche uns was zu essen und –« Der Rest des Satzes ging in dem Moment unter, als sie aus ihrer Betäubung erwachten. Wir sahen uns an und begriffen, dass wir, alle drei, am Leben waren und frei! Wir umarmten und küssten uns, die ersten Tränen kamen und die ersten Schluchzer des Glücks.

Die ganze Zeit über hatten die Lichter im Treppenhaus und in den Fluren gebrannt, doch in dem Augenblick, als wir drei uns zum ersten Mal an die Freiheit gewöhnten, erloschen sie, und die Szene völliger Verwirrung wurde unerwartet in Dunkel getaucht. Es folgten einige fast panische Sekunden. Von den unteren Stockwerken drangen Gebrüll und Geschrei herauf, und plötzlich merkten wir, dass wir uns dicht gedrängt inmitten Dutzender Gefangener befanden, alle vom ersten Geschmack der Freiheit überwältigt, und alle strömten in völliger Finsternis zum Treppenhaus, dessen Fenster mit schwarzem Papier beklebt waren. Indes retteten uns einmal mehr die Französinnen, Gott segne sie. Eine Stimme ließ die *Marseillaise* erschallen, und während die Französinnen um uns herum einfielen und die mitreißende Hymne von den verfluchten Gefängnismauern widerhallte, standen alle still. Ich habe die *Marseillaise* stets geliebt, und wenn ich sie jemals mitsingen wollte, dann in diesem Augenblick. Doch schwieg ich respektvoll, da ich spürte, dass sie das ausschließliche Recht darauf hatten. Vielleicht war meine Kehle auch zu tränenerstickt; ich weiß es nicht. Doch als wir an der Reihe waren, ertönte das niederländische *Het Wilhelmus* genauso beherzt, und ich legte meine ganze Begeisterung hinein. Es folgten die Polinnen, dann die Belgierinnen. Es war der mit Abstand feierlichste Moment meines Lebens. Und in psychologischer Hinsicht das Beste, was uns hätte passieren können. Er brachte uns zusammen, verwandelte uns von hungrigen Tieren in Menschen mit Stolz und einer Bestimmung. Der alte Widerstandsgeist, der durch endlose Monate des Hungers und der Entmenschlichung getrübt und abgestumpft war, erwachte zu neuem Leben; all das Gerangel hörte auf, und wir waren höflich zueinander. In der Dunkelheit streckte sich eine Hand herüber und gab mir eine Scheibe Brot. Ich sagte: »Nein, nein, behalt's«, und eine Stimme neben mir flüsterte: »Nein, die gehört dir, ich hab sie aus deiner Decke gestohlen, es tut mir leid.« Ich nahm das Brot und begann zu kauen. Ich wusste, dass die Stimme die Wahrheit gesagt hatte, und als ich später meine Decke ausrollte, war ich froh, meine Souvenirs und meine Stickereien zu finden, und dachte nicht einmal mehr an das Brot.

Nach der Katharsis der Nationalhymnen waren die Lampen noch immer ausgeschaltet, aber unsere Augen hatten sich wieder an die Dunkelheit gewöhnt, und durch die offenen Zellentüren drang genügend Mondlicht, dass wir die Umrisse von Menschen und Gegenständen erkennen konnten. Nell, Joke und ich besprachen unsere nächsten Schritte; beide fanden meinen ersten atemlosen Plan in Ordnung. Sie würden Fafa in die Eckzelle schaffen, und ich würde hinuntergehen und versuchen, Nahrung und Neuigkeiten zu ergattern. Ich gab ihnen meine Decke zur Aufbewahrung und bewegte mich in Richtung Treppe. Auch die anderen strömten dorthin, aber alles verlief in geordneten Bahnen, bis wir den zweiten Stock erreichten. Dort schloss sich uns plötzlich ein Pulk von Gefangenen an, denen offenbar die Freiheit eben erst geschenkt worden war und die noch keine Zeit gehabt hatten, den Schock zu verarbeiten. Allerdings hatten sie unseren Gesang gehört, denn als ich, zerbeult und zerschrammt, am Fuß der Treppe anlangte, fragte eine Stimme: »Warst du's, die gesungen hat?« Ich keuchte: »Ja«, und hörte die Stimme »danke« sagen, noch während ihre Besitzerin von dem Strom der Gefangenen mitgerissen wurde.

Jetzt befand ich mich im Hauptgeschoss, mitten in einer hysterischen Menschenmenge, die in der Dunkelheit umherwogte. Selbst bei Licht hätte ich größte Mühe gehabt, den Weg zu den Küchen zu finden, denn über den Grundriss des Zuchthauses wusste ich nicht mehr als das, was ich bei unseren gelegentlichen Gängen auf den Hof bemerkt hatte, und an den Küchen waren wir nie vorbeigekommen. Ich konnte mich nur mit dem Hauptstrom fortbewegen in der Hoffnung, dass irgendwer wusste, wohin wir alle wollten. Ich hatte keinen Zweifel daran, dass dieser Hauptstrom Essbares ansteuerte. Mein wichtigstes Anliegen war es, mich zu orientieren, damit ich wusste, wie ich zu Nell und Joke zurückfand. Wir bogen nach links um eine Ecke. Die Bewegung war so langsam wie die einer großen Volksmenge bei einer Krönungsfeierlichkeit, aber weit beängstigender infolge der Dunkelheit – und weil jeder Mensch hier einen rasenden Puls hatte, nicht ganz rational, nicht ganz bei Sinnen war, von dem extremen Verlangen nach körperlicher Freiheit, von tierischem Hunger und einer Vielzahl halb bewusster widersprüchlicher Empfindungen getrieben. Alle schienen gleichzeitig zu schreien und zu brüllen, aber ich bemerkte, dass sich auch viele stumme Personen neben mir dahinschleppten. Ich fing Gesprächsfetzen auf: »Wie weit sind wir vom Hauptausgang entfernt?« »Ich weiß es nicht. Sind wir nicht auf dem Weg zu den Küchen?« »Ja, natürlich.« Aber dann brach der Kontakt ab, und links und rechts begann die Befragung von Neuem.

Ich wusste, dass wir inzwischen an der Abzweigung vorbeigekommen waren, an der unsere kleine Gruppe von NNs auf den Hof getrieben worden war, und dass ich mich auf unbekanntem Gelände befand. Vor uns war ein schwacher Lichtschein zu sehen, und die Menge bewegte sich schneller. Wir bogen um eine weitere Ecke, und der Lichtschein wurde heller; er kam von einer primitiven Fackel aus Lumpen, befestigt an einem Gewehr, das an einem kurzen Stück Draht etwas von der Wand weg hing. In ihrem Lichtkegel kopulierten auf dem Boden des Korridors mindestens zehn Paare, alle aus sowjetischen Soldaten und Gefangenen bestehend. Ich hatte mich nahe genug an die Spitze der Menge vorgearbeitet, um einen Blick auf dieses Hindernis werfen zu können. In der nächsten Sekunde schlossen wir die Reihen und brandeten über sie hinweg. Ich habe nie erfahren, ob es ihnen gelungen war, schnell genug aufzustehen, um nicht zu Tode getrampelt zu werden. Es blieb keine Zeit, mir Sorgen zu machen, denn die Menge war um eine weitere Ecke gebogen und strömte jetzt eine Treppe hinunter zu einer beleuchteten Tür, die sich als Eingang zu den Küchen herausstellte. Die Küchen befanden sich im Untergeschoss und verfügten offenkundig über einen eigenen Generator, denn hier brannten alle elektrischen Lampen. Ebenso offenkundig waren wir nicht die erste Welle, die es bis hierher geschafft hatte. Wir gelangten in einen großen Raum mit mehreren Türen, in dem Tische und Stühle gestanden hatten – inzwischen waren sie alle zertrümmert. Mir fiel besonders eine Tür auf, weil sie nach draußen zu führen schien; davor hing ein Verdunkelungsvorhang, der sich im Wind bauschte.

Auf der anderen Seite des Raumes befand sich die gut organisierte Schlachtlinie des Küchenkommandos. Wachen waren nicht in Sicht, aber offenkundig waren diese wohlgenährten Kriminellen entschlossen, ihre Vorräte so knauserig wie möglich zu verteilen. In Viererreihen standen sie vor einem Raum, offenbar der Vorratskammer, und vor sich hatten sie eine Barriere aus zerschlagenen Möbeln errichtet. Sowie sie unseren Pulk hereinstürmen sahen, fingen sie an, Brotlaibe und winzige Behälter mit Schmalz (höchstens achtzig Gramm) auszuteilen, dabei riefen sie die ganze Zeit: »Einer pro Person, einer pro Person, es gibt nicht genug davon, lasst den anderen auch noch was, ja? Einer pro Person.«

Als wir uns in den Raum gedrängt hatten, war ich gegen eine Seitenwand gedrückt worden, und es dauerte einige Zeit, bis ich auch nur in die Nähe der Essensausgabe gelangte. Das bewahrte mich vor Verletzungen, denn die Ersten, die einen Brotlaib zu fassen bekamen, versuchten gegen den Strom anzukämpfen, und es entstand ein schreckliches Getümmel. Da ich in der Nähe der Tür zu einem der Außenhöfe stand, rief ich ihnen zu, sie sollten sich in diese Richtung begeben; viele von ihnen taten es, und ich hatte genug Zeit, um festzustellen, dass sie einen Ausgang gefunden haben mussten, denn sie kamen nicht zurück. Auch wurde mir jetzt klar, dass die Menschenmenge nicht mehr als ein paar Hundert Köpfe zählte und nicht Tausende, wie ich es mir in der Dunkelheit vorgestellt hatte.

Ich hielt mich dicht an der Wand und schob mich langsam nach vorn. Als ich nah genug heran war, machte ich dem Küchenkommando hinter der Barriere klar, dass ich mehr als einen Laib wollte, weil ich vier Gefangene vertrat, und unterstützte mein Argument mit einem Stuhlbein, das ich von der Barrikade aufgehoben hatte. Sie gaben nach, und ich erhielt zwei Brote und zwei Behälter mit Schmalz. Schnell drehte ich mich um, schlich an der Wand entlang zu dem Verdunkelungsvorhang, voller Angst, die anderen Gefangenen könnten mir meine Beute abspenstig machen. Ich fand eine kurze Steintreppe, die zu einem kleinen geschlossenen Hof führte. Als ich mich umschaute, erblickte ich in einer geöffneten Tür ein schwaches Licht und ging darauf zu. Währenddessen wickelte ich Brot und Schmalz in die abgetragene Baumwollschürze, die bis dahin ein nutzloser Teil meiner Gefängnisuniform gewesen war.

Als ich in der Tür stand, schauderte ich zurück, erschrocken über die Szene, die sich mir darbot. In einem ziemlich kleinen Lagerraum kämpften an den Wänden und auf dem Boden etwa dreißig Gefangene miteinander; sie wühlten in den zahlreichen Koffern, die an den Wänden aufeinandergestapelt, jetzt aber auseinandergerissen worden waren. Der Inhalt lag verstreut herum, und jeder Fund löste neuerliche Kämpfe unter den Plünderinnen aus. In meiner Nähe sah ich zwei Politische stehen, die sich an dem Handgemenge nicht beteiligten, sondern es mit entsetzter Faszination verfolgten.

»Was ist das?«, fragte ich, und sie antworteten: »Der Lagerraum der Wachen.« Ich zuckte mit den Schultern und wollte mir, da mich das alles anekelte, über die kämpfenden Frauen hinweg einen Weg zur Treppe auf der anderen Seite des Raums bahnen, doch dann blickte ich zufällig auf und konnte gerade noch einen Freudenschrei unterdrücken. Auf einem hohen Regal, von der kämpfenden Meute auf dem Fußboden offenbar unbemerkt, stand eine Reihe Gläser mit eingewecktem Obst und etwas, was wie Weinflaschen aussah. Im Handumdrehen rechnete ich aus, dass ich, wenn ich die Treppe zur Hälfte hinaufstieg, zumindest einen Teil davon erreichen konnte. Ich wandte mich zu den beiden Politischen neben mir, legte einen Finger auf die Lippen und zeigte auf das Regal. Vorsichtig und so leise wie möglich – denn wenn diese wütenden Furien von unserem Fund erfuhren, würden sie uns mit ihrem Ansturm bestimmt erdrücken – bahnten wir uns einen Weg zu der Treppe. Mein Plan ging wunderbar auf; einen Fuß auf der Treppe, den anderen auf einem unteren Regalbrett, streckte ich die Hand aus und reichte den beiden drei Gläser Obst und drei Flaschen Wein nach unten. Dann stieg ich wieder hinunter, und unbeobachtet liefen wir die Treppe hoch. Oben nahm jede von uns eine Flasche und ein Glas an sich, und wir trennten uns. Mit beiden Armen meine unglaublichen Schätze umfassend, wandte ich mich in dem dunklen Korridor nach rechts, vor allem deswegen, weil eine neue Woge von Gefangenen an mir vorbei zu den Küchen brandete. Ich kam nur sehr langsam voran, hatte ich doch solche Angst, meine kostbaren Glasgefäße könnten bei einer plötzlichen Begegnung im Dunkeln zerbrechen, dass ich mich dicht an der Wand und nur im Schneckentempo vorwärtsbewegte. Vermutlich hätte ich die ganze Nacht gebraucht, doch als ich etwa ein Drittel des Weges zurückgelegt hatte, gingen die Lichter wieder an, und da rannte ich los und sprang wie ein Footballspieler durch das Gewirr der Korridore.

Unterdessen waren Joke und Nell nicht untätig geblieben. Nachdem sich unser Stockwerk geleert hatte, hatten sie sich auf den Weg zu Fafas Zelle gemacht und sie vor dieser angetroffen. Von ihren Zellengenossinnen im Stich gelassen, umklammerte sie das Treppengeländer, um sich festzuhalten. Auf Nell und Joke gestützt, hatte sie es mit quälend langsamen Schlurfschritten in die Eckzelle geschafft, und dort lag sie nun erschöpft auf drei übereinandergestapelten Matratzen. Ihr armer Körper war ganz von Arthritis befallen, offensichtlich war jede ihrer Bewegungen schmerzhaft, doch ihre großen dunklen Augen leuchteten, und ihr runzliges kleines Gesicht strahlte vor Glück. Nachdem sie sie hingebettet hatten, hatten Nell und Joke vier weitere Matratzen in die Zelle geschleppt, von denen sie drei übereinanderstapelten und die vierte gegen die Wand lehnten und so eine Art Couch mit einer zusätzlichen Decke herrichteten. Außerdem hatten sie alle unsere Näpfe und Löffel und sogar einige Zinnbecher eingesammelt. Die Tür wurde mit Holzstücken aus einem Wandregal, das sie zu diesem Zweck zerschlagen hatten, offen gehalten.

Als ich keuchend die Treppe heraufkam, warteten sie bereits auf mich. »Tritt ein in unsern Palast!«, sagte Nell mit einer jener großen Gesten, die ihr den seltsamen Spitznamen »Baron« eingebracht hatte.

Ich küsste Fafa und breitete stolz meine Waren aus. Die anderen machten Stielaugen. »Baron«, sagte ich feierlich, »lasst uns ein Festmahl bereiten.«

Und was für ein Festmahl es war! Dank langer Übung bewahrten wir einen der Brotlaibe für den Morgen auf, den anderen brachen wir in vier etwa gleich große Stücke und bestrichen sie mit Schmalz. Das Zweiliterglas enthielt Pfirsiche in Sirup. Der Korken der Weinflasche leistete zunächst Widerstand, doch dann fiel Nell ein, dass sie diese Woche durch einen glücklichen Zufall die Hüterin der gemeinschaftlichen NN-Schere gewesen war, mit deren Hilfe der Korken bald besiegt war. Die Hälfte des Weins teilten wir auf, doch stieg er uns so zu Kopf, dass wir beschlossen, den Rest für eine andere Gelegenheit aufzubewahren.

Während wir beglückt die köstliche und reichhaltige Mahlzeit genossen, schlenderten die meisten anderen NNs wieder in ihre Zellen und veranstalteten ihre eigenen Festessen. Viele von ihnen waren nur mit Brot und Schmalz zurückgekehrt, aber jede Zelle hatte noch etwas Zusätzliches organisiert. Die Gruppe der Belgierinnen uns gegenüber hatte einige rohe Steckrüben aufgetrieben; nebenan hatte jemand einen Topf Marmelade erbeutet und so weiter und so fort. Alle Türen standen offen, in den Zellen brannte jetzt Licht, und der Trakt hallte wider von glücklichem Gelächter. Wir hatten ihn ganz für uns, die polnischen Politischen tauchten nie wieder auf; sie mussten sich anderen Polinnen in einem anderen Teil der Frauenanstalt angeschlossen haben.

Nach dem Festmahl verspürte ich trotz des einstweiligen Sättigungsgefühls zum ersten Mal in den vergangenen neun Monaten ein altes Verlangen und sagte: »Jetzt wünschte ich, ich hätte eine Zigarette!«

»Ich auch«, sagte Fafa und fügte hinzu: »Hört mal, ihr drei solltet hinausgehen und euch umschauen, wie die Welt da draußen aussieht. Ich komme schon zurecht. Vielleicht könntet ihr mir ja sogar etwas Tabak besorgen.« Natürlich las sie unsere Gedanken. Obwohl es nach Mitternacht war, waren wir alle zu aufgeregt, um zu schlafen, und wollten unbedingt heraus aus diesem Zuchthaus, und sei es nur für kurze Zeit. So ließen wir uns von Fafa überzeugen, und nachdem wir unsere Stickereien, den Wein und das Brot am Fußende ihres notdürftigen Bettes versteckt hatten, machten wir uns auf den Weg, um die Umgebung zu erkunden. Zu uns gesellten sich eine Belgierin und ihre Tochter, die einmal unsere Zellengenossinnen gewesen waren. Aufgeregt polterten wir in unseren Holzsandalen die Treppe hinunter. In den Hauptgängen herrschte noch immer Chaos – Gruppen von Gefangenen, die in alle Richtungen strömten, nach Freundinnen oder Essen suchten oder einfach nur ihren Gefühlen Luft machen wollten, indem sie tanzten und schrien und wie verrückt umherrannten. Um einander nicht zu verlieren, fassten wir uns bei den Händen und bewegten uns wie eine menschliche Schlange, Nell vorneweg, dann die beiden Belgierinnen, Joke und ich hinterdrein. Indem wir immer wieder jemanden fragten, fanden wir den Weg zum Ausgang, und als wir uns diesem näherten, stießen wir auf immer mehr Paare, die sich auf dem Fußboden wälzten und Liebe machten, ohne die Füße zu bemerken, die über sie hinwegtraten. Andere Russen streiften umher, ein glückliches, erwartungsvolles Lächeln in den Gesichtern. Doch in dieser ersten Nacht schien es keine Vergewaltigungen zu geben; ich sah keine Übergriffe und hörte keine Schreie. Die sowjetischen Soldaten schienen unter den kriminellen Gefangenen, vor allem unter den besser ernährten Insassinnen, so viele willige Partnerinnen zu finden, wie sie nur wollten.

Vor den schweren Zuchthaustüren, die weit offen standen, begegneten wir einem älteren sowjetischen Feldwebel; zumindest wirkte er um einiges älter als die jungen Männer, die wir bisher gesehen hatten, aber das mochte einfach an seinem riesigen Schnauzbart liegen. Wir umkreisten ihn, ich fragte: »*Papirosky? Papirosky?*«, und machte dabei extravagante Rauchergesten. Er lächelte, sagte: »Da, da«, und nahm Nell an der Hand, um uns irgendwo hinzuführen, angeblich zu den Zigaretten. Noch immer in Schlangenformation überquerten wir die dunkle Straße und traten durch die offene Tür in ein Haus auf der anderen Seite. Als wir in einen kurzen, schmalen Korridor eindrangen, kam ich plötzlich zur Vernunft, ließ die Hand des belgischen Mädchens los, drehte mich zu Joke um und sagte: »Das ist ziemlich gefährlich. Du bleibst besser hier und hältst die Tür offen.« Dann lief ich hinter den anderen her. Der nur wenige Meter lange Flur führte in ein beleuchtetes Schlafzimmer. Auf der rechten

Seite befand sich ein großer Frisiertisch, der von einem riesigen Spiegel überragt wurde. Vor ihm standen Nell und die beiden Belgierinnen. Mit offenen Mündern starrten sie auf ihr Spiegelbild, völlig ahnungslos, dass auf dem Doppelbett hinter ihnen zwei Paare in ungestümen Geschlechtsverkehr verwickelt waren. Es war nur allzu verständlich, denn seit wir im Zuchthaus einsaßen, hatte keine von uns die Möglichkeit gehabt, in einen Spiegel zu schauen, und obwohl die drei genau wussten, wie die anderen um sie her aussahen, war es ein großer Schock, als sie ihre eigenen bleichen, ausgezehrten Gesichter, ihr eigenes stumpfes, strähniges Haar, ihre eigenen ausgemergelten Körper in der zerrissenen Gefängniskleidung im Spiegel erblickten.

Ich sah mich nach unserem schnauzbärtigen Freund um, der sich auf die andere Seite des Bettes gekauert hatte, wo er seine privaten Vorräte durchstöbert haben musste. Genau in diesem Augenblick stand er auf, schenkte mir ein breites Lächeln und kam mit zwei Handvoll Zigarren auf mich zu.

Die ganze Situation war so lächerlich, dass ich schallend auflachte. Das riss die anderen drei aus ihrer Benommenheit. Sie warfen einen Blick hinter sich und stürzten an mir vorbei wie verängstigte Kaninchen. Ich wartete lange genug, um die Zigarren entgegenzunehmen und mit meinem russischen Freund eine kleine Pantomime aufzuführen. Da ich das Wort für »danke« nicht wusste, zeigte ich auf die Zigarren, nickte und lächelte. Er antwortete mit einer höflich einladenden Geste zum Bett hin. Ich schüttelte entschieden den Kopf, und er zuckte mit den Achseln. Noch einmal lächelte ich ihm zu, er erwiderte mein Lächeln, und noch immer lächelnd zog ich mich durch den kurzen Korridor zurück.

Draußen fand ich die anderen, die, hilflos vor Lachen, an der Wand lehnten. Kichernd standen wir da, während ich wie ein frischgebackener Vater Zigarren verteilte. Aber als ich sah, dass Joke ihre Zigarre wegwarf, bückte ich mich, um sie aufzuheben, wurde ernst und sagte: »Wirf sie nicht weg – wir können sie gegen andere Dinge eintauschen.« Sosehr es mich danach verlangte, zu rauchen, wusste ich doch, dass ich eine große schwarze Zigarre nicht verkraften würde. Also teilten wir die Zigarren unter uns auf, steckten sie in unsere Taschen und setzten unsere Erkundung fort. Bis auf das Licht von Sternen und Mond war es finster in den Straßen, die Häuser waren alle verdunkelt und die Straßenlaternen vermutlich schon seit Langem abgeschaltet. Und doch waren regelrechte Menschenmassen unterwegs, und wir wussten, dass sie alle entweder Gefangene oder Befreier sein mussten, denn kein Deutscher hätte sich in dieser Nacht hinausgewagt.

Wieder hielten wir uns bei den Händen und bewegten uns die Straße entlang, ohne zu wissen, wohin wir gingen oder wonach wir suchten. Wir wollten nur die lang ersehnte Freiheit schnuppern. Wir waren nicht weit gekommen, als wir auf einen amerikanischen Jeep stießen, der mitten auf der Straße geparkt war. An der Motorhaube lehnten zwei amerikanische GIs und betrachteten das Chaos ringsum. Vermutlich waren sie nicht sonderlich interessiert an der Szene, die sie wohl schon mehrfach erlebt hatten, und machten sich weiter keine Gedanken, wer all die verrückten Gefangenen waren oder was sie wollten, sondern warteten nur darauf, dass die Menge sich verzog, damit sie mit ihrem Jeep weiterfahren und dorthin zurückkehren konnten, wo sie sich »in die Falle hauen« durften. Für uns jedoch waren sie Götter. Sie waren die Verkörperung der Befreier, von denen wir geträumt hatten: stramme amerikanische Soldaten in schneidigen Uniformen, deren Sprache wir verstanden, die unsere unzähligen Fragen beantworten und uns bestimmt sagen würden, wie wir aus diesem Höllenloch herauskämen.

Wir umringten sie und begannen alle auf einmal loszuplappern, und eine Weile ergab nichts davon einen Sinn. Doch als wir merkten, dass sie sich langweilten und sich nicht mit uns abgeben wollten, gaben wir uns große Mühe, uns zu konzentrieren, eine nach der anderen zu sprechen, kurz gesagt, alles zu tun, um unseren Göttern zu gefallen. Angesichts unserer Ernsthaftigkeit und der Dringlichkeit unserer Fragen lenkten sie ein und wurden freundlicher, und von ihnen erfuhren wir zum ersten Mal, dass Nordholland erst jetzt befreit worden war. Das war eine große Enttäuschung. Unsere letzte Nachricht war der Fallschirmjägerangriff auf Arnheim am 17. September 1944 gewesen, und wir hatten angenommen, dass Holland kurz darauf von den verhassten Nazibesatzern befreit worden wäre, so wie Belgien und Frankreich.

Die beiden Belgierinnen, die zu ihrer Genugtuung erfahren hatten, dass es mit ihrem Land, befreit und nicht allzu sehr zerstört, bereits wieder bergauf ging, zogen weiter, während wir drei blieben, und die beiden Amerikaner, die mehr und mehr auftauten, luden uns in ihren Jeep ein, wo wir uns etwa eine halbe Stunde lang zusammendrängten. Sie waren äußerst freundlich. Unsere Fragen nach den Zuständen in Holland beantworteten sie umständlich und ausweichend, nicht weil sie nichts wussten (einer von ihnen ließ durchblicken, dass von Den Haag aus V2-Raketen abgefeuert worden waren und die Stadt stark bombardiert worden war), sondern weil sie uns schonen wollten. Sie waren froh, als ich sie um Zigaretten bat, gab es ihnen doch die Möglichkeit, das Gespräch von schlechten auf gute Nachrichten zu lenken, und als sie im Jeep und in ihren Taschen herumwühlten, fanden sie tatsächlich neun Zigaretten für uns. Sie entschuldigten sich ehrlich, dass sie eine halbe Packung für sich zurückbehielten – sie wussten nicht, wann sie die nächste Ration bekommen würden. Sogleich zündete ich mir eine an und gestand zu ihrem großen Vergnügen, dass sie wie Heu schmeckte.

Als Nächstes erklärten sie uns, dass wir uns hinter den sowjetischen Linien befanden und sie sich nur zufällig hier aufhielten, als Vorausabteilung einer Patrouille, die weiter vorgedrungen war, als sie sollte. Diese Information war irritierend. »Wie kommen wir hier raus und zurück nach Holland?«, fragten wir. »Wer wird uns helfen, wenn es keine amerikanischen oder britischen Truppen in der Nähe gibt?«

Darauf wussten sie keine Antwort, rieten aber, uns auf eigene Faust zu den amerikanischen Linien durchzuschlagen; danach werde man sich um uns kümmern. »Wir haben bereits Millionen wie euch«, fügte einer von ihnen hinzu. Das klang nicht sehr hoffnungsvoll, aber es war das Beste, was sie uns sagen konnten. Sie bestätigten auch einige Gerüchte, die wir gehört hatten. Ja, Roosevelt war gestorben. Ja, vor etwa zwei Monaten hatten sie den Rhein überquert. Ja, auch sie hatten gehört, dass Hitler tot sei, wussten es aber nicht mit Sicherheit. Jedenfalls kapitulierten die Nazis überall, und was die großen Schlachten betraf, so war der Krieg beendet. Ja, die Russen waren über Polen hinweggefegt und hatten die Gegend um uns herum fest im Griff. Und so ging es in einem fort – Fragen und Antworten –, die ganze Nacht hätten wir so weiterreden können, so vieles gab es, was wir nicht wussten. Aber allmählich konnten sie es nicht erwarten, wegzukommen. Sie schenkten uns einige Souvenirs: ein Abzeichen ihrer Truppe (der 6th Armored Division), eine signierte Dollarnote (sie wurde im Dunkeln signiert, und die Namen habe ich nie entziffern können) und je einen Schokoladenriegel. Der Reihe nach küssten wir sie, eher weil es ein Versprechen war, das wir einander abgenommen hatten, als weil sie selbst es wollten. Als Sieger hatten sie offensichtlich überall freie Wahl an hübschen Mädchen gehabt, so dass sie an drei Vogelscheuchen wie uns nicht im Mindesten interessiert waren. Nur aus Mitleid und Herzensgüte ließen sie es sich gefallen, vielleicht auch weil wir ihre Sprache sprachen. Und jetzt ließen sie den Motor an, der Jeep fuhr langsam durch die Menge, und wir standen mitten auf der Straße und schauten traurig dem Rückzug unserer Götter zu.

Doch nichts konnte uns in dieser Nacht aufhalten; eine aus langer Gefangenschaft geborene Rastlosigkeit trieb uns an. So hakten wir uns unter, ein wenig klüger und ein wenig reicher an Zigaretten und Schokoladenriegeln, setzten unseren Weg fort und blieben nur ab und zu stehen, um uns bei anderen Gefangenen zu erkundigen, was vor sich ging, und immer wieder zu rufen: »Holländer –

irgendwelche Holländer hier?« Erst als wir zwei Straßen zurückgelegt hatten und am Eingang zum Männergefängnis angekommen waren, erhielten wir aus der Menge endlich Antwort. Eine Männerstimme rief: »Ja, ich bin Holländer. Wo seid ihr?«

Es brauchte fünf Minuten ununterbrochenen Rufens und Suchens, bevor wir die Stimme einem schlaksigen jungen Mann zuordnen konnten, der seine Arme weit ausbreitete und uns alle drei in einer großen Gemeinschaftsumarmung an sich drückte. Es bedurfte einiger Augenblicke an unseren Schultern, bis er seiner Stimme wieder vertrauen konnte. Trotzdem klang sie sonderbar hoch, als er sagte: »O mein Gott, wie gut, endlich wieder Niederländisch sprechen zu können!«

Die nächsten Momente waren eine seltsame Kombination aus Schlurfschritten und Gefühlsaufwallungen. Wir versuchten, uns aus der Menge zu lösen und auf den Bürgersteig zu gelangen, in die Nähe einer Hauswand, wo wir uns hinstellen und in Ruhe unterhalten konnten, ohne herumgeschubst zu werden; zugleich aber waren wir so begierig darauf, mehr voneinander zu erfahren, dass wir vergaßen, uns von der Stelle zu rühren, und Fragen stellten, deren Antworten wir nicht hören konnten, weil wir von allen Seiten angerempelt wurden. Endlich saßen wir auf der Fensterbank eines mit Rollläden verschlossenen Schaufensters, und Dries (denn so hieß er) erzählte uns seine Geschichte. Bei dem Versuch, den Kanal zu überqueren, war er festgenommen worden. Zum Tode verurteilt, war er der NN-Gruppe zugewiesen und von Gefängnis zu Gefängnis verschoben worden, sobald auch nur das geringste Risiko bestand, dass die Alliierten die Stadt, in der er sich gerade befand, überrannten. Bis dahin ähnelte seine Geschichte der unsrigen. Außerdem war er etwa zur selben Zeit wie wir nach Waldheim verlegt worden. Der Unterschied bestand darin, dass er von den anderen NNs separiert worden war und die vergangenen drei Monate in Gesellschaft zweier norwegischer Schmuggler verbracht hatte, die von Beruf einfache Fischer waren. Diese Männer waren zwar freundlich gewesen, aber nicht klug genug, um mit Dries in einer Sprache zu kommunizieren, die von ihm verstanden wurde, nicht aber von dem vierten Zellengenossen, einem zweifelhaften deutschen Kriminellen. Während dieser langen Zeit war Dries noch einsamer gewesen als wir.

Es gab nicht viel, was wir für ihn zu tun vermochten, doch zumindest seine Einsamkeit konnten wir lindern. Fast im Chor sagten wir: »Komm mit und bleib bei uns«, und Dries kam mit. Zu viert machten wir uns auf den Rückweg. Unterwegs erzählten wir ihm unsere Geschichte und dass wir uns um Fafa kümmern mussten, und wieder versicherte er uns, dass er im Männergefängnis trotz aller Bemühungen keinen Kontakt zu einem anderen Holländer hatte aufnehmen können. Inzwischen hatte sich die Menge verlaufen. Zwar waren noch immer viele Gefangene in der Nähe und etwa genauso viele sowjetische Soldaten, doch wir konnten mühelos nebeneinandergehen. Als ich zum Himmel aufblickte, wurde mir klar, dass der Mond längst untergegangen sein musste und die Sterne in den ersten grauen Schleiern der Morgendämmerung bereits blasser wurden. Als wir die Stufen zum Frauengefängnis hinaufstiegen, schlug die Kirchenglocke vier Uhr. Wir waren nahezu fünf Stunden in Freiheit gewesen!

Fafa döste vor sich hin, als wir in unsere Eckzelle zurückkehrten, war aber, als wir ihr Dries vorstellten, sofort hellwach. Dass wir jetzt einen Mann in unserer kleinen Familie hatten, verlangte nach einem weiteren Festmahl, meinte sie. Wir stellten fest, dass Dries die ganze Zeit über zwei Brotlaibe und eine Halbpfunddose Schmalz unter dem Arm getragen hatte, und so stimmten wir vergnügt zu. Zu den Schmalzbroten tranken wir den Rest des Weins, und Fafa, Dries und ich rauchten eine Zigarette. Nell und Joke lehnten ab; da sie nie überzeugte Raucherinnen gewesen waren, fanden sie, dass sie dieses Vergnügen uns anderen überlassen sollten. So blieben uns fünf Zigaretten und acht zerquetschte Zigarren, die wir zusammen mit den Resten von Brot und Schmalz und den Schokoriegeln sorgfältig verstauten, bevor wir die vier Matratzen ausbreiteten, aus denen die Couch bestand. Inzwischen schwankten wir schon vor Müdigkeit, und nachdem Nell, die der Tür am nächsten war, den Lichtschalter vor der Zelle ausgeknipst hatte, sanken wir in den Schlaf der frisch Befreiten.

ZWEITES KAPITEL

Die folgenden Tage brachten die Erkenntnis, dass, obwohl wir frei waren, das Gefängnis noch immer unser einziges Zuhause war und die siegreichen Armeen keinerlei Vorkehrungen getroffen hatten, um uns in unsere siebenhundert Kilometer entfernte Heimat zurückzubringen. Es war eine grausame Enttäuschung, besonders für Nell, die Visionen von beflaggten Rot-Kreuz-Bussen hatte, welche uns im Triumphzug durch ein besiegtes Deutschland kutschieren würden. Alle zwei Stunden würden sie anhalten, damit gedemütigte Nazis uns üppige Mahlzeiten vorsetzten.

Stattdessen blieben wir uns selbst überlassen.

Dries, der gleich nach Erhalt seines »Befreiungsbrotes« den Lagerraum der Gefangenen durchsucht hatte, war bereits in Zivil gekleidet. Zusammen mit anderen NNs machten wir uns auf Erkundungstour, um herauszufinden, ob unsere Kleidung uns nachgefolgt und, falls ja, wo sie gelagert war. Wir gingen auf und ab, durch die verschiedenen Trakte und Korridore, bis wir schließlich im obersten Stockwerk auf einen Raum stießen, der erstaunlicherweise verschlossen und daher noch nicht geplündert worden war. Es dauerte nicht lange, bis wir die Tür aufgebrochen hatten. Drinnen fanden wir Stapel von Gefangenengepäck: Säcke, Kisten, Koffer, alle ordentlich mit den Namen oder Nummern der Häftlinge beschriftet – für uns ein weiterer Beweis für die sonderbaren Mechanismen deutschen Denkens: Auf den verschiedenen Transporten von einem Gefängnis zum anderen waren die Häftlinge selbst so eng in Viehwaggons gepfercht worden, dass einige von ihnen starben; und doch hatte man Platz gefunden, um das wertlose Gepäck mitzuschleppen. Und wertlos war es in der Tat: Nell, Joke und ich hatten nur wenige Sachen, nichts Wertvolles darunter, jeweils in einem Kissenbezug verstaut. Wir fanden alles unversehrt vor – in meinem Fall eine Flanellhose, einen gelben Pullover, etwas Unterwäsche, einen Schlafanzug, ein Paar leichte Sandalen und mehrere Röhrchen Vitamintabletten. Andere hatten nicht so viel Glück. Zwar fanden sie ihre Koffer, alle Wertsachen aber – Pelzmäntel, Geld, Uhren und Schmuck – waren verschwunden. Dabei war uns das Gepäck doch den ganzen Weg gefolgt!

Dankbar entledigten wir uns unserer zerlumpten und verschmutzten Gefängniskleidung, und der NN-Trakt erlebte eine gewaltige Veränderung. Mit einem Mal waren wir wieder Menschen statt Nummern. Die Verwandlung war so tiefgreifend, dass ich, als ich einer meiner ehemaligen französischen Zellengenossinnen in die Arme lief, sie in ihrem seltsamen Aufzug und mit einem durch eine dicke Schicht Schminke stark veränderten Gesicht nicht erkannte.

Danach wagten wir uns wieder hinaus in die Stadt, wo inzwischen jedes Haus mit weißen Tüchern geschmückt und vor jedem Schaufenster der Rollladen heruntergelassen war. Deutsche waren nirgends zu sehen, nur Gruppen ehemaliger Gefangener, die überall auf der Suche nach Nahrung, Transportmöglichkeiten und einem Weg aus der Stadt waren. Doch schon bald wurde klar, dass es einen solchen Weg nicht gab: Die Stadt war von der Roten Armee umzingelt, in jeder Straße standen Wachposten, die den Befehl hatten, niemanden durchzulassen, vermutlich aus dem naheliegenden Grund, dass sie zwischen Ex-Häftlingen und Deutschen nicht zu unterscheiden vermochten. Die Soldaten strömten aus allen Richtungen herbei, und wir staunten über die Vielfalt ihrer Fahrzeuge. Einige kamen in Lastwagen an, andere in Bussen und viele, viele andere in Ochsen- und Pferdekarren, manchmal eine Reihe von Rindern im Schlepptau. Ihre Manöver schienen ohne Sinn und Verstand, doch der Anschein von Chaos trog, denn die Feldlager um die Stadt herum waren gut durchorganisiert.

Am zweiten Tag unserer Freiheit entdeckten Joke und ich eine verlassene Molkerei. Die Tore und Türen standen offen, und als wir hineingingen, waren bereits andere ehemalige Gefangene auf der Suche nach Essbarem. Die Käseregale waren leer, ebenso ein Kühlraum, doch in einem anderen Teil der Anlage fanden wir fünf riesige glänzende Bottiche mit Sprossenleitern an der Seite. Schnell kletterten wir hinauf und waren überglücklich – die Fässer waren bis zum Rand mit Buttermilch gefüllt! Bald machten sich an jedem Bottich zwei ehemalige Gefangene zu schaffen. Den Fuß um eine Sprosse gehakt, hielten sie sich am Bottichrand fest, beugten sich vor und tranken so viel Buttermilch, bis sie nach Luft schnappen mussten. Dann stiegen sie herunter, und zwei andere kletterten hinauf, um ihre Portion zu trinken, und so abwechselnd immer weiter. Als ich das zweite Mal an der Reihe war, rutschte mein Fuß ab, und wenn Joke mich nicht festgehalten hätte, wäre ich in den Bottich gefallen. Nach der dritten Runde entschieden wir, dass wir nicht mehr verkraften konnten und der gesunkene Buttermilchpegel unser Vorhaben zu einem höchst gefährlichen Sport machte. Wir trieben eine große Milchkanne auf, tauchten sie in den Bottich, bis sie gefüllt war, senkten sie, ohne allzu viel zu verschütten, auf den Fußboden ab und nahmen sie mit ins Gefängnis. Allerdings waren wir sehr schwach, und selbst unsere vereinten Kräfte reichten nicht aus, um die schwere Kanne mehr als einige Meter weit zu tragen, so dass wir nur äußerst schleppend vorankamen. Alle paar Schritte setzten wir uns eine Minute lang auf den Bordstein, um Kraft zu schöpfen, und als wir es bis zum NN-Trakt geschafft hatten, waren wir völlig erledigt.

Doch die Mühe hatte sich gelohnt. Wir fütterten Dries, Fafa und Nell mit Milch, bis sie das Gefühl hatten, dass ihnen das Zeug zu den Ohren herauskam, tranken selbst noch mehr davon, verteilten den Rest unter den anderen NNs und gingen zurück, um Nachschub zu holen, diesmal mit Nell und Dries, die uns beim Tragen helfen sollten. Inzwischen hatten sich so viele Frauen an den Bottichen gütlich getan, dass der Pegelstand in den meisten zu niedrig war, um noch an die Milch heranzukommen. Vergeblich suchten wir nach einer Methode, wie sie die Arbeiter des Betriebes angewandt hatten, um die Bottiche zu leeren. Schließlich knoteten Dries und ich unsere Ledergürtel zusammen und ließen die Milchkanne daran hinab; auf diese Weise gelang es uns, sie etwa zur Hälfte zu füllen – ausreichend für den Abend und einen Teil des nächsten Tages. Noch immer lebten wir in der Hoffnung, dass bald etwas geschehen würde, damit wir nicht für immer als Gesetzlose leben müssten.

Am nächsten Tag suchten wir erneut den Lagerraum auf und entdeckten dahinter einen weiteren mit Wandschränken, vollgestopft mit zum Teil funkelnagelneuen Laken, Handtüchern, Servietten und Kissenbezügen, die, wie wir nur zu gut wussten, nie an die Gefangenen ausgegeben worden waren. Wir griffen uns Handtücher und Laken, außerdem nahm ich sechs große Servietten mit, die ich meiner Mutter als Geschenk mitbringen wollte. Dann gingen wir durch das kleine, menschenleere Gefängniskrankenhaus. Als wir uns auf die Waage stellten, zeigte sich, dass wir im Durchschnitt ein Drittel unseres Körpergewichts verloren hatten. Ansonsten gab es im Krankenhaus nichts, was uns von Nutzen hätte sein können, außer einer Trage, die wir in unsere Zelle mitnahmen für den Fall, dass wir Fafa in eine bessere Umgebung bringen konnten.

In dieser Absicht machten wir uns auf den Weg zum Krankenhaus des Männergefängnisses. Es war noch belegt und viel größer als unseres, mit mehreren Sälen. Eine Krankenschwester und ein Arzt schienen die Aufsicht zu führen. In den meisten Betten lagen abgemagerte Männer, die hustend vor sich hin wimmerten, dann aber bemerkten wir einen Saal mit drei freien Betten. Wir fragten die überlastete Krankenschwester, ob wir Fafa dorthin bringen dürften. Sie zuckte mit den Achseln und sagte Ja; sie wisse aber nicht, woher die Verpflegung für all die Leute kommen würde. Immerhin gab sie uns einige Aspirin für Fafa mit.

Auf dem Rückweg sahen wir ein altes Auto vor unserem Gefängnis stehen. Als wir hinliefen, um zu erkunden, was los war, kamen wir gerade noch rechtzeitig, um zu sehen, wie eine Gruppe von Politischen, begleitet von einem sowjetischen Soldaten, durch die Gefängnistür stürzte. In ihrer Mitte hielten sie die dicke Ärztin des Frauengefängnisses fest. Ihr Kopf war kahl geschoren, Tränen liefen ihr übers Gesicht, und sie jammerte laut. Wir standen dabei, als sie die Treppe hinuntergestoßen und in den Wagen bugsiert wurde. Mehrere ehemalige Gefangene stiegen ebenfalls ein. Am Steuer saß ein weiterer Rotarmist; er fuhr langsam davon, ein Pulk Politischer klammerte sich an das Auto und rannte neben ihm her. Das alles war ein Teil der unvermeidlichen Rache. Von Dries wussten wir bereits, dass mehrere Wärter des Männergefängnisses gefangen genommen und im Treppenhaus in den Tod gestürzt worden waren. Die Ärztin hatte nichts Besseres verdient, aber wir hatten nicht den Wunsch, dabei zu sein, wenn es geschah. Später hörten wir, sie sei verprügelt und anschließend erschossen worden.

Mit Fafa besprachen wir, ob wir versuchen sollten, sie zu überstellen oder nicht. Das Einverständnis der Krankenschwester im Männerkrankenhaus hatte nicht gerade nach einem herzlichen Willkommen geklungen, aber im Krankenhaus wäre Fafa besser aufgehoben als in dieser Zelle. Das Problem bestand darin, dass sie nicht in der Lage war, drei steile Treppen hinunterzusteigen und die kurze Strecke zu Fuß zurückzulegen, während wir zu schwach waren, sie zu tragen, sogar auf der Liege. Außerdem wollte sie nicht von uns getrennt werden. Dank unserer Gesellschaft, unserer Freundschaft, den reichlichen Mahlzeiten und dem Auftrieb, den ihr das Gefühl der Freiheit gab, sei sie regelrecht aufgeblüht und fühle sich bereits viel besser. »Lasst mich einfach noch ein paar Tage hier. Vielleicht kann ich dann ja laufen«, sagte sie.

Am vierten Tag zeigten die Russen plötzlich, dass sie sich unserer Existenz bewusst waren, und sie taten es auf die erdenklich schönste Weise. Zu diesem Zeitpunkt versuchten die ehemaligen Häftlinge sich zu organisieren, und in das Wohnzimmer des Gefängnisdirektors, das auf einen Innenhof und die hintere Einfahrt ging, war eine Versammlung der verschiedenen Gruppierungen und Trakte einberufen worden. Da die Nachricht von dieser Zusammenkunft aufs Geratewohl von Mund zu Mund weitergegeben wurde, war nur etwa die Hälfte aller ehemaligen Häftlinge vertreten, doch die NNs hatten davon erfahren und mich entsandt. Das Treffen verlief ergebnislos. Einige Politische, von denen ich vermutete, dass es Kommunisten waren, wollten offizielle Resolutionen verabschieden; die anderen rund zwei Dutzend Anwesenden waren an Wortgeplänkel jedoch nicht interessiert. Wir wollten nichts als normale Mahlzeiten und die Möglichkeit, die Heimreise anzutreten. Letzten Endes wurde einer der tschechischen Politischen, der Russisch konnte, beauftragt, den verantwortlichen Offizier ausfindig zu machen und ihm unsere Wünsche zu übermitteln.

Als das Treffen gegen Mittag beendet wurde, schob sich ein riesiger sowjetischer Lastwagen durch die hintere Einfahrt auf den Innenhof, beladen mit Gefäßen, die wie Ölfässer aussahen, und mehreren vergnügten sowjetischen Soldaten, die uns herbeiwinkten. Als wir sie umdrängten, wurden die Ölfässer heruntergeschwenkt. Sie enthielten große Stücke dampfendes Kesselfleisch. Ehe ich mich's versah, wurde mir ein großes Holztablett mit einem Lederriemen um die Schultern gehängt, und einer der Soldaten packte beidhändig die Fleischstücke und lud sie auf mein Tablett. Als es voll war, taumelte ich in Richtung unseres Quartiers. Schon beim Treppensteigen wurde mir klar, wie fett das Fleisch war und welchen Schaden es in unseren Mägen anrichten würde, die solche Kost nicht gewohnt waren; dennoch konnte ich es kaum erwarten, es zwischen die Finger zu bekommen. Zuerst servierte ich den NNs, legte das Fleisch in die Näpfe der Abwesenden und warnte die anderen: »Esst langsam und nicht alles auf einmal; hebt etwas für morgen auf.« Ebenso gut hätte ich gegen die Wand reden können. Es war noch viel übrig, und so ging ich ein Stockwerk tiefer und verteilte den Rest unter den dortigen Politischen, von denen ich auf der Versammlung niemanden gesehen hatte. Dann war ich selbst an der Reihe. Mit beiden Händen ergriff ich das glitschige Fleisch, und ohne richtig zu kauen, schlang ich große Brocken auf einmal hinunter, bis ich zu den letzten paar Bissen kam. Meine eigenen Ermahnungen hatte ich völlig vergessen.

Ich brachte das Tablett zu den Russen zurück, die plaudernd und rauchend um den Lastwagen herumstanden, und da einer von ihnen ein paar Worte Deutsch sprach, lernte ich von ihm die russischen Wörter für »danke« (*spasibo*) und »Essen« (*pischtscha*).

Danach brach ich mit meinen Freundinnen zu einer weiteren Erkundungstour auf, diesmal zum Rathaus, einem alten Gebäude mit Jugendstilelementen, am

Marktplatz. Zwar war es bereits gründlich geplündert worden, aber dennoch ein guter Ort, um nach Schätzen wie Bleistiften und Papier zu suchen. Als wir durch verschiedene Büros mit zerrissenen und zertrampelten Hitler-Porträts wanderten, fanden wir in Schreibtischschubladen und Schränken eine Menge von beidem, und Dries, der in einem Haufen zusammengeworfener Akten herumstocherte, stieß auf weitere Reichtümer: zwei Landkarten, eine von Deutschland, die andere von der Provinz Sachsen, in der wir uns befanden. So konnten wir zum ersten Mal unseren Standort bestimmen; zwar kannten wir den Namen der Stadt, hatten aber vor unserer Ankunft noch nie von ihr gehört und wussten nur vage, dass sie irgendwo in der Nähe der Tschechoslowakei lag. Nun stellte sich heraus, dass wir uns etwa fünfzig Kilometer westlich von Dresden, hundert Kilometer nördlich der tschechoslowakischen Grenze und sechzig Kilometer östlich von Altenburg befanden. Dahinter sollten die amerikanischen Linien beginnen. Von zu Hause waren wir rund siebenhundert Kilometer entfernt. Obwohl uns dieses Wissen im Moment nur theoretisch nutzte, gab es uns doch zumindest das Gefühl, wieder festen Boden unter die Füße zu bekommen.

In dem nächsten Büro, das wir betraten, kämpfte ein junger russischer Gefreiter an einem Schreibtisch in der Nähe des Fensters mit einer Schreibmaschine. Er hatte in einem seltsamen Winkel einen Bogen Papier eingespannt und hackte mit einem Finger eher ängstlich auf die Tasten. Da er russische Schriftzeichen gewohnt war, beunruhigte ihn offenbar das befremdliche Alphabet, das auf seinem Blatt auftauchte. Schließlich schlug er mehrere

Tasten auf einmal an, und als er sah, dass er auch damit kein Russisch produzierte, nahm er die Schreibmaschine und schleuderte sie durch das geschlossene Fenster. Wir konnten nur hoffen, dass das Klirren des zersplitternden Glases die Passanten warnte. Er sah sich um, und als er uns erblickte, grinste er breit und griff nach einem zerknitterten roten Stoffknäuel zu seinen Füßen. Er breitete die Arme aus und führte uns vor, dass es sich um eine besudelte Nazifahne handelte; dann fasste er sie vorsichtig an einem Zipfel und riss sie diagonal entzwei, mitten durchs Hakenkreuz. Wir applaudierten. Sofort hob er die beiden Teile auf und zerriss sie mit seinen kräftigen Händen ein zweites Mal, diesmal in die andere Richtung. Wir schüttelten ihm die Hand, klopften ihm auf die Schulter und stimmten in sein glückliches Lachen ein, als die zerrissene Flagge der Schreibmaschine durchs Fenster folgte.

Als Nächstes schauten wir bei den Wachposten auf der Brücke vorbei, welche zur Ausfallstraße in Richtung Westen führte. Sie waren noch immer da und genauso streng wie zuvor. Wir konnten sehen, dass die Straße hinter der Brücke leicht anstieg, bis sie sich zwischen den bewaldeten Hügeln am Horizont verlor. Der Teil, den wir einsehen konnten, war mit Granattrichtern übersät. Linker Hand hinter der Brücke befand sich der alte Bahnhof, inzwischen ein geschäftiges Lager der Roten Armee. Es waren keine Züge zu sehen, und wir hatten nicht die geringste Chance, uns unbemerkt vorbeizuschleichen. Auf der rechten Seite wurde die Straße von flachen Feldern begrenzt, die keine Deckung boten, selbst wenn wir die Kraft gehabt hätten, querfeldein zu laufen, und die hatten wir ganz bestimmt nicht. Während wir so standen und verzweifelt in die

Richtung starrten, in die wir gehen wollten, verspürte ich plötzlich stechende Magenschmerzen – das Kesselfleisch hatte seine Wirkung getan! Im Laufschritt also zurück zu unserem Quartier, gerade noch rechtzeitig, bevor uns die ersten schweren Krämpfe überwältigten.

In unserem Zuchthaus gab es keine Spültoiletten, und in drei der leeren Zellen, die früher von den Polinnen bewohnt worden waren, hatten wir Toilettenkübel aufgestellt. Diese Regelung war ausreichend gewesen, um allen NNs die gewünschte Privatsphäre zu gewähren. Jetzt plötzlich reichte sie bei Weitem nicht mehr. Fafa brauchte die Nachbarzelle, wo sie ohne Hilfe hinschlurfen konnte. Dries brauchte ein Örtchen, wo keine Frauen in höchster Not hereinplatzten, und wir anderen brauchten einfach nur viele Kübel. Dementsprechend stellten wir im Waschraum eine ganze Reihe davon auf, und alle Gefängnisinsassinnen verbrachten eine von Krampfanfällen unterbrochene Nacht voller Gestöhn und qualvoller Spurts zum nächsten unbesetzten Kübel.

Am nächsten Morgen waren wir gründlich gereinigt und schwach wie neugeborene Kätzchen. Wir schliefen lange, um uns für die anstrengende Nacht zu entschädigen, und als eine Politische aus dem unteren Stockwerk heraufgerannt kam und die Neuigkeit verbreitete, dass im Männergefängnis Essen verteilt werde, zeigten wir uns nur mäßig interessiert. Allerdings bestanden unsere Vorräte nur noch aus einer harten Brotkruste, und wir wussten, dass wir bald wieder auf dem Damm sein und Hunger haben würden. Also rappelten wir uns langsam auf.

Als wir aus der Gefängnistür traten, bot sich uns ein Anblick, der uns wieder ganz lebendig machte. Ein großes, von zwei Pferden gezogenes Fuhrwerk kam auf uns zugerumpelt, voll besetzt mit ehemaligen Häftlingen, Männern und Frauen, die hinter dem Kutscher standen oder weiter hinten auf Koffern saßen. Neben dem Kutscher schwenkte ein blonder junger Mann eine große, handgefertigte tschechische Fahne. Einige der Frauen auf dem Wagen erkannte ich, es waren tschechische Politische. Ich winkte und rief ihnen auf Deutsch zu: »Wohin fahrt ihr?«, und der ganze Wagen antwortete: »Wir fahren nach Hause! Hurra, wir fahren nach Hause!«

Wir standen da und winkten ihnen nach, bis sie hinter einer Straßenbiegung verschwanden. »Nun«, sagte Dries, »offensichtlich haben die Tschechen den kürzesten Heimweg, aber wenn die fahren dürfen, sind vielleicht auch wir bald an der Reihe.«

»He«, rief Joke, »schaut euch um! Von allen Häusern wehen rote Fahnen!«

Und so war es. Statt der Laken und Handtücher, die in den ersten vier Tagen als weiße Flaggen gedient hatten, hingen jetzt an jedem Mast und auch von vielen Fensterbänken große rote Fahnen. Als ich auf eine ziemlich tief hängende zuging, konnte ich deutlich die Umrisse des Hakenkreuzes sehen, das entfernt worden war. »Diese Hurensöhne«, sagte ich, und wir alle mussten lachen. Dann zog ich das scharfe Messer aus meiner Tasche, das ich auf einem meiner Erkundungsgänge erbeutet hatte, und schnitt einen langen roten Stoffstreifen ab.

»Wozu brauchst du den?«, fragte Nell in einem Ton, der mir deutlich zu verstehen gab, dass das Berühren einer Nazifahne unter meiner Würde sei, selbst wenn das Hakenkreuz entfernt worden war.

»Hast du nicht gesehen, dass sich die Tschechen eine Flagge genäht haben?«, fragte ich. »Wir sollten uns auch welche nähen, damit jeder sehen kann, dass wir Holländerinnen sind. Der Streifen hier reicht fürs Rot. Wir könnten sie an unsere Kleidung nähen, kleine Fähnchen, aber groß genug, damit die Leute sie sehen.«

Alle stimmten dem Vorschlag zu, und wir beschlossen, nach blauem Stoff Ausschau zu halten, denn Weiß hatten wir in Gestalt der Gefängnislaken im Überfluss. Inzwischen waren wir im Männergefängnis angekommen und traten durch das große Portal auf den weiträumigen zentralen Innenhof. Zu unserer Linken befanden sich die Küchen; vor ihnen waren lange Tapeziertische aufgestellt, um die sich Gruppen von Männern und Frauen drängten. Als wir uns zu ihnen gesellten, sahen wir, dass Männer in grauen Overalls Lebensmittel verteilten – ganze Brote und kleine Dosen mit Ersatzmarmelade. Jede von uns bekam ihren Anteil. Während Nell eine Extraportion für Fafa besorgte, passten wir auf ihren Anteil auf. Diese Strategie funktionierte so gut, dass sich auch Dries ein zweites Mal anstellte. Er kehrte mit der Nachricht zurück, dass von jetzt ab täglich Lebensmittel verteilt würden und wir uns nicht die Mühe zu machen brauchten, sie zu horten. Der Aufruhr in unseren Mägen hatte sich gelegt, und so setzten wir uns auf ein paar Steinstufen in die Sonne und genossen eine ruhige Mahlzeit. Während wir noch aßen, kam aus einer der Küchentüren ein kleiner Trupp Frauen in Gefängniskleidung und begann unter der Aufsicht eines weiteren Mannes in Grau um einen großen Eimer herum mit dem Schälen von Kartoffeln. Wir beobachteten sie mit Interesse und konstatierten, dass die

Russen die Dinge wirklich in die Hand genommen hatten, wenn sie sogar schon einige Nazis gefangen hielten. Da rief Nell plötzlich aus: »Das sind unsere Wärterinnen!«

Wir liefen hinüber, um sie genauer in Augenschein zu nehmen. Tatsächlich waren es vier unserer Wärterinnen, ausgestattet mit der gleichen Gefängniskleidung, die wir so lange tragen mussten, nur dass ihre frisch und neu aussah. Es war ein erhebender Moment. Wir standen um sie herum, musterten sie eingehend und sprachen auf Niederländisch über sie. Zwar konnten sie uns nicht verstehen, wussten aber sehr wohl, dass wir kein gutes Haar an ihnen ließen. Jedes Mal, wenn wir auf sie zeigten, zuckten sie zusammen. »Schau mal, Zip«, sagte Joke aufgeregt, »da ist der ›Gorilla‹, den du am liebsten umgebracht hättest!«

Ich starrte unverwandt auf die Frau, die ich aus tiefster Seele gehasst hatte, auf ihre groben Gesichtszüge und ihren grausamen Mund. Ja, es traf zu, viele Male hatte ich mir geschworen, sie umzubringen, wenn ich sie zu fassen bekäme; jetzt aber stellte ich fest, dass ich, selbst wenn ich gewusst hätte, wie ich es in einem sonnigen Innenhof voller Menschen hätte anstellen sollen, außerstande war, jemanden kaltblütig zu töten. Was mich daran hinderte, war nicht die Anwesenheit des Mannes in Grau – der bemerkte uns überhaupt nicht – oder die Tatsache, dass meine Freundinnen um mich herumstanden. Ich spürte, dass sie gespannt warteten und bereit waren, alles zu tun, was auch immer ich beschloss. Es war nicht einmal das Fehlen einer geeigneten Waffe, denn in Sekundenschnelle überlegte ich, ob ich es mit einem direkten Kinnhaken versuchen, ihr den Eimer über den Kopf stülpen oder sie mit Unterstützung meiner Freundinnen erwürgen sollte. Ich konnte es deshalb nicht tun, weil etwas in meiner Herkunft, in den vielen Unwägbarkeiten, die dazu führen, dass ein Mensch zu einem beliebigen Zeitpunkt handelt oder nicht handelt, mich deutlich erkennen ließ, dass ich mich damit unwiderruflich auf das Niveau derer herabbegeben würde, die ich so verachtete.

Aber auch wenn mir das einleuchtete, gegen ein bisschen Sadismus war ich nicht gefeit. Unter meinem unverwandten Blick war die Frau total nervös geworden und brabbelte unzusammenhängendes Zeug: wie gut sie immer gewesen sei und dass sie nur Befehle ausgeführt habe. Fliehen konnte sie nicht, denn der Mann in Grau stand unmittelbar hinter ihr. So machte ich einen bedrohlichen Schritt auf sie zu und kostete es weidlich aus, wie sie mit den Knien schlotterte und die Hände vors Gesicht schlug. Dann spuckte ich ihr verächtlich vor die Füße und drehte mich um, gefolgt von den anderen.

Als Nächstes brachen wir zu einer Tour durch das Männergefängnis auf, von dem die Gestalten in den grauen Overalls anscheinend nur den Küchentrakt offiziell nutzten. Wir spekulierten, dass es örtliche Kommunisten sein müssten, da sie perfekt Deutsch sprachen, obwohl sie offenkundig für die Russen arbeiteten. Wir fragten uns, wo sie sich die ganze Zeit versteckt hatten, zerbrachen uns aber nicht weiter den Kopf darüber. Wir hatten andere Sorgen, zum Beispiel wo wir ein Paar Schuhe für mich beschaffen konnten. Meine Sandalen waren schon bei der Überstellung nach Deutschland in keinem allzu guten Zustand gewesen, und wenn wir uns, wie unsere Freunde, die GIs, gesagt hatten, eines Tages zu den amerikanischen Linien durchschlagen müssten, wäre ich auf etwas Robusteres angewiesen. Dries glaubte, dass es im Männergefängnis eine Schusterwerkstatt gab, und so machten wir uns auf die Suche und fanden sie schließlich am Ende einer langen Reihe von Gemeinschaftszellen. Es herrschte absolutes Chaos. Bänke und Werkzeuge waren umgeworfen, der Boden mit Schuhen jeder Größe und Art übersät – Hunderte und Aberhunderte Schuhe, aber kein einziges Paar! Wir brachten Stunden damit zu, durch den Haufen zu krabbeln und zu waten, bevor Dries ein Paar Slipper hochhob und ich ein Paar feste, gut besohlte Männerschuhe mit eisenbeschlagenen Absätzen fand. Sie waren schwer und eine Nummer zu groß für mich, aber die besten, die wir auftreiben konnten. Für Joke fanden wir nichts, was ihr auch nur annähernd gepasst hätte. Nell, die uns verlassen hatte, um Fafa Essen zu bringen, war mit ihrem eigenen Paar zufrieden.

Als wir unseren Streifzug durch das Labyrinth von Korridoren und Zellenblöcken fortsetzten, begegneten wir einer Gruppe junger Franzosen, die uns berichteten, dass soeben ein weiterer Wagen mit Tschechen losgefahren und einer größeren Gruppe Polen erlaubt worden sei, sich zu Fuß nach Osten durchzuschlagen. Die Dinge kamen in Bewegung! Einer der Franzosen verdrückte ein Stück Hartkäse, und ich fragte ihn, wo er den gefunden habe. Er grinste und antwortete: »Organisiert.«

In den Gefängnissen und Lagern war das Verb »organisieren« weit verbreitet und bedeutete, dass man sich persönlichen Bedarf durch Diebstahl, Schwindel oder andere verfügbare Mittel aneignete. Ein anderes Verb in jenen ersten Tagen der Freiheit lautete »befreien«. Es bedeutete, dass man alles Nützliche, auf das man zufällig stieß, an sich nahm, ohne nach dem rechtmäßigen Eigentümer zu fragen. Der Unterschied war gering, für uns jedoch markierte er den Übergang von einer Welt, in der es am Allernotwendigsten mangelte, in eine Welt, in der man Anspruch auf etwas so »Luxuriöses« wie ein zusätzliches Paar Schuhe erheben konnte.

Der Franzose zeigte sich sehr zuvorkommend. »Möchtet ihr etwas Käse?«, fragte er und führte uns zu einer Gemeinschaftszelle mit zwölf Kojen, von denen die meisten mit allen möglichen Kleidungsstücken, Schuhen und Bündeln vollgestopft waren. Auf seinem eigenen Bett entrollte er eine Decke, förderte etwa drei Viertel eines fünf Pfund schweren Käselaibs zutage und schnitt ein großzügiges Stück für uns ab. Wir schenkten ihm zwei unserer Zigarren, was ihn sehr freute. Dann aßen wir mit Nell und Fafa gemeinsam zu Abend und plauderten wie immer gemütlich bis zum Einbruch der Nacht.

Das Zuchthaus hatte sich deutlich geleert. Neben den Kriminellen, die die Deutschen schon vor der Befreiung entlassen hatten, waren nun auch die verschwunden, die in den Küchen- und Verpflegungskommandos gearbeitet hatten, angeblich in den Häusern der Nachbarschaft. An diesem Tag waren die meisten Polinnen und Tschechinnen aufgebrochen, die Übrigen bereiteten ihre Abreise am nächsten Morgen vor. Der Trakt mit den Gemeinschaftszellen, die der zweiten Gefangenenkategorie vorbehalten waren (wir nannten sie die »Prostituiertenklasse«), war fast verödet, und wir nahmen an, dass die meisten Insassinnen ihr Gewerbe inzwischen bei der Roten Armee ausübten. So befand sich das Zuchthaus mittlerweile in der Obhut der Politischen aus westlichen Ländern einschließlich unseres kleinen NN-Trupps. In dieser Nacht waren alle voller Hoffnung, und wir sangen viele unserer alten Lieder. Eine Zelle stimmte ein Lied an, die benachbarte fiel ein, dann die nächste, bis der ganze Trakt von *Show Me the Way to Go Home*, *I've Got Sixpence*, *La Madelon* und den vielen anderen Liedern widerklang, deren Texte wir unter Beibehaltung der Melodien abgeändert hatten. Joke und Nell waren ausgezeichnete Harmonistinnen und Dries von unserem Gesang so gerührt, dass er uns seinen Schatz zeigte: ein viereckiges Stück Baumwollstoff, auf das er einen mit der Adresse seiner Mutter versehenen Leuchtturm gestickt hatte. Dieser schickte einen kräftigen Lichtstrahl in Richtung einer kleinen Gestalt hinter Gittern, die Dries selbst darstellte. Nun war es an uns, ihm unsere Stickereien zu zeigen, und es entstand eine neue und starke Bindung – jene Art Bindung, die sich ergibt, wenn man mit einem Seemann Stickereitechniken erörtert!

Für den folgenden Nachmittag war ein weiteres Treffen der ehemaligen Häftlinge anberaumt, das aber nicht zustande kam. Als wir kurz vor Mittag auf dem Weg zur Lebensmittelverteilung im Männergefängnis um die Ecke bogen, sahen wir etwas, was unsere Herzen höherschlagen ließ: einen Konvoi aus sechs großen amerikanischen Armeelastern! Auf den vorderen wimmelte es von ehemaligen Gefangenen. Wir fingen an zu rennen und sprachen den US-Major an, der vor der Ladeklappe des letzten Lkw stand und die Ankömmlinge einwies. »Beeilt euch«, sagte er zu uns. »Ich werde versuchen, so viele wie möglich von euch mitzunehmen, aber ich kann nicht den ganzen Tag hier herumstehen. Wir dürften eigentlich gar nicht hier sein.«

Aber so einfach lagen die Dinge nicht. »Können Sie eine arthritiskranke Frau mitnehmen?«, fragten wir.

Er sah uns an, schluckte ein paar Flüche hinunter und antwortete: »Unmöglich. Die Straßen sind völlig zerschossen. Außerdem werden sie auf diesen Lastwagen dicht an dicht stehen. Ihr seid zahlreicher, als ich dachte. Kann sie überhaupt stehen?«

Wir schüttelten den Kopf. »Nein, und Sie müssten uns helfen, sie zu tragen. Sie liegt im obersten Stockwerk.«

»Tut mir leid«, sagte er, »dann kann ich euch nicht helfen.« Er wandte sich zu dem dritten Lastwagen und bedeutete dem Fahrer, er solle anfangen, die Leute auf die Ladefläche zu lassen. Die ersten beiden Lkw waren bereits rappelvoll. Dann sagte er zu uns: »Wenn ihr nicht mitkommen wollt, solltet ihr wenigstens die anderen Frauen informieren. Sagt ihnen, sie sollen sich beeilen, wir müssen schnellstens von hier weg.«

»Aber Dries kann mit«, sagte Joke plötzlich.

»Wenn ihr nicht mitfahrt, fahre ich auch nicht«, sagte der schroff, und damit rannten wir zurück zum Frauengefängnis und riefen allen, denen wir unterwegs begegneten, die Nachricht zu. In kürzester Zeit war ein allgemeiner Exodus zu den Lastwagen im Gange. Wir liefen zum NN-Trakt, um die anderen zu informieren und Fafa zu sagen, dass sie sich keine Sorgen zu machen brauche. Als wir glaubten, dass alle fort waren, kontrollierte ich kurz die Zellen, und in der letzten fand ich die ältere Belgierin mit dem rosafarbenen Nierenwärmer, die fest schlief. Ich rüttelte sie wach, suchte ihre Habseligkeiten zusammen, hieß sie aufstehen, und wir schleppten uns zusammen die Treppe hinunter. Auf dem Weg erklärte ich ihr alles. Hand in Hand stolperten wir die Straße entlang, ich wegen der zu großen Schuhe, die ich mir an diesem Tag voller Stolz angezogen hatte, und sie aus allgemeiner Schwäche.

Wir schafften es gerade noch rechtzeitig, denn die Lastwagen wollten gerade losfahren. Unter den dicht gedrängt stehenden Männern und Frauen auf dem letzten Lastwagen schien es keinen Platz mehr zu geben, aber der kleinen Belgierin streckten sich helfende Hände entgegen, die sie an Bord zogen.

»*Merci, merci*«, rief sie mir zu. Tränen liefen ihr übers Gesicht. »Komm und besuch mich.« Sie fügte sogar eine Adresse hinzu, die ich im Gebrüll des anspringenden Motors nicht mehr verstehen konnte. Plötzlich sah ich, gegen das Fahrerhaus des Lastwagens gelehnt, Lottie, das junge belgische Mädchen, das von seinem Spiegelbild so überrascht gewesen war, ihre Mutter und Laure, meine alte Zellengenossin.

Ich lief neben dem langsam anfahrenden Lkw her und rief, so laut ich konnte: »Informiert das Rote Kreuz, dass Fafa hier ist!« Diesen Satz wiederholte ich immer wieder und betete darum, dass sie mich hörten. »*Oui, oui*«, brüllte sie zurück, »Rotes Kreuz – Fafa. Auf Wiedersehen, Zip!«

Ihre Antwort kam im allerletzten Moment, denn ich war erschöpft, und inzwischen waren wir auf dem Marktplatz angelangt, wo die Laster beschleunigen konnten. Keuchend setzte ich mich auf den Bordstein und winkte den Lkw nach, bis der letzte um die Ecke in Richtung

Brücke gebogen war. Dann ging ich auf dem Weg, den ich gekommen war, langsam zurück. Ich fühlte mich einsam und besiegt und nicht einmal sicher, ob wir die richtige Entscheidung getroffen hatten. Natürlich konnten wir Fafa nicht zurücklassen. Aber dann hätte vielleicht die Hälfte von uns dafür sorgen sollen, dass das Rote Kreuz die richtigen Informationen erhielt, und zwar schnell. Joke hätte mitfahren sollen; sie war die Jüngste. Aber für Nell, Joke und mich war es selbstverständlich, dass wir zusammenhielten; wir hatten es schon so lange und unter so vielen Strapazen getan. Ich hätte Joke unmöglich dazu überreden können, mitzufahren. Aber weshalb war Dries geblieben? Gerade hatte ich in Gedanken diesen Punkt erreicht, als ich ihn aus dem Portal des Männergefängnisses auf mich zukommen sah. Offensichtlich hatte er mich gesucht, denn er winkte fröhlich.

»Du hättest mitfahren sollen«, sagte ich vorwurfsvoll.

Er lachte. »Ihr Mädchen seid alle gleich«, antwortete er leichthin. »Gerade haben mir die anderen das Leben zur Hölle gemacht. Wie, glaubst du, würdet ihr vier Mädchen mit all den Russen zurechtkommen, wenn ihr keinen Mann bei euch habt?«

Das also war's. Dieser abgemagerte Bursche, dessen Muskeln nach über einem Jahr Gefangenschaft verkümmert waren, dessen Kleidung an seinem dünnen Körper schlotterte, dessen Gesicht vom Hunger gezeichnet war, sollte unser Beschützer sein! Doch seine Bemerkung rührte mich zutiefst, und ich überlegte, dass Schutz nicht nur aus Muskeln bestand. Ich hängte mich bei ihm ein und sagte: »Wir sollten nachschauen, ob sie uns etwas zu essen geben.« Gemeinsam bogen wir in den Innenhof des

Männergefängnisses ein. Die Tapeziertische standen noch da; auf einem von ihnen saß, ganz allein im leeren Innenhof, der stämmige Mann in Grau, der schon am Vortag da gewesen war. Er wirkte recht freundlich mit seinen Apfelbäckchen, seinem grauen Bürstenhaarschnitt und seinen hellblauen Augen hinter der randlosen Brille. Wir fragten ihn, ob es jetzt, da die meisten Gefangenen fort seien, noch Verpflegung für uns gebe.

»Sie sind nicht alle fort«, sagte er. »Auf den Lastwagen war nicht genug Platz. Ein oder zwei Gruppen sind hiergeblieben, irgendwo da drüben.« Er zeigte auf die andere Seite des Innenhofes. »Außerdem muss es noch andere geben, die sich in der Stadt herumgetrieben haben und von den Lastwagen nichts wussten. Klar hab ich was zu essen für euch.« Er ging in die Küche und kehrte wenig später mit zwei Broten und einer kleinen Dose Schmalz zurück. In der anderen Hand hielt er eine Schale Suppe und zwei Löffel. »Nur zu, esst«, sagte er und stellte die Schale vor uns hin. Da wir seit dem Kesselfleisch keine warme Mahlzeit mehr zu uns genommen hatten, fielen wir gierig über die Suppe her »Wieso seid ihr nicht auf den Lastwagen mitgefahren?«, fragte er.

Beim Löffeln der schmackhaften Erbsensuppe erzählten wir ihm den Grund, und Dries überreichte ihm zwei Zigarren, denn diese Freundschaft schien es wert, gepflegt zu werden. Gleich zündete er sich eine an und sagte nachdenklich paffend: »Ihr solltet eure kranke Freundin aus dem Frauengefängnis herausholen, denn morgen muss es geräumt werden. Es wird wiederverwendet.«

Das war ein neues Problem. »Aber wie?«, fragten wir. »Wir können sie nicht tragen.«

»Das weiß ich auch nicht«, sagte er. »Ich sag's euch ja nur.« Ich überlegte, woher der Mann wohl so viel wusste, und fragte ihn: »Wer sind Sie?« Er lachte nur, warf in einer allumfassenden Geste die Arme von sich und antwortete: »Ich bin hier der Koch.«

Danach hüteten wir uns, ihm noch einmal Fragen zu seiner Person oder der Herkunft seiner Informationen zu stellen; nicht nur waren wir in puncto Verpflegung auf ihn angewiesen, er stellte auch eine vertrauenswürdige Nachrichtenquelle dar, die wir, da es kein Radio, keine Zeitungen, ja nicht einmal zuverlässige Mundpropaganda gab, dringend benötigten. Wir plauderten noch ein wenig und hörten, dass in der Stadt eine Militärregierung eingerichtet und den Geschäften für den nächsten Tag die Wiedereröffnung befohlen worden war, damit sich das Leben mehr oder weniger normalisierte. Auch riet er uns, ins Männergefängnis umzuziehen, falls wir davon ausgingen, länger bleiben zu müssen, denn er schätzte, dass dieses nicht vor Ablauf der Woche benutzt werden würde. Schließlich holte er einen Fünfliterkübel Suppe herbei, den wir für die anderen mitnehmen sollten, und so zogen wir schweren Herzens los und fragten uns, wie wir Fafa umquartieren und jemals selbst nach Hause gelangen sollten.

Trotz der Suppe war dieser letzte Abend in dem mittlerweile fast ganz verlassenen Zuchthaus recht trostlos; und wie wir so in der Dunkelheit dalagen und im Kopf unsere Probleme wälzten, fand keine von uns richtigen Schlaf.

DRITTES KAPITEL

Wir hatten uns umsonst Sorgen gemacht! Als wir am nächsten Morgen hinausgingen, um Hilfe zu suchen für die gefährliche Aufgabe, Fafa nach unten zu tragen, begegneten wir als Erstes zwei Soldaten in niederländischer Uniform. Bevor wir unsere Überraschung über einen so verblüffenden Anblick wie eine niederländische Uniform richtig verarbeitet hatten, wimmelte es bereits in der ganzen Straße von ihnen. Wir machten uns schnell bekannt, und auf dem Bordstein vor dem Gefängnis hielten wir eine Weile Hof, umgeben von einem Trupp fröhlich lachender junger Soldaten Ihrer Majestät Königin Wilhelmina. Sie alle hatten die fünf langen Kriegsjahre in einem Kriegsgefangenenlager bei Dresden östlich von uns verbracht. Die Russen hatten sie fünf Tage lang dabehalten, sie zwei Tage zuvor freigelassen und ihnen gesagt, sie sollten sich nach Westen, zu den amerikanischen Linien, durchschlagen, ihre Uniformen würden ihnen als Passierscheine dienen. Sie sahen gesund und wohlgenährt aus; sie erzählten uns, dass die Verpflegung im Lager monoton, aber ausreichend gewesen sei und sie auch Rot-Kreuz-Pakete, gelegentlich sogar Pakete von ihren Familien erhalten hätten. Zwar hatten sie arbeiten müssen, aber die Zahl der Stunden war begrenzt und keine der Tätigkeiten zu schwer. Offensichtlich war es um einiges besser, Gefangener der Wehrmacht zu sein als Gefangener der Gestapo!

Dennoch, fünf Jahre sind eine schrecklich lange Zeit im Leben eines jeden, und die Jungs brannten vor Ungeduld, sich auf den Heimweg zu machen. Die Menge um uns herum zertreute sich rasch, doch bevor alle verschwunden waren, erklärten wir schnell unser Problem und baten um Hilfe. Sie zögerten nicht. Vier von ihnen traten vor und sagten: »Klar, wo ist sie?«

Wir führten sie ins Zuchthaus; als ihre schweren Stiefel auf der Eisentreppe schepperten, riefen wir Fafa zu: »Keine Sorge, Fafa, die niederländische Armee wird dich transportieren!«

Mit unglaublicher Zärtlichkeit wickelten die vier Fremden Fafa in eine Decke, legten sie auf die Trage, die sie vorsichtig, aber mühelos anhoben. Fafa war zu überwältigt, um zu sprechen, und auch ich spürte, wie mir Tränen in den Augen brannten, als sich der Triumphzug die Treppe hinunter, aus dem Zuchthaus hinaus und durch die Straßen zum Männerkrankenhaus bewegte.

Nachdem sie dort wohlbehalten gelagert worden war, fragten die Soldaten gut gelaunt: »Können wir noch was für euch tun, bevor wir aufbrechen?«

Joke fragte schüchtern: »Würde es euch etwas ausmachen, mit uns durchs Zuchthaus zu gehen, um nachzuschauen, ob es noch andere Kranke gibt, die zurückgelassen worden sind? Die Russen wollen das Zuchthaus weiterverwenden, und falls noch welche da sind, kommen sie vielleicht nie mehr heraus.«

Joke hatte ein hübsches, rundes Gesicht mit einer Gloriole aus krausem blondem Haar und sah noch jünger aus, als sie mit ihren knapp zwanzig Jahren war. Man konnte ihr ohnehin kaum widerstehen, aber wenn sie mit der ihr eigenen Mischung aus Kindlichkeit und Ernst um einen Gefallen bat, brachte es niemand übers Herz, sie abzuweisen. Obwohl die Soldaten es bestimmt eilig hatten, endlich wegzukommen, willigten sie höflich ein, und gemeinsam machten wir einen Rundgang durch das ganze Zuchthaus. Wie Joke befürchtet hatte, lagen in den Gemeinschaftszellen im unteren Stockwerk zwei weitere schwer kranke Frauen. Beide waren offensichtlich tuberkulös und hatten hohes Fieber. Wieder kam die Trage zum Einsatz; unsere geduldigen Soldaten brachten auch diese beiden ins Krankenhaus, wo der ruppige Arzt ihnen eine Spritze gegen das Fieber verabreichte und eine weitere Trage zur Verfügung stellte, damit wir die Frauen im Freien lassen konnten, wo die frische Luft förderlicher wäre als der abgestandene Krankenhausgeruch.

Jetzt endlich konnten wir unseren Soldatenfreunden eine gute Reise wünschen. Wir begleiteten sie zur Brücke in Richtung Westen, und nachdem wir uns dankbar verabschiedet hatten, beobachteten wir, wie der sowjetische Wachposten sie durchließ, ohne sie zu kontrollieren.

»Junge, Junge«, seufzte Dries, »wie sehr ich mir wünschte, ich hätte eine Uniform!« Das wünschten wir uns alle, aber wir lächelten einander tapfer an und kehrten zurück ins Frauengefängnis, um unsere eigenen Besitztümer zusammenzusuchen. Wie uns unser Freund, der Koch, geraten hatte, zogen wir ins Männergefängnis um. Nachdem wir es sorgsam ausgekundschaftet hatten, fanden wir eine Eckzelle, die offenkundig mit privilegierten Kriminellen belegt worden war; sie hatte zwei große Fenster mit Blick auf den Innenhof, vier Holzkojen und einen kleinen Holzofen. Wir waren es herzlich leid, in Zellen hinter vergitterten Fenstern zu leben, aber im Vergleich zu unserer Situation im NN-Trakt war es eindeutig eine Verbesserung.

In einem weiteren Gespräch mit dem Koch, der uns wieder mit Brot und Suppe versorgte, fanden wir heraus, dass es am östlichen Stadtrand ein Zivilkrankenhaus gab. Seiner Meinung nach war die Straße nicht mehr gesperrt. Er fügte hinzu: »Da sind die Polinnen hin.« Was die Wiedereröffnung der Geschäfte an jenem Tag betraf, hatte er recht behalten, und so waren wir bereit, seinem Rat zu vertrauen und uns am nächsten Tag im Zivilkrankenhaus zu erkundigen, ob unsere Patientinnen aufgenommen werden könnten. Schließlich würden wir Fafa eines Tages zurücklassen müssen, denn ihre Genesung konnte noch Monate dauern, und da inzwischen so gut wie feststand, dass wir den Marsch zu den amerikanischen Linien zu Fuß unternehmen mussten, war es unmöglich, sie mitzunehmen. Insofern galt es, einen sicheren Ort zu finden, an dem sie medizinisch betreut würde, bis das Rote Kreuz mit einem Krankenwagen käme. Ein Zivilkrankenhaus wäre allemal besser als das provisorische Gefängniskrankenhaus, das jederzeit von den Russen übernommen werden konnte.

Das alles besprachen wir mit dem Koch, als wir von der Straße plötzlich großen Lärm und Jubel hörten. Wir gingen zum Portal und sahen, dass die Straße abermals mit Soldaten überfüllt war, diesmal in französischen Uniformen. Als wir uns mit einigen von ihnen unterhielten, stellten wir bald fest, dass sie, wie die Niederländer am

Morgen, aus einem Kriegsgefangenenlager entlassen und nach Westen beordert worden waren. Aber damit endete die Ähnlichkeit auch schon. Verglichen mit dem ausgelassenen Überschwang dieses Trupps, waren die fröhlich lachenden Jungs vom Vormittag so ernst wie Leichenbestatter gewesen. Und während die Niederländer mit ihren Uniformen sehr achtsam umgegangen waren (um sie zu schonen, hatten sie, wie uns einer erzählte, ihre von den Deutschen ausgegebene Arbeitskleidung völlig zerschlissen) und in Erwartung der Heimreise die Uniformknöpfe liebevoll poliert hatten, sahen die Franzosen aus wie die zerlumpte Armee eines Bettlerkönigs. Zwar trug jeder wenigstens ein französisches Uniformteil, doch ließ sich kaum einer finden, dessen Uniform komplett und in gutem Zustand war. Es gab Tarnhosen, Bauernkittel, Wollhemden in allen Farben und mindestens zwei russische Uniformröcke, die die Träger offenbar gegen ihre eigenen getauscht hatten. Es gab Armeebarette, aber ebenso viele schwarze Baskenmützen und eine Vielzahl anderer Kopfbedeckungen.

Doch der größte Unterschied war das Gepäck. Die Niederländer hatten höchstens ein geknotetes Tuch bei sich gehabt, das sie in der Hand oder an einem Stock über der Schulter trugen. Unsere vier Helfer besaßen nichts als ihre Uniformen. Aber die Franzosen sind großartige Organisatoren und Improvisatoren, und in den langen Jahren der Gefangenschaft hatten sie ihre Kunst offenbar nicht verlernt. Sie schleppten ein Sortiment an Gepäckstücken mit, das von Jutesäcken bis hin zu glänzenden Koffern reichte, und mehrere Grüppchen trieben kleine Esel vor sich her, beladen mit Weidenkörben, prallen Kissenbezügen und sogar Korbflaschen. Auch ihren Sinn für Humor hatten sie nicht verloren. Während wir uns mit einem von ihnen unterhielten, blieb ein anderer mit einer riesigen Tasche auf der Schulter und einem Koffer in der Hand stehen und sagte: »Glaubt ihr, ich werde dieses Zeug jemals nach Frankreich bringen? Niemals, meine Lieben, niemals! Es wird mich erschlagen!« Damit verlagerte er seine Last, lachte laut und setzte seinen Weg fort.

Andere kamen vorbei, die kleine Handkarren hinter sich herzogen, meistens Kisten, an denen ein Paar kleiner Räder befestigt war. Direkt vor uns riss das Seil eines dieser Karren, und ein Ende verfing sich in einem Rad. Ungeduldig versetzte der Soldat dem Karren einen Tritt, schulterte sein Bündel und zog weiter. Dries stürzte sich sofort auf den kleinen Karren, brachte ihn vor dem Portal in Sicherheit und sagte über die Schulter zu uns: »So was werden wir gebrauchen können.«

Als der letzte Angehörige dieser lustig lärmenden Armee vorbeigezogen war, statteten wir Fafa einen Besuch ab. Sie ruhte recht komfortabel, und man hatte sie mit Nahrung und Aspirin versorgt. Wir unterhielten sie mit einer Schilderung der französischen Possen, die wir soeben miterlebt hatten; dann besprachen wir ein weiteres Mal ihren Umzug ins Zivilkrankenhaus. Mutig, wie sie war, stimmte sie allem voll und ganz zu und drängte uns, so bald wie möglich den Heimweg anzutreten. »Ihr habt schon genug für mich getan«, sagte sie, »und es wird länger dauern, als ich dachte, bis ich wieder laufen kann. Ihr könnt nicht ewig hierbleiben. Die Russen würden es auch gar nicht zulassen.«

An diesem Abend machten wir auf dem Holzofen, den

wir mit den Holztrümmern gefüllt hatten, die überall im Zuchthaus herumlagen, einen kleinen Kübel Suppe warm. Inzwischen holte Dries seine Karten hervor und sagte: »Hört zu, ich habe einen Plan. Anscheinend haben die Russen alle Wachen abgezogen bis auf die an der Straße nach Westen. Vielleicht ziehen sie die auch ab, dann folgen wir einfach den Lastwagen und den Soldaten. Falls aber nicht, warum wenden wir uns dann nicht nach Norden? Laut dieser Karte sind es etwa fünfzig Kilometer bis Riesa. Das liegt an der Elbe. Die Elbe fließt nach Hamburg, und von den Amerikanern habt ihr gehört, dass Hamburg sich in britischer Hand befindet. Ich wette, dass wir in Riesa ein Ruderboot oder zwei Kanus auftreiben können, dann brauchen wir uns nur stromabwärts bis nach Hamburg treiben zu lassen. Dort werden uns die Briten helfen. Jedenfalls liegt Hamburg sehr viel näher an unserer Heimat als dieser gottverlassene Ort hier.«

Das hörte sich einfach und sehr verführerisch an. Wir alle grübelten über den Karten. Nach Riesa war es etwa genauso weit wie nach Altenburg, wo den Gerüchten zufolge die amerikanischen Linien begannen. »Bist du sicher, dass auf der Straße nach Norden keine Wachposten stehen?«, fragte Nell.

»Nein, bin ich nicht«, gestand Dries, »aber auf den Straßen nach Süden und Osten sind sie abgezogen worden, warum also nicht auch auf der nach Norden? Soweit ich verstehe, führt auch die in ihr eigenes Besatzungsgebiet. Wie auch immer, das lässt sich leicht überprüfen.«

»Wir brauchen Proviant«, sagte ich, »und etwas, womit wir unsere Sachen transportieren können.«

»Deshalb hab ich ja auch den kleinen Karren an mich

genommen, den der französische Soldat zurückgelassen hat«, erwiderte Dries triumphierend.

»Tatsächlich«, sinnierte Joke, »gefällt mir dieser Plan besser, als direkt nach Westen zu gehen. Erinnert ihr euch? Die Amerikaner sagten, sie hätten bereits Millionen wie uns. Und dann sind da noch die Leute, die sie hier aufgegriffen haben, und all die Soldaten. Statt in überfüllten Lastwagen von Ortschaft zu Ortschaft zu fahren, und dann noch im Stehen, würde ich viel lieber in einem Boot sitzen und nur mit euch zusammen den Fluss hinunterfahren, bis wir in der Nähe der Heimat sind.«

»Joke, du bist ein Mädel nach meinem Geschmack«, sagte Dries und umarmte sie.

Tatsächlich hatte Dries' Plan für uns alle einen besonderen Reiz. In den Gesprächen, die wir während unserer ganzen Haftzeit in den Zellen geführt hatten, war nur ein Thema tabu gewesen: Wassersport einschließlich Segeln und Schwimmen. Wir hatten früh herausgefunden, dass das Bild eines Segelboots auf einem sonnigen See, eines ins Wasser hechtenden Schwimmers, eines Kanus, das sachte durchs Wasser gleitet, für uns drei der Inbegriff der Freiheit war und wir es einfach nicht ertragen konnten, wenn das direkte Sprechen davon die beständige Sehnsucht in unseren Herzen plötzlich auf den Punkt brachte. Aber jetzt waren wir frei, und Dries, der Matrose, stellte uns eine bezaubernde Bootsfahrt auf einem breiten Fluss in Aussicht. Kein Wunder, dass wir alle lächelten, als wir nach langer und aufgeregter Diskussion über diese neue Möglichkeit in unsere Kojen kletterten.

Die nächsten Tage verbrachten wir mit gründlichen Vorbereitungen. Zuerst sprachen wir im Zivilkrankenhaus vor und verwandten einen halben Tag darauf, jemanden ausfindig zu machen, mit dem wir über unsere drei Kranken reden konnten. Die deutschen Mitarbeiter wagten es nicht, uns abzuweisen, wie sie es unter anderen Umständen zweifellos getan hätten, sondern schickten uns in der Hoffnung, wir würden aufgeben, von Pontius zu Pilatus. Doch wir blieben hartnäckig, und schließlich fanden wir einen älteren Arzt, der sowohl bereit war, uns anzuhören, als auch in der Lage, etwas zu unternehmen. Er verließ uns, um die Anzahl der verfügbaren Betten zu überprüfen, und kehrte mit der willkommenen Nachricht zurück, dass wir unsere Patientinnen in zwei Tagen herbringen könnten. Nell, praktisch wie immer, bat ihn, dafür zu sorgen, dass das Aufnahmepersonal unterrichtet würde, und ersuchte ihn um Hilfe beim Transport unserer Kranken. Auch das versprach er.

Während der gesamten Unterredung verzog der Arzt keinen Gesichtsmuskel. Er verhielt sich wie einer jener altmodischen preußischen Offiziere, von denen wir gelesen oder die wir in Filmen gesehen, bei den deutschen Besatzungstruppen jedoch nur selten zu Gesicht bekommen hatten – äußerst korrekt, aber eisig wie der Nordpol. Seine Haltung machte deutlich, dass er uns noch immer als Feinde betrachtete, jedoch um seine Pflicht wusste, sowohl feindlichen Kranken gegenüber wie auch als Offizier einer besiegten Armee. Das kam uns sehr entgegen. Nach wie vor hassten wir die Deutschen – etwas, wofür wir uns wahrlich nicht zu entschuldigen brauchten. Auch ihrer Sprache bedienten wir uns nur höchst ungern, obwohl uns oft nichts anderes übrig blieb, war sie doch die *lingua franca* zwischen uns und den slawischen Völkern (Polen, Tschechen und Russen) und unverzichtbar, wenn wir mit den Deutschen ringsum zu tun hatten. Freilich war eine Haltung wie die des Arztes leichter für uns als die Freundlichkeit des zwielichtigen Kochs. Die Grenzen waren klar gezogen, und wenn Verständigung erforderlich war, durfte jede Seite ihre Würde bewahren.

Umso größer der Kontrast, als wir unserem nächsten deutschen Charakter begegneten. In dem Durchgang zum Männergefängnis befand sich eine Tür, die in das Büro des ehemaligen Gefängnisdirektors führte. Dieses war gründlich geplündert, die Position bislang nicht wieder besetzt worden. Doch als wir aus dem Krankenhaus zurückkamen, stießen wir auf einen hochgewachsenen, auffällig gekleideten Mann, der im Eingang herumlungerte. Mit ausgestreckter Hand – die wir alle vier geflissentlich ignorierten – kam er auf uns zu und gab an, der neue Gefängnisdirektor zu sein. Er habe gehört, dass wir vorerst bleiben wollten. Wir seien herzlich willkommen. Ob wir irgendetwas benötigten?

»Ja«, sagte Dries freiheraus, »Zigaretten.«

»Natürlich, natürlich«, sagte der Mann und ging in sein Büro.

Ich warf Dries einen bewundernden Blick zu. Wir alle hatten den Kerl instinktiv durchschaut: Er war der Prototyp des Schiebers, der während des Krieges Schwarzhandel betrieben hatte, und mit dem wollten wir nichts zu tun haben. Doch Dries war auf dem richtigen Weg: Wenn der Mann der war, für den er sich ausgab, mussten wir uns mit ihm abfinden, und im Grunde konnten wir ihn uns zunutze machen.

Mit zwei großen Schachteln Küchenstreichhölzern und je einem Päckchen Zigaretten für jeden von uns tauchte er wieder auf. Die Zigarettenmarke kannte ich, sie war immer von der Gestapo geraucht worden. Jetzt vertraute ich dem Mann noch weniger, doch die Zigaretten waren besser als nichts und die Streichhölzer ein Geschenk des Himmels, und so dankten wir ihm höflich und wahrten Abstand.

Wenig später sagten wir zum Koch: »Sie haben also einen neuen Direktor?«

»Ja«, sagte er. »Wollt ihr noch etwas Suppe?«

Offensichtlich konnte er den Kerl auch nicht leiden. Dries beschloss, es darauf ankommen zu lassen, und fragte: »Wenn wir beschließen, uns auf den Weg zu machen, könnten Sie uns Proviant mitgeben?«

Der Koch musterte uns kritisch unter seinen Augenbrauen hervor.

»Klar«, sagte er langsam, »klar könnte ich das. Aber wo wollt ihr denn hin?«

»Nach Westen«, sagte Dries leichthin. »Die Soldaten haben sie doch alle durchgelassen, oder? Warum sollten sie nicht auch uns durchlassen?«

»Das planen die Franzmänner«, kicherte der Koch, »aber dass einer von euch es schaffen wird, glaube ich nicht. Warum wartet ihr nicht noch eine Weile? In der Nähe von Dresden wird für Leute wie euch ein Lager vorbereitet.«

»Dresden!«, jammerte Nell. »Aber das liegt doch östlich von hier!«

»Na und?«, erwiderte er. »Von dort kommt ihr genauso gut nach Hause. Über Odessa.«

Wir versuchten nachzuhaken, aber er sagte kein Wort mehr, und wir zogen uns in unsere Eckzelle zurück, um über diese letzte beunruhigende Neuigkeit nachzudenken. Aus unseren Geographiebüchern und den jüngsten Kriegsnachrichten wussten wir, dass Odessa ein ukrainischer Hafen am Schwarzen Meer war. Die Entfernung von Waldheim nach Odessa konnten wir nicht genau einschätzen, waren aber überzeugt, dass sie deutlich größer war als die rund siebenhundert Kilometer von Waldheim nach Holland. Und selbst wenn wir Odessa ohne Zwischenfälle erreichten – in einer Gegend, die bis vor Kurzem die Wehrmacht besetzt und verwüstet hatte, eher unwahrscheinlich –, bedeutete der Heimweg immer noch eine Fahrt durchs Mittelmeer und eine lange Überlandreise durch Frankreich und Belgien. Wir entschieden, dass das die langsamste und lächerlichste Art zu reisen wäre und wir uns an so etwas nicht beteiligen würden.

Nach einem kurzen Besuch bei Fafa gingen wir zur Brücke, um nachzuprüfen, ob der Wachposten noch da war. Er war noch da, ebenso das Lager am Bahnhof. Wir kehrten zurück zum Marktplatz und nahmen eine gewundene Straße, die von dort nach Norden führte. Am Fuße eines steilen Hangs verwandelte sich die asphaltierte Straße unversehens in eine Schotterstraße, die den Hügel hinaufführte, bis wir sie aus den Augen verloren. Wachen waren keine zu sehen. So weit, so gut.

Unterdessen hatte die Stadt fast den Anschein von Normalität wiedererlangt. Nicht nur waren die Geschäfte geöffnet, die Bewohner hatten sich aus den Häusern gewagt, in denen sie sich fast eine Woche lang wie Maulwürfe versteckt hatten, und hasteten nun geschäftig durch die Straßen. Das Rathaus war von dem sowjetischen Stadtkommandanten in Beschlag genommen worden, und wir sahen mehrere Menschen, die Flinten und Schrotbüchsen zur neuen Kommandantur brachten. Offenkundig war der Befehl ergangen, alle Waffen abzuliefern, und die Deutschen, gehorsam wie eh und je, schleppten sie herbei.

Wir schlenderten weiter und ließen das alles auf uns wirken, als Nell uns plötzlich mit dem Ausruf »Blau!« erschreckte. Sie rannte einem jungen Mann in blauer Hose hinterher, der hundert Meter vor uns zu sehen war. Gerade als sie ihn eingeholt hatte, öffnete der junge Mann eine Tür und verschwand, und Nell verschwand mit ihm. Wir übrigen warteten gespannt vor der Tür, bereit, ins Haus zu stürzen, falls wir Hilferufe hörten, doch nach fünf Minuten tauchte Nell wieder auf und hielt triumphierend einen langen blauen Stoffstreifen hoch. Sie wollte uns nicht verraten, ob sie dem Mann die Hose mit Gewalt vom Leib gerissen oder ob er, auf diese Weise bedroht, in seinem Haushalt eilends einen anderen blauen Stoff aufgetrieben hatte. An diesem Abend aber nähten wir drei Mädchen an unserem Holzofen ein halbes Dutzend niederländische Fähnchen, während Dries an dem kleinen Karren herumbastelte, den der Franzose zurückgelassen hatte. Stolz befestigten wir die Fähnchen an unseren Pullovern, an Nells zusätzlicher Bluse und an Dries' Jacke. Da noch etwas Stoff übrig war, nähten wir einige kleinere Fähnchen für die Rucksäcke, die wir uns zu verschaffen hofften.

Die ganze Zeit über hatte Dries heftig über seine Arbeit geflucht; als wir uns genauer anschauten, was er tat, sahen wir, dass der Handkarren aus einer Kiste bestand, die auf Kinderwagenräder montiert war. Joke taufte ihn sofort auf den Namen »Kinderwagen«. Dries hatte die Kiste mit Draht und Brettern verstärkt, die er aufgehoben hatte, aber ohne geeignetes Werkzeug konnte er das linke, leicht eiernde Rad nicht reparieren. Wir testeten unseren fahrbaren Untersatz, indem wir ihn mit unseren Decken und etwas Brennholz beluden und den Korridor entlangrollten. Er hielt stand, und so legten wir uns zufrieden schlafen.

Anderntags versuchten wir, die beiden Gruppen französischer Ex-Häftlinge, die sich noch im Zuchthaus befanden, darüber auszuhorchen, was sie als Nächstes vorhatten. Bis dahin hatten wir sie zwar regelmäßig zu Gesicht bekommen, jedoch wenig Kontakt mit ihnen gehabt. Wir hatten nichts gegen sie, hatten aber genug eigene Probleme und wollten nicht auch noch in die anderer verwickelt werden. Offenbar empfanden sie genauso und waren, was ihre Pläne betraf, sehr zurückhaltend. Das konnten wir gut verstehen, denn unsere wollten wir ja auch nicht preisgeben. Allerdings stellten wir fest, dass die beiden Gruppen anscheinend einen der französischen Soldaten dazu überredet hatten, bei ihnen zu bleiben, und aus den Mengen an Kleidung und Materialien, die um ihre Gemeinschaftszellen herumlagen, schlossen wir, dass sie dabei waren, etwas Uniformähnliches zusammenzustellen, um als Kriegsgefangene durchzugehen. Für uns bedeutete das, dass sie vorhatten, sich auf direktem Wege nach Westen durchzuschlagen, und wir wünschten ihnen viel Glück.

Einer der Männer saß, umgeben von mehreren grünen Leinwandstücken, im Schneidersitz auf seinem Bett und nähte fleißig. Ich betastete ein Stück Stoff und fragte ihn, wo er die Sachen gefunden habe. »Der Lagerraum da drüben ist voll davon«, antwortete er und zeigte mit dem Kinn in die entsprechende Richtung. Wir machten uns auf den Weg, und tatsächlich fanden wir einen Lagerraum mit Dutzenden schweren Leinwandballen, die in einem riesigen Stapel dalagen. Die Versuchung, größere Mengen davon an uns zu nehmen, war groß; schließlich waren es hochwertige Stoffe, die zu vielerlei Zwecken verwendet werden konnten. Doch dann fiel uns wieder der französische Soldat ein, der befürchtet hatte, von seinem Gepäck erdrückt zu werden, bevor er nach Hause käme, und so schnitten wir vernünftigerweise nur so viel ab, wie wir für vier kleine Rucksäcke und eine planenartige Decke benötigten.

Unsere nächste Station war die Schusterwerkstatt, wo wir uns genügend lange Lederstreifen zusammensuchten, um Riemen für die Rucksäcke anfertigen zu lassen. Anschließend brachten wir alles zu einem Schuhmacher, dessen Ladenschild wir in der Hauptstraße gesehen hatten. Dort erklärten wir, dass wir kein Geld hätten, und fragten ihn, ob er für uns Rucksäcke nähen und Riemen anbringen würde.

Er war ein runzliger kleiner Mann mit einem herabhängenden nikotinverfärbten Schnurrbart. Eine Zeitlang sah er uns schweigend an, dann sagte er: »Ihr gehört zu diesen Gefangenen, nicht wahr?«

Wir nickten.

»In Ordnung«, sagte er, »kommt in ein paar Stunden

wieder, dann sind sie fertig.« Schon erstaunlich, wie sanftmütig und hilfsbereit die Deutschen mit einem Mal geworden waren.

Wieder trafen wir den selbst ernannten Gefängnisdirektor, der Gefallen an mir gefunden zu haben schien und uns damit in Verlegenheit brachte, indem er uns auf einen Kaffee einlud. Wir konnten uns herauswinden, doch als wir uns schließlich verabschiedeten, rief er mich zurück, und ehe ich mich's versah, drückte er mir ein paar Geldscheine und zwei Bogen Papier in die Hand – Essenscoupons, wie er sagte. Ich dankte ihm hastig und schloss, so schnell ich konnte, zu meinen Freundinnen auf. Ich hatte keine Ahnung, was der Kerl von uns wollte, aber sein Benehmen war zu süßlich, sein Lächeln zu verschlagen, als dass er sich von uneigennütziger Freundlichkeit hätte leiten lassen. Vielmehr erweckte er bei mir den Eindruck einer haarigen schwarzen Spinne, die uns mit ihrem Netz umgarnen wollte.

An jenem Tag hatte unser allwissender Koch eine schlechte Nachricht für uns. »Morgen müsst ihr hier raus«, beschied er uns. »Das Zuchthaus wird wiederverwendet, und sie brauchen zwei Tage, um es zu reinigen und die Trümmer zu beseitigen.«

Darüber waren wir ziemlich empört. »Erst sagen Sie uns, wir sollen bleiben, und dann sagen Sie, wir müssen in einem Tag raus«, protestierten wir. »Wir können morgen nicht aufbrechen. Wir müssen erst die Patientinnen ins Krankenhaus schaffen.«

Er sah uns fragend an. »Ich hab ja nicht gesagt, dass ihr die Stadt verlassen müsst«, bemerkte er, »nur das Zuchthaus. Warum quartiert ihr euch nicht irgendwo in der

Stadt ein? Da seid ihr besser dran. Lasst euch beim sowjetischen Kommandanten registrieren, der wird euch ein paar Essenscoupons geben und euch sagen, wohin ihr euch wenden könnt. Außerdem habe ich hier ein paar Vorräte für euch, und morgen könnt ihr wiederkommen und Nachschub holen, aber das wird dann das letzte Mal sein, dass ich euch eine Mahlzeit vorsetzen kann.« Er holte zwei Einpfunddosen Schmalz, zwei Büchsen Ersatzmarmelade und einen kleinen Beutel getrocknete Erbsen hervor.

Danach zogen wir uns zurück, um die neueste Entwicklung zu besprechen. Wir alle hatten illegal unter der Nazi-Okkupation gelebt, und instinktiv scheuten wir davor zurück, uns irgendwo registrieren zu lassen. Woher sollten wir wissen, ob die Registrierung beim sowjetischen Kommandanten nicht der erste Schritt auf dem Weg der Evakuierung über Odessa war, die wir unbedingt vermeiden wollten? »Außerdem habe ich bereits Essenscoupons«, sagte ich und zog die beiden Papierbogen aus meiner Tasche. Die anderen machten große Augen, und ich erklärte schnell, woher ich sie hatte.

»Bist du sicher, dass sie nicht gefälscht sind?«, fragte Dries skeptisch.

»Was weiß ich?«, sagte ich. »Ich vertraue dem Kerl genauso wenig wie du. Die Sache ist die: Wenn wir übermorgen aufbrechen, brauchen wir sie ja nicht zu benutzen, zumindest nicht hier in der Stadt. Im Augenblick haben wir für zwei Tage genug zu essen, besonders wenn uns der Koch morgen noch einmal versorgt.« Auch das Geld zeigte ich ihnen. Wir prüften es kritisch, konnten aber nicht beurteilen, ob es echt war, und so beschlossen wir, es vorerst nicht zu benutzen, es sei denn, wir wären dazu gezwungen, und teilten es unter uns auf – jeder von uns erhielt einen Anteil von zwölf Mark.

»Nun, wenn wir für eine Nacht ein Quartier in der Stadt finden müssen«, sagte Nell, »können wir genauso gut eins für zwei Nächte finden. Dieses Zuchthaus ist mir nicht geheuer. Angenommen, in der Nacht schließen sie das Portal ab und erwischen uns hier; wie sollen wir sie davon überzeugen, dass wir nicht hierhergehören?«

Folglich machten wir uns auf den Weg, um ein Quartier zu suchen. Wir klingelten an mehreren Häusern entlang der Straße, doch wenn sich überhaupt eine Tür öffnete, dann nur einen Spaltbreit, und sobald wir unser Anliegen vorbrachten, wurde sie uns vor der Nase zugeschlagen. Auf diese Weise kamen wir nicht weiter. Wir brauchten einen Verantwortlichen, der uns den Weg ebnete. »Da sind doch die Französinnen mit ihrem kleinen Leutnant«, sagte Joke. Sie bezog sich auf eine kleine Gruppe französischer Politischer, die zurückgeblieben waren und den Schlafsaal übernommen hatten, in dem unsere Wärterinnen untergebracht gewesen waren. Irgendwo hatten sie einen uniformierten französischen Leutnant aufgegabelt, der sie jetzt angeberisch und wichtigtuerisch überallhin begleitete. Wir hatten die kleine Gruppe in der Stadt gesehen, aber bisher nichts mit ihr zu tun gehabt.

Wir machten sie mühelos ausfindig. Sie waren damit beschäftigt, bei einem widerstrebenden Metzger Würstchen zu »organisieren« – und der kleine Leutnant strahlte nur allzu glücklich über diese weitere Chance, den starken Mann zu markieren. Er war einer jener kleinen Knispel, die Qualen gelitten hatten, weil sie im Kriegsgefangenenlager eine bloße Nummer waren, und konnte sich nun mit dem Gefühl der Macht revanchieren, der einzige französische Leutnant in einer besiegten feindlichen Stadt zu sein. Zwar war seine Macht weitgehend imaginär, aber das hatte er noch nicht herausgefunden, und was uns betraf, so mochte seine Uniform ihren Zweck erfüllen. Unsere Wahl fiel auf das größte Haus am Marktplatz, und wir ließen den Leutnant in einem stark gebrochenen, aber gebieterischen Deutsch für uns sprechen. Es schien zu funktionieren. Bestimmt waren die deutschen Besitzer nicht sonderlich erfreut, doch die Uniform erzielte die gewünschte Wirkung, und sie erklärten sich damit einverstanden, uns eine Dienstmädchenkammer im Dachgeschoss zu überlassen.

Zufrieden dankten wir dem Leutnant und zogen los, um unsere Sachen zu holen. Unterwegs gingen wir bei dem Schuster vorbei, der sehr gute Arbeit geleistet hatte. Die Säume der Rucksäcke waren doppelt genäht und die Riemen sicher befestigt; bei den Durchziehbändern hatte er sogar Ösen eingearbeitet. Wir schenkten ihm zwei unserer Zigarren, und er war so erfreut, dass er uns unter Verbeugungen zur Tür hinauskomplimentierte. Dabei hätten die Zigarren nach allem, was wir wussten, urspünglich von ihm gestohlen worden sein können.

Sorgfältig packten wir unsere Vorräte – Decken und andere Habseligkeiten – in die Rucksäcke und in den Kinderwagen und präsentierten uns in unserem neuen Quartier. Aber wir waren zu vertrauensselig gewesen. Während unserer Abwesenheit waren die deutschen Besitzer nicht untätig gewesen, sie hatten sich eine eigene Uniform beschafft. Zwar machten sie uns auf, aber nur um uns einen sowjetischen Soldaten zu zeigen, der in der Diele stand. Es war ein großer Kerl, der aussah, als langweile er sich zu Tode, und nicht einmal der erregten Auseinandersetzung folgte, die sich vor ihm abspielte. Wäre er Amerikaner gewesen, hätte er Kaugummi gekaut. Da er Russe war, wartete er in dumpfem Schweigen, während die Deutschen uns schimpfend vorhielten, wir hätten kein Recht, ihnen zur Last zu fallen. Dann streckte der Russe seine riesige Pranke mit einem kleinen Zettel aus, der sich als Schriftstück aus dem Büro des Kommandanten erwies. Darin hieß es auf Deutsch, ohne Zustimmung des Kommandanten dürften wir kein Quartier beziehen, zuerst müssten wir uns registrieren lassen. Wir hätten diesen feisten Deutschen in ihrem großen Haus allzu gerne Tritte verpasst; da wir aber wussten, dass wir die Unterlegenen waren, machten wir wortlos kehrt. Offensichtlich hatten wir uns die eine deutsche Familie ausgesucht, die aus irgendeinem Grund bei den Sowjets so viel Einfluss geltend machen konnte, dass ihr der viel beschäftigte Kommandant zu Hilfe kam. Und so standen wir nun mit unserem jämmerlichen Gepäck mitten auf dem Marktplatz und konnten nirgendwohin als wieder zurück ins Zuchthaus.

»Lasst es uns noch mal versuchen«, sagte Dries. »Wenn wir ins Zuchthaus zurückmüssen, sterbe ich. Es muss doch in dieser Stadt ein Plätzchen geben, wo wir schlafen können. Ist das wirklich zu viel verlangt?«

Schweigend kamen wir überein, dass wir nicht mehr hinter Gittern leben konnten, eher würden wir mitten auf dem Marktplatz kampieren. Wir versuchten es an einigen weiteren Türen auf dieser Seite des Platzes, doch alle blieben geschlossen, also rollten wir unseren kleinen Karren auf die andere Seite, wo die französischen Politischen und der Leutnant ihren Schlafsaal hatten. Vielleicht waren ja dort die Menschen eher an Gefangene gewöhnt. Vielleicht hatte der Anwalt, dessen Namensschild neben der Klingel stand, ein gewisses Verständnis für die Berechtigung unserer Bitte. Wir redeten drauflos, um uns gegenseitig Hoffnung zu machen. In Wahrheit glaubte keiner von uns noch daran, in diesen Bürgerhäusern ein Dach über dem Kopf finden zu können, und ich erwog schon die Möglichkeit, in der verlassenen Molkerei am anderen Ende der Stadt unterzukriechen – wenn sie denn noch verlassen war. Seit die Buttermilch zur Neige gegangen war, waren wir nicht mehr dort gewesen. Zweifellos wälzten die anderen ähnliche Pläne. Trotzdem klingelten wir bei dem Anwalt.

Eine mütterlich aussehende Frau zwischen fünfzig und sechzig öffnete die Tür. Sehr höflich erläuterten wir unsere Bitte: Wir wollten nur zwei Nächte bleiben; wir seien Holländerinnen; wir würden nichts durcheinanderbringen oder stehlen; wir würden sie nicht um Essen bitten; wir seien politische Gefangene gewesen, keine Kriminellen; würde ihr Mann nicht anerkennen, dass wir Rechte hätten? »Mein Mann ist nicht zu Hause«, sagte sie zögernd. Aber wir wiederholten unseren Sprechchor, und nach einigem Schwanken lenkte sie ein und führte uns in ein langes, schmales Zimmer im hinteren Teil des Hauses, in dem zwei gemachte Betten standen. Es war viel besser als die Dienstmädchenkammer, die man uns zuvor angeboten hatte. »Hier schlafen unsere Töchter, wenn sie in den Ferien nach Hause kommen«, sagte die Frau,

»aber sie sind in Kassel, und wir haben seit Monaten nichts von ihnen gehört. Dieser Krieg war so schrecklich.«

Sie sah aus, wie man sich eine Großmutter vorstellt, und wäre sie keine Deutsche gewesen, hätte ich sie abgeküsst.

»Von nun an wird alles besser werden«, äußerte ich.

Mit flehenden Augen sah sie mich an. »Meinen Sie?«, seufzte sie. »Meinen Sie wirklich?«

Es kam mir kurz in den Sinn, dass es für sie vielleicht nicht besser würde, schob den Gedanken aber rasch beiseite. Wir hatten keine Zeit für Sentimentalitäten. Schnell, ehe sie sich anders besann, brachten wir unser Gepäck herein. Sie hielt sich in unserer Nähe. Bevor wir von der Reaktivierung des Zuchthauses hörten, hatten wir beabsichtigt, an diesem Nachmittag einen evangelischen Geistlichen zu suchen, der nach unserem Aufbruch ein Auge auf unsere drei Patientinnen haben würde. Ich wusste nicht, ob unsere provisorische Gastgeberin religiös, geschweige denn ob sie Katholikin oder Protestantin war, aber ich wusste, dass diese Gegend Deutschlands hauptsächlich protestantisch war, und beschloss, einen Versuch zu wagen. »Wir würden gerne mit dem Herrn Pfarrer sprechen«, sagte ich. »Könnten Sie uns sagen, wo wir ihn finden?«

Ich hatte den Pfeil aufs Geratewohl abgeschossen, aber er traf ins Schwarze. Plötzlich strahlte sie und eilte davon, um nach der Adresse zu suchen. Sie kam mit einer Visitenkarte des Pfarrers zurück und erklärte uns, wie wir zu dem Haus finden würden.

Von da an vertraute sie uns und ließ uns in Ruhe.

Der Pfarrer erwies sich als beleibter Mann mit gerötetem Gesicht und lebhafter Redeweise. Als ich in seinem muffigen Wohnzimmer saß und ihn beobachtete, während Nell über unsere drei kranken Ex-Häftlinge im Krankenhaus berichtete und ihn bat, sie zu besuchen und sicherzustellen, dass sie angemessen versorgt würden, dachte ich darüber nach, dass ich, wenn ich eine der Kranken wäre, nicht besonders erfreut sein würde, diesen Mann an meinem Bett zu sehen. Sein Gesicht zeigte kein Mitgefühl, als er Nell zuhörte, und es schien ihn nicht zu beunruhigen, dass Menschen in einem Zuchthaus nahe seiner Kirche so durch und durch unchristlich behandelt worden waren. Ich musste mich bremsen, um ihn nicht zu fragen, ob er jemals versucht habe, die Gefangenen zu besuchen oder einen Gottesdienst für sie zu halten, oder ob er wisse, wie viele dort an Hunger gestorben waren, während er so gut gespeist hatte, dass seine schwarze Weste über dem Bauch spannte. Doch selbst wenn er nicht die Art von Mann war, die wir uns erhofft hatten, war es jedenfalls eine gute Idee, ihn auf die Existenz unserer Patientinnen aufmerksam zu machen – und auf die Tatsache, dass wir vorhatten, dem Roten Kreuz seinen Namen zu nennen, falls man seiner Hilfe bedurfte. Als wir ihm die drei Namen aufgeschrieben hatten und die Unterredung zu Ende ging, war ich doch froh. Allerdings überraschte es mich nicht, als er auf dem Weg zur Tür die Hand auf Schulterhöhe hob und ihm das Wort »Heil« entfuhr, ehe er sich darauf besann, dass »Heil Hitler« vielleicht nicht die beste Art war, uns zu verabschieden, und den Rest verschluckte.

Fafa lachte, als wir ihr im Gefängniskrankenhaus, wohin wir gegangen waren, um ihr von den Abenteuern des

Tages zu berichten, auch von ihm erzählten. »Keine Sorge«, sagte sie. »Falls er mich besuchen kommt, werde ich ein paar Fragen für ihn auf Lager haben, und es wird mir Spaß machen, zuzusehen, wie er sich dreht und windet.« Wir staunten über ihre gute Laune und ihren Mut. Sie übte sogar einen positiven Einfluss auf die beiden anderen Patientinnen aus, die zum ersten Mal ein gewisses Interesse daran zeigten, was um sie herum vorging. Ich hatte meine Zweifel, ob sie überleben würden. Sie waren nur noch lebende Skelette, und ihre Augen brannten vor Fieber. Aber wir heiterten sie auf, so gut wir konnten, und notierten sorgfältig ihre Adressen, die Namen der zu benachrichtigenden Familienangehörigen sowie verschiedene andere Daten und versprachen, das Rote Kreuz über sie in Kenntnis zu setzen, sobald wir einen Mitarbeiter fänden.

Unsere erste Nacht hinter unvergitterten Fenstern und in regulären Betten war kein uneingeschränkter Erfolg. Joke, die sich mit Dries ein Bett teilte, wälzte sich eine Weile hin und her, verließ dann entschlossen ihre Seite, breitete eine Decke auf dem Fußboden aus und wickelte sich zufrieden in eine zweite Decke. »Das Bett ist zu weich!«, sagte sie. Wir lachten sie aus, aber noch bevor die Nacht zu Ende war, hatte ich mich zu ihr auf den Boden gelegt. Offenbar würde es einige Zeit dauern, bis sich unsere Körper wieder an Sprungfedermatratzen gewöhnten.

Am nächsten Morgen im Zivilkrankenhaus stellte sich heraus, dass der Arzt Wort gehalten hatte. Das Aufnahmepersonal erwartete uns; man stellte uns eine auf Rädern montierte OP-Trage zur Verfügung. Den halben Tag verbrachten wir damit, dieses Beförderungsmittel zwischen dem Gefängnis und dem Krankenhaus hin- und herzuschieben und auf diese Weise unsere drei Patientinnen mit ihren wenigen Besitztümern zu transportieren. Endlich hatten wir sie in hellen und sauberen Zimmern und guten Krankenhausbetten untergebracht. Zu meiner Erleichterung erhielt Fafa ein Zimmer für sich allein. Die anderen beiden lagen in einem Zimmer mit Fenstertüren, die sich auf einen kleinen Balkon öffneten, so dass sie viel frische Luft hatten. Ich wusste, dass Fafa, wenn sie sich bis jetzt nicht angesteckt hatte, gegen Tuberkulose mehr oder weniger immun sein musste, so wie wir alle; trotzdem glaubte ich, dass sie ohne die ständige Gefahr einer ansteckenden Krankheit um sie herum besser dran gewesen wäre. Als wir uns verabschiedeten, standen ihr Tränen in den Augen, doch ihre Unbeschwertheit verließ sie nicht. »Vielleicht bin ich ja noch vor euch zu Hause«, scherzte sie. »Sagt dem Roten Kreuz einfach, sie sollen mich mit einem Flugzeug abholen.«

Als wir im Zuchthaus ankamen, um unsere letzte Mahlzeit einzunehmen, war es nach ein Uhr, und der Koch wartete schon ungeduldig am Portal. »Ich dachte, ihr würdet gar nicht mehr kommen«, brummte er, als er uns in die Küche vorausging. »Die können diesen Ort jederzeit schließen. Im hinteren Trakt haben sie bereits neue Gefangene untergebracht. Die Franzosen hab ich endlich dazu überreden können, auszuziehen. Sie wollten mir nicht glauben, bis sie sahen, wie die neuen Gefangenen hereingebracht wurden.« Wir wussten, dass er nicht nur uns, sondern auch die beiden Gruppen von Franzosen verpflegt hatte, und obwohl wir oft darüber gemutmaßt hatten, konnten wir sein geradezu väterliches Interesse an uns nicht verstehen. Unserer Einschätzung nach war auch er als Kommunist irgendwann einmal Häftling gewesen und wusste daher, wie uns zumute war. Das erklärte allerdings noch nicht, weshalb er plötzlich als neuer Gefängniskoch aufgetaucht und nicht wie alle anderen Kommunisten bis zum Ende des Krieges in einem KZ gewesen war. Nach seinem stämmigen, wohlgenährten Aussehen nach zu urteilen, war er, wenn überhaupt, jedenfalls nicht in letzter Zeit Häftling gewesen. Doch hatte er uns zu verstehen gegeben, dass er persönliche Fragen nicht mochte, und so hüteten wir uns, ihn zu behelligen.

Während wir dankbar die dicke Erbsensuppe löffelten, die er uns serviert hatte, fragte ich beiläufig, ohne wirklich eine Antwort zu erwarten: »Wer sind denn die neuen Gefangenen? Sind es Nazibonzen?«

Zu meiner Überraschung gab er ein dröhnendes Lachen von sich und antwortete: »Klar, die meisten von ihnen sind Nazis, aber einer von ihnen ist ein Freund von euch.« Wir sahen ihn fassungslos an, und er kicherte. »Erinnert ihr euch an den Kerl, der behauptete, der neue Direktor zu sein? Nun, sie haben ihn eingesperrt. Er war nichts als ein Schwarzmarkthändler, der eine neue Fassade brauchte und versucht hat, das Zuchthaus zu seinem Hauptquartier zu machen.«

Diesmal stimmten wir in sein Gelächter ein, und endlich begriff ich, weshalb mir der angebliche Direktor die Essenscoupons und das Geld zugeschanzt hatte. Er war also doch eine Spinne gewesen, die ihr Netz spann!

»Wollt ihr wirklich morgen aufbrechen?«, fragte der Koch. Als wir ihm versicherten, dass es sich so verhielt, schüttelte er den Kopf und sagte: »Ich glaube nicht, dass sie euch durchlassen, aber meinen Segen habt ihr. Ich hab noch mehr für euch.« Daraufhin brachte er einen kleinen Kochtopf, vier Brotlaibe, ein halbes Pfund Zucker, ein kleines Stück Wurst und ein Pfund Grütze. Wir dankten ihm überschwänglich und schenkten ihm unsere letzten beiden Zigarren, die wir eigens für ihn mitgebracht hatten. Dann schüttelten wir ihm alle die Hand und verabschiedeten uns. Wir hatten den rätselhaften kleinen Mann lieb gewonnen, und unser Dank war aufrichtig; ohne ihn hätten wir es schwer gehabt, genug Nahrung aufzutreiben, um uns am Leben zu erhalten, und unseren langen Heimweg vermutlich mit leeren Händen antreten müssen.

Auf dem Weg zu einem halb ausgebrannten Sägewerk in der Nähe des Krankenhauses, wo wir ein Seil zu finden hofften, um unser Gepäck auf dem Kinderwagen zu befestigen, passierten wir am späteren Nachmittag das Männergefängnis und sahen, dass die Türen des großen Portals geschlossen waren. Eine neue Ära hatte begonnen.

Am nächsten Morgen standen wir in aller Frühe auf. Während Nell gewissenhaft die Betten abzog und Joke für jeden von uns Marmeladenbrote schmierte, beluden Dries und ich sorgsam den Kinderwagen. Wir beschlossen, drei Decken und zwei Rucksäcke mit Proviant hineinzulegen, und da wir genug Seil aufgetrieben hatten, konnten wir alles sicher festzurren. Die beiden anderen Rucksäcke, in denen wir die verbliebenen zwei Decken, unsere Unterwäsche und die Stickereien verstaut hatten, wollten wir tragen. Wir kamen überein, dass zwei von uns den Kinderwagen ziehen und die beiden anderen die

Rucksäcke tragen sollten, bis wir einander ablösen würden. Höflich verabschiedeten wir uns von unserer Gastgeberin, trugen den Kinderwagen liebevoll nach draußen und fanden uns am 17. Mai 1945 um acht Uhr morgens auf dem gepflasterten Marktplatz wieder. Wir waren seit genau zehn Tagen frei.

Nell und Dries zogen den Kinderwagen, Joke und ich trugen die Rucksäcke, und so hielten wir auf die gewundene Straße zu, die nach Norden führte. Aber wir kamen nicht weit. Noch bevor wir die Stelle erreicht hatten, wo der Asphalt in Schotter überging, kippte der Kinderwagen unglücklicherweise um und verlor das linke Rad, das davonrollte, bis es gegen den Bordstein schlug. Einen Moment lang standen wir da und blickten auf unseren verkrüppelten kleinen Wagen hinab, als könnte unser inbrünstiger Wunsch ihn reparieren. Dries seufzte tief auf, stieß eine Reihe erlesener Matrosenflüche aus und fragte: »Sollen wir versuchen, alles zu tragen, oder sollen wir ihn aufgeben?«

Aber Joke hatte sich umgeschaut. »Wir brauchen ihn nicht aufzugeben«, sagte sie. »Seht mal, da drüben ist eine Schmiede. Vielleicht können wir den Kinderwagen reparieren lassen.« Sie hatte recht. Durch pures Glück hatte sich unsere Panne fast genau vor der Schmiede ereignet.

Während Dries, Nell und Joke unseren defekten Kinderwagen und das launische Rad zu unserem möglichen Retter trugen, eilte ich zurück in die Stadt. Mir war plötzlich eingefallen, dass ich irgendwo ein Ladenschild MÖBEL UND SPIELWAREN gesehen hatte. Vielleicht konnte ich etwas Stabileres als unseren Kinderwagen organisieren. In meiner Ungeduld und Hast bog ich um die verkehrte Ecke, und es dauerte eine Weile, bis ich den Laden fand. Ich stürzte auf den Inhaber zu, der sein Geschäft eben erst geöffnet hatte. Ohne ihn zu beachten, stöberte ich überall herum, bis ich fand, was ich suchte: einen kleinen Bollerwagen, bestehend aus zehn Zentimeter hohen Seitenwänden und einer einfachen, etwa sechzig mal hundertwanzig Zentimeter großen hölzernen Ladefläche auf kleinen Holzrädern. Er war als Spielzeug für kleine Kinder gedacht, die hölzerne Deichsel endete etwa auf Höhe meiner Knie in einer Querstange.

Ich klemmte mir den kleinen Handwagen unter den Arm, zog hastig die mir zugeteilten deutschen Geldscheine aus der Tasche, drückte sie dem Ladenbesitzer in die Hand und galoppierte mit meinem neuen Fundstück zurück zu meinen Freunden. Sie umstanden den Amboss des Schmieds, der am Fahrgestell unseres Kinderwagens mysteriöse Arbeiten vornahm.

»He!«, schrie ich. »Ich hab uns einen Panzer besorgt!«

Aber sie waren zu fasziniert von der Tätigkeit am Amboss und zu betäubt von dem Lärm, um mich zu bemerken, bis ich keuchend neben ihnen stand. Dann wurde sich Joke der Möglichkeiten meines Bollerwagens bewusst, und gemeinsam gingen wir nach draußen und luden die Hälfte unseres Ladeguts auf meinen »Panzer«. »Das ist ein guter Name, Zip«, sagte Joke feierlich. »Von jetzt an haben wir einen Panzer und einen Kinderwagen.«

Schließlich hatte der Schmied das Rad repariert, und Dries zahlte ihm seinen Anteil an dem deutschen Geld. Diesmal brauchte der Kinderwagen keine so schwere Last zu befördern. An der Deichsel des Panzers befestigten wir ein zusätzliches Stück Seil, so dass wir ihn ziehen konnten, ohne ständig die Vorderräder anzuheben. Dann machten wir uns wieder auf den Weg. Dries und ich zogen den Panzer, Joke und Nell folgten mit dem Kinderwagen. Nirgends Wachposten, die uns angerufen hätten. Mühsam stiegen wir die steile Straße nach Norden hinauf.

In den letzten zehn Tagen hatten wir ziemlich regelmäßig gegessen, dennoch wurde uns unsere körperliche Schwäche beim Anstieg mit unserem kleinen Wagen schmerzlich bewusst. Erschöpft erreichten wir die Höhe, und nur der gewaltige Drang, endlich vom Fleck zu kommen, ließ uns ein Stück weitergehen über den Kamm mit seinen Kiefernwäldern. Am Waldrand hielten wir an. Vor uns lag eine weite, hügelige Landschaft mit heranreifendem Weizen und Roggen, der sich sanft in der Brise wiegte, links und rechts der Straße lauter kleine Gehöfte, und das alles überspannt von einem sonnigen Maienhimmel, gesprenkelt mit kleinen Wolken, die beschwingt ins Nirgendwo segelten. Zu unserer Linken zog sich ein gepflegter Kirschgarten den Hang hinab, und zu unserer Rechten war die Straße von einer Reihe von Birnbäumen gesäumt, manche noch in später Blüte.

Wir standen da, und ein überwältigendes Gefühl von Freiheit stieg in uns auf. Waldheim war eine kleine Stadt in einer Senke; solange wir dort eingesperrt waren, solange das Zuchthaus unsere Gedanken beansprucht hatte, waren wir nur halb frei gewesen. Nun, da wir die sonnenbeschienene Weite dieser friedlich aussehenden Landschaft in uns aufsogen, brandete die Unermesslichkeit der Freiheit über uns hinweg wie die Wellen über den

Strand eines Ozeans, durchflutete uns, nahm uns den Atem und ließ uns auf unseren schwachen Beinen schwanken. Uns allen vieren war danach, gleichzeitig zu singen, zu weinen, zu schreien und zu lachen, aber lange Zeit blieben wir sprachlos und regten uns nicht.

Schließlich setzten wir uns wieder in Bewegung und entdeckten, dass der Gefühlsüberschwang uns hungrig gemacht hatte. Von weit her, aus der Gefängnisstadt, die wir verlassen hatten, konnten wir die Kirchenglocke hören, die Mittag schlug. Wir setzten uns unter einen Birnbaum und machten ein Picknick.

VIERTES KAPITEL

Wir kamen nur langsam voran. So leicht die kleinen Wagen auch waren, fühlten sie sich doch bald wie tote Gewichte an, die an unseren schmerzenden Armen zerrten. Oft wechselten wir die Plätze, von links nach rechts oder vom Panzer zum Kinderwagen, um die Last gleichmäßig unter uns oder vom rechten auf den linken Arm zu verteilen, aber es dauerte nicht lange, bis sämtliche Muskeln in Armen und Schultern zu brennen schienen. Während der langen Monate der Inhaftierung, in denen ein gelegentlicher Hofgang unsere einzige Bewegung gewesen war, waren unsere Füße empfindlich geworden, und jetzt bildeten sich überall Blasen. Die Sonne glühte, Durst machte uns zu schaffen. Nach etwa einer Stunde entdeckten wir einen kleinen Bach, der sich hundert Meter von der Straße entfernt durch eine Wiese schlängelte. Wir ließen die Wagen am Straßenrand stehen, liefen zu ihm hin und tranken, flach auf dem Bauch liegend, gierig von dem klaren, schnell dahinfließenden Wasser. Nachdem wir die Köpfe untergetaucht hatten, um Hals und Haare zu befeuchten, blieben wir eine Weile liegen und rasteten, bis wir uns so weit erfrischt fühlten, dass wir unsere Lasten wieder aufnehmen konnten.

In den ersten beiden Nachmittagsstunden hatten wir die Straße ganz für uns allein. Es gab keinen Verkehr, und wir begegneten keiner Menschenseele. Bis auf eine Rauchfahne, die hier und da aus dem Schornstein eines Bauernhauses stieg, wirkte die Gegend völlig verlassen. Wir sahen keine Bauern auf den Feldern und keine Anzeichen der Roten Armee. Wo immer die letzten Gefechte dieses Krieges stattgefunden hatten – in der verschlafenen Gegend um uns herum jedenfalls nicht. Keine einzige Panzerspur auf der Straße oder auf den fruchtbaren Feldern, nirgendwo ein Granattrichter, kein ausgebranntes Bauernhaus.

Gegen Ende des Nachmittags kamen wir in die kleine Stadt Döbeln. Wie in Waldheim war jedes Haus mit einer roten Fahne geschmückt, doch auf den Straßen waren nur wenige Menschen zu sehen und kein Verkehr. Wir bemerkten mehrere sowjetische Soldaten und zwei Wachposten vor dem Rathaus, das offensichtlich von den Russen übernommen worden war, aber ein großes Lager schien es nicht zu geben. Stolz schritten wir mitten durch die Stadt – dankbar für den kurzen asphaltierten Straßenabschnitt, auf dem unsere Wagen leichter dahinrollten, und für den Trinkbrunnen auf dem Platz, wo wir ein zweites Mal unseren Durst löschten.

Am Ortsausgang änderte sich die Szene. So verlassen die Gegend am anderen Ende des Städtchens gewirkt hatte, so sehr wimmelte es hier von befreiten sowjetischen Kriegsgefangenen und Zwangsarbeitern. Wir wussten, dass die Nazis auch sowjetische und polnische Kriegsgefangene als Zwangsarbeiter eingesetzt hatten. Der einzige Unterschied zwischen den beiden Kategorien bestand darin, dass die Kriegsgefangenen Uniformreste trugen, während die Zwangsarbeiter alle möglichen zivilen Kleidungsstücke anhatten, viele davon neu und offensichtlich von ihren ehemaligen Vorgesetzten »befreit«. Ansonsten hatten sie allesamt kahl geschorene runde Schädel und das abgezehrte, ausgehungerte Aussehen von Menschen, die trotz mangelhafter Ernährung, welche kaum zum Überleben reichte, Zwangsarbeit leisten mussten. Jetzt aber waren sie glücklich und damit beschäftigt, sich zu revanchieren. Im Gegensatz zu uns gehörten sie derselben Nation an wie die Besatzungsarmee und konnten die Nazis nach Herzenslust herumkommandieren. Wir sahen zwei, die zu einem Bauernhof stolzierten und kurz darauf wieder auftauchten, jeder mit einer Gans unter dem Arm. Wir sahen ganze Gruppen, die sich auf Fuhrwerken zusammendrängten, die von Pferden, Maultieren oder sogar Ochsen gezogen wurden, und dabei fröhlich sangen und Schnapsflaschen schwenkten. Viele von ihnen schienen in der Nachbarschaft bleiben und vom Land leben zu wollen. Sie genossen ihre Freiheit und hatten es nicht eilig, nach Hause zu kommen. Andere wiederum, die auf den Fuhrwerken, waren in der gleichen Richtung unterwegs wie wir.

Bald kam einer der ehemaligen Zwangsarbeiter auf uns zu, deutete auf unsere Handgelenke und sagte: »Uhr, Uhr.« Er wollte unsere Uhren haben. Wir krempelten die Ärmel auf, um ihm zu zeigen, dass wir keine besaßen. Das stimmte ihn traurig; plötzlich aber hellte sich sein Gesicht auf, und als er seinen eigenen Ärmel hochkrempelte, kam ein Dutzend Uhren zum Vorschein, die seinen Arm vom Handgelenk bis zum Ellbogen bedeckten. Großzügig löste er zwei Armbänder und schenkte uns die beiden Uhren. Wir schüttelten ihm die Hand, sagten

»*spasibo*« und setzten unseren Weg fort. Wir waren kaum ein, zwei Kilometer gegangen, als uns ein anderer Russe unsere neuen Reichtümer wieder abnahm.

Inzwischen war es fast Abend, und wir schätzten, dass wir etwa fünfzehn Kilometer zurückgelegt hatten. Hundemüde, hungrig und auf unseren mit Blasen bedeckten Füßen strauchelnd, waren wir bereit, es für heute gut sein zu lassen. Ursprünglich hatten wir geplant, am Straßenrand zu schlafen, doch am Himmel türmten sich große Gewitterwolken, und wir hatten keine Lust, von einem Regenguss durchnässt zu werden. Angesichts all der befreiten Russkis, die in der Gegend umherstreiften, schien es zudem sicherer, eine Art Unterschlupf zu finden. So verließen wir die Landstraße und zogen unsere Wagen in den Radspuren eines schmalen Feldwegs zu einer Ansammlung kleiner Wirtschaftsgebäude. Wir fanden den Bauern und seine Frau in der Küche, wo sie ängstlich unser Nahen beobachteten. Als sie jedoch feststellten, dass wir nur in ihrer Scheune übernachten wollten, entspannten sie sich und boten uns sogar die Nutzung des Küchenherdes an.

Während wir unsere Vorräte und Decken auspackten, tauchte plötzlich wie aus dem Nichts ein sowjetischer Feldwebel in voller Uniform und mit einer Thompson-Maschinenpistole auf, blieb stehen und fasste uns ins Auge. Wir fragten ihn auf Deutsch, ob er etwas dagegen habe, dass wir uns hier aufhielten. Zu unserer Überraschung verstand er uns und schüttelte den Kopf. Ermutigt versuchten wir, ein Gespräch anzuknüpfen, aber obwohl er die Bedeutung dessen, was wir sagten, zu verstehen schien, war er nicht in der Lage, mit mehr als ein paar gebrochenen Sätzen zu antworten; vielleicht wollte er aber auch nur ausweichen. Allerdings brachte er uns die Wendung *Ja ne ponimaju*, »Ich verstehe nicht«, bei. Außerdem sagte er, dass die Rote Armee überall um uns herum stationiert sei, und als ich ihn fragte, ob wir irgendwo Milch bekommen könnten, zeigte er auf ein zweites Gehöft etwas weiter weg.

Sogleich holte ich unseren kleinen Suppenkübel hervor und machte mich auf den Weg, aber er rief mir zu, zu warten, und kam mit. Einen Moment lang war ich mir nicht sicher, ob es nicht klüger wäre, mit leeren Händen umzukehren. Vielleicht würde ich in eine Falle tappen. Doch der Feldwebel hatte ein offenes, vertrauenswürdiges Gesicht, und so leicht konnte ich mich nicht dazu durchringen, auf die in Aussicht gestellte Milch zu verzichten. Auf dem zweiten Bauernhof lungerten mehrere sowjetische Soldaten herum. Der Feldwebel erteilte einen knappen Befehl, und einer von ihnen stand auf, nahm meinen Kübel und ging in die Scheune. Als er zurückkam, war der Kübel fast bis zum Rand mit Milch gefüllt – mindestens drei Liter. Dann gab mir der Feldwebel halb mit Gebärden, halb auf Deutsch zu verstehen, ich könne am nächsten Morgen um halb acht wiederkommen, um neue Milch zu holen.

Als ich zu den anderen zurückgekehrt war, stellte ich fest, dass sie unser Quartier ordentlich hergerichtet hatten. Auf einer dicken Strohschicht hatten sie das Stück Leinwand und darauf unsere Decken ausgebreitet. Der Kinderwagen stand in einer Ecke, und der Panzer war umgedreht worden, so dass er einen niedrigen Tisch bildete, auf dem unsere Becher und Löffel, der Kochtopf, Brot und Schmalz lagen.

Als wir uns hinsetzten, um einen Becher Milch zu trinken, kamen der Bauer und seine Frau hinzu, die, sowie der sowjetische Feldwebel aufgetaucht war, sich in ihre Küche verzogen hatten, und fragten mich gespannt: »Haben sie Sie vergewaltigt?«

Ich lachte und antwortete: »Nein, sie waren sehr höflich und freundlich.«

Daraufhin brachen sie in ein langes Wehklagen aus, wie schrecklich es sei, diese Russen um sich zu haben. Dutzende Mädchen und Frauen seien vergewaltigt worden; die Soldaten plünderten überall; so etwas sollte armen unschuldigen Menschen wie ihnen nicht widerfahren. Wir beachteten sie nicht weiter, und Nell setzte ihrem Gejammer ein Ende, indem sie den Beutel mit Grütze, den Rest Milch und den Topf nahm und ankündigte, den Herd benutzen zu wollen. Die beiden begleiteten sie in die Küche. Kurz darauf kam Nell mit einem köstlichen heißen Brei aus Milch, Grütze und Honig zurück. Den Honig hatte sie der Bäuerin abgeschmeichelt und auch noch vier Suppenteller besorgt. Im Schneidersitz gruppierten wir uns um den umgedrehten Panzer und verzehrten eine üppige Mahlzeit. Danach hatten wir kaum noch die Kraft, zur Pumpe zu taumeln und unser Geschirr zu spülen, bevor wir unsere müden Glieder auf dem weichen Stroh ausstreckten und sofort einschliefen.

Joke erwachte zuerst und ging in die Küche, um nachzusehen, wie spät es war. Dann stupste sie mich an und sagte: »Wach auf, Zip, du musst die Milch holen!«

Wir hatten in Kleidern geschlafen. Jetzt zog ich meinen Pullover aus und wusch mich so lange unter der Pumpe, bis meine Schlaftrunkenheit verscheucht war. Dann nahm ich den Kübel und machte mich frohgemut auf den Weg durch den Obstgarten zu dem anderen Bauernhof. Das Gras und die Äste der Bäume waren tropfnass, aber die Sonne schien hell. In der Nacht musste es einen schweren Sturm gegeben haben, auch wenn ich nichts davon mitbekommen hatte, und jetzt strahlte die Welt um mich her in aller Frische. Wieder spürte ich, wie mein Herz sich weitete angesichts des großen Wunders, frei zu sein.

Unser sowjetischer Feldwebel ging über sein Versprechen sogar noch hinaus. Nicht nur füllte er meinen Kübel wieder mit Milch, er schenkte mir auch noch fünf Eier! Während ich ihm dankte, berührte er das kleine Fähnchen auf meinem Pullover und hob fragend die Brauen. »Holland«, sagte ich. Er blickte verwirrt drein. Ich probierte es mit *»hollandski«* und *»nederlandski«*, aber es war zwecklos. Entweder hatte er noch nie von meinem Land gehört, oder die Russen hatten einen anderen Namen dafür. Ersteres war wahrscheinlicher als Letzteres, dachte ich, als ich langsam zurückging, den Kübel in der einen Hand und ein Taschentuch mit den Eiern in der anderen. Warum auch sollte ein junger, gut aussehender Bewohner der großen Weiten Russlands von einem winzigen, überbevölkerten Land an der Nordsee etwas wissen, es sei denn, seine Schullehrer hatten ihm erzählt, dass Peter der Große dorthin gereist war, um Schiffbau zu studieren? Durften Lehrer in einem kommunistischen Land solcherart historische Tatsachen vermitteln, und wenn ja, hatte unser Feldwebel, der um die dreiundzwanzig sein mochte, Zeit gehabt, alle Bildung in sich aufzusaugen, deren er habhaft werden konnte, bevor er zur Armee eingezogen wurde?

Während ich noch über diese Fragen nachdachte, bespritzten sich meine drei Freunde an der Pumpe übermütig mit Wasser. Jetzt übernahm wieder Nell das Kommando. Sie ließ jeden von uns einen Schluck Milch aus dem Kübel trinken und verschwand dann mit diesem und den Eiern in der Küche. Während wir auf sie warteten, besuchten uns der Bauer und seine Frau und trugen erneut ihre Beschwerden vor. Schließlich unterbrach sie Dries und fragte, was ihnen denn weggenommen worden sei. »Nun«, sagten sie, »die Russen haben uns zwei Matratzen und zwei Decken weggenommen und unsere große Uhr und einen Sack Weizen und eine Gans, und unsere beiden Töchter müssen wir im Haus behalten aus Angst, dass sie vergewaltigt werden.«

An diesem Punkt konnte Joke nicht mehr an sich halten: »Ist Ihnen eigentlich klar, wie ihr Deutsche Holland ausgeplündert habt?«, fragte sie erregt. »Sie reden von einer Gans und zwei Matratzen. Glauben Sie, es gibt in Holland überhaupt noch Gänse? Oder Weizen? Nein, gibt es nicht! Ihr Nazis habt unser Land gründlicher ausgeraubt als alles, was euch die Russen angetan haben. Die Deutschen haben uns unsere Lebensmittel weggenommen, unsere Fahrräder, die Maschinen in unseren Fabriken, das Vieh auf unseren Bauernhöfen, unseren Weizen, unsere Zuckerrüben, sogar die Schwellen auf unseren Schienen!« Sie hielt inne, dann fuhr sie, rot im Gesicht, fort: »Eine ganze Jugendgeneration habt ihr zu Zwangsarbeitern oder zu Gefangenen gemacht.« Erst da merkte sie, dass ihr Publikum verschwunden war.

»Immer ruhig Blut, Joke«, sagte Dries freundlich. »Du hattest recht, das zu sagen; die Lektion hatten sie verdient, aber jetzt vergiss es. Vergifte nicht dein Gemüt mit diesen Dingen. Schau, die Sonne scheint, und wir sind frei, Mädel, wir sind frei!« Joke umarmte ihn und konnte wieder lächeln. Da kam Nell mit einer dampfenden Pfanne aus der Küche. Diesmal schmeckte die Zubereitung der Grütze noch besser, denn sie hatte ein Ei hineingeschlagen. Jeder von uns aß zwei volle Teller, und danach wollten wir nicht einmal mehr Brot. In weiser Voraussicht hatte Nell die anderen vier Eier hart gekocht, damit wir sie zu Mittag essen konnten, und wir machten uns guter Dinge an die Beladung der Wagen. Unsere Gastgeber hatten sich in die Innenräume des Hauses zurückgezogen, so dass wir uns nicht zu verabschieden brauchten. Laut Küchenuhr war es 8 Uhr 45, als wir wieder auf die Landstraße zuhielten.

Überraschenderweise waren wir überhaupt nicht steif. Der gesunde Tiefschlaf hatte unsere Muskelschmerzen beseitigt, und bis auf die Blasen an unseren Füßen fühlten wir uns fit und waren bereit, uns der Welt zu stellen. Wieder war das Glück uns hold. Wir waren gerade mal einen knappen Kilometer gegangen, als von einem angrenzenden Bauernhof ein kleines, von einem Pferd gezogenes Fuhrwerk auf die Landstraße einbog. Vorn auf dem Wagen saßen zwei ehemalige sowjetische Kriegsgefangene. Als sie uns sahen, warteten sie und luden uns gestenreich und mit viel Gelächter ein, unsere kleinen Wagen anzubinden und aufzusteigen. Keine Einladung hätte willkommener sein können; wir nahmen sie dankbar an.

Und da saßen wir nun bequem auf ihrem Pferdewagen, behielten den Panzer und den Kinderwagen im Auge und zuckelten langsam dahin. Das Pferd hätte ein Häftling in Waldheim gewesen sein können – wie wir war es nur Haut und Knochen und konnte nur langsam trotten. Aber die Fahrt schonte unsere Blasen, und wir hatten Zeit, die Kapriolen zahlreicher Russen zu genießen, die auf »befreiten« Fahrrädern die Straße entlangsausten. Offensichtlich fuhren sie zum ersten Mal in ihrem Leben Rad. Nach einer Weile drehte der Kutscher sich um und gab uns eine Schachtel mit kleinen, stark riechenden Käsestücken. Das Leben wurde immer besser! In der Schachtel fehlten ein paar Stücke, aber wir zählten die übrig gebliebenen – vierzig an der Zahl. Und so aßen wir Käse, wärmten uns zufrieden in der Sonne und stimmten zum großen Vergnügen unserer sowjetischen Freunde hin und wieder ein Lied an. Einmal hielten wir, um das Pferd trinken zu lassen, an einem Gehöft, auf dem ein Dutzend ehemaliger Zwangsarbeiter Quartier bezogen hatten. Mit einem weißen Hemd bekleidet, versuchte einer von ihnen, auf dem holprigen Kopfsteinpflaster Fahrrad zu fahren. Er stieg auf, kam heftig schwankend ein paar Meter weit, fiel herunter, rappelte sich wieder auf und bestieg das Rad von Neuem. Seine Kameraden feuerten ihn an, wichen ihm aus und stoben in alle Richtungen auseinander, um sich in Sicherheit zu bringen. Von unserem Hochsitz auf dem Fuhrwerk sahen wir dem fröhlichen Treiben zu und lachten, bis uns die Tränen kamen.

Gegen Mittag entschieden unsere beiden sowjetischen Freunde, dass ihr Pferd eine etwas schnellere Gangart einschlagen würde, wenn es keine ganz so schwere Last ziehen müsste, und signalisierten uns damit, dass wir absteigen sollten. Um uns jedoch ihr unvermindertes Wohlwollen zu demonstrieren, gingen sie zum nächsten Bauernhof und kehrten mit einem Krug Milch zurück. Sie füllten unsere Becher, und wir stießen mit Milch auf sie an, dann banden wir Panzer und Kinderwagen los und setzten unseren Weg zu Fuß fort. Zum Abschied winkten wir unseren Wohltätern, bis ihr knarzender Pferdewagen langsam aus unserem Blickfeld verschwand.

Jetzt, wo wir wieder zu Fuß gingen, hielt uns fast jeder Russe, den wir trafen, an und fragte nach »Uhr, Uhr«; da wir aber ohne Uhren waren, konnten wir ihre dringlichen Bitten nicht erfüllen. Sie nahmen es uns nicht übel. Sobald wir die Ärmel aufkrempelten und unsere nackten Arme zeigten, klopften uns die meisten von ihnen gut gelaunt auf die Schulter und ließen uns weiterziehen. Doch einer hatte ein echtes Problem. Nachdem wir ihn überzeugt hatten, dass wir keine Uhr besaßen, die wir ihm hätten geben können, zeigte er uns seinen Arm voller Uhren, die er bereits gesammelt hatte, schüttelte sie, hielt sie ans Ohr, sagte »*kaputt, njet*« und drehte in einer Geste der Hoffnungslosigkeit die Handflächen nach oben. Keine seiner Uhren ging! Vorsichtig überredeten wir ihn, sie abzunehmen, zogen sie auf und zeigten ihm, wie man das machte. Dann ließen wir ihn mitten auf der Straße stehen. Langsam bewegte er den Arm vom Handgelenk bis zum Ellbogen an seinem Ohr vorbei und wieder zurück und lauschte mit einer Miene purer Verzückung dem Ticken der Uhren.

Das nächste kleine Städtchen, durch das wir kamen, hieß Ostrau. Nachdem Dries seine Karte konsultiert hatte, konstatierte er, dass wir zufriedenstellend vorankamen und uns eine ausgiebige Rast leisten konnten. Der Sonne nach zu urteilen, waren wir etwa zweieinhalb Stunden gelaufen, und als wir zu einer Brücke gelangten, die über einen kleinen Bach führte, verließen wir die Landstraße und folgten dem Bach stromaufwärts, bis wir zu einem perfekten Picknickplatz kamen, einer von Bäumen umgebenen natürlichen Wasserstelle mit einer grasbewachsenen Lichtung auf einer Seite. Joke und ich konnten der Versuchung nicht widerstehen. Wir zogen uns aus, glitten ins Wasser und nahmen ein herrliches Bad, während Dries und Nell am Ufer Wache hielten. Dann aßen wir zu Mittag – hart gekochte Eier, Käse und Brot – und streckten uns im Gras aus, um ein Nickerchen zu machen.

»Das nenne ich Leben«, sagte Dries, Verwunderung und Dankbarkeit in der Stimme. »Vor einem Monat hätte ich nicht einmal zu träumen gewagt, dass mir so etwas noch einmal vergönnt sein würde.«

Wir anderen hatten dieselbe Empfindung. Zwar waren wir Gesetzlose, die sich nicht ausweisen konnten, die sich fern von ihren Elternhäusern, die vielleicht nicht einmal mehr existierten, in einem vom Chaos der Niederlage erschütterten Land durchschlagen mussten, aber wir waren frei, und wir waren glücklich. Und wir fanden bald heraus, dass selbst einige unserer ehemaligen Feinde unsere Gefühle teilten. Als wir das Gepäck festzurrten und uns wieder der Straße zuwandten, kam hinter uns ein Mann mit Krücken übers Feld gehumpelt. Zu unserer Überraschung trug er eine deutsche Uniformjacke, von der alle Rangabzeichen abgerissen waren, und eine Tarnhose. Es war der einzige deutsche Soldat, den wir seit der Öffnung der Zuchthaustore zu Gesicht bekommen hatten, und neugierig fragten wir ihn, wie es ihn hierher verschlagen habe. Seine Geschichte war einfach: Er hatte an der Ostfront gekämpft, und während des strapaziösen Rückzugs seiner Einheit durch Russland und Polen war ihm ein Fuß abgefroren. (Dieser war noch in Lumpen gewickelt.) Vor etwa einem Monat war er schließlich in ein deutsches Krankenhaus unweit von Ostrau, seiner Heimatstadt, evakuiert worden. Am Vortag hatte er eine Möglichkeit gesehen und war einfach davongehumpelt; er hatte Nebenstraßen genommen, um nach Hause zu gelangen, und jetzt war er fast da. »Junge, bin ich froh, dass dieser dreckige Krieg endlich aus ist!«, jubelte er. Wir waren ganz seiner Meinung. Als wir ihm erzählten, dass wir auf dem Weg nach Riesa seien, riet er uns, dem Bach eine Weile flussaufwärts zu folgen. Dort würden wir die Nebenstraße finden, von der er gerade gekommen sei, und auf unserem Marsch mindestens anderthalb Kilometer sparen.

Wir folgten seinen Hinweisen. Die »Nebenstraße« war nicht mehr als ein Pfad, aber breit genug für den Panzer und den Kinderwagen und der natürliche Boden angenehmer für die Füße als die Schotterstraße. Wir machten uns also wieder auf den Weg, erfreut über unsere Umgebung. Zur Rechten lachte das Wasser eines weiteren Bächleins, das munter über runde, glänzende Felsbrocken sprang. Manchmal kamen wir durch kleine Wälder, wo das einsickernde Sonnenlicht grünlich goldene Flecken auf den Boden warf und die Luft mit dem Duft von Flieder und Weißdorn parfümiert war. Dann wieder öffnete sich die Landschaft auf weite, hügelige Felder, und wir passierten viele wohlhabend aussehende Bauernhöfe mit gepflegten Blumengärten. Wir hatten den Pfad ganz für uns, und ohne Unterbrechungen durch Russen, die Uhren verlangten, ging es gut voran. Als wir durch ein Dorf kamen, grüßten uns zwei junge Frauen, die in einem kleinen Vorgarten saßen. Wir blieben stehen und erfuhren, dass die Frauen zwei Monate zuvor aus ihren Häusern in Schlesien geflohen waren. Sie wollten wissen, ob wir aus der gleichen Richtung kämen, denn sie hatten keine Nachrichten aus ihrer Stadt. Wir antworteten, wir seien Holländer auf dem Heimweg und wüssten vermutlich noch weniger Bescheid als sie. Daraufhin erzählten sie uns, vor zwei Tagen sei eine Gruppe von zwanzig ehemaligen niederländischen Kriegsgefangenen durch das Dorf gekommen und auf dem rund fünf Kilometer entfernten Rittergut Ragewitz freundlich aufgenommen worden. Bei der Erwähnung eines Ritterguts spitzten Joke und ich, die wir mit dem Kinderwagen vorn waren, die Ohren. »Komm schon, Baron«, riefen wir Nell zu. »Heute geht's stilvoll zu. Heute Nacht schlafen wir in einem echten Schloss.«

Aber Nell und Dries überredeten uns zu warten. Eine der beiden Flüchtlingsfrauen war im Haus verschwunden, und Nell sagte, sie wolle uns Essen besorgen. Joke und ich wurden ungeduldig, doch das Warten hatte sich gelohnt, denn die Frauen kamen mit vier Salatköpfen und einem Viertelpfund echten Bohnenkaffees zurück, etwas, was wir seit Jahren nicht mehr gesehen hatten. Wir bedankten uns herzlich und brachen mit neuer Energie auf, diesmal auf der Suche nach dem Schloss.

Wir fanden es mühelos, ein riesiges, imposantes Bauwerk in einer Parkanlage, umgeben von mehreren Gruppen von Wirtschaftsgebäuden. Der Park grenzte an unseren Pfad, und als wir ihn betraten, zögerten wir. Wir sahen drei Marmortreppen, die zu einer riesigen, mit Messingklopfern verzierten Eichentür führten. Konnten wir es wirklich wagen, dort hinaufzusteigen, schmutzig und schäbig, wie wir waren? Wir entschieden, dass ein Versuch nicht schaden konnte, und so trugen wir unsere kleinen Wagen die Marmortreppe hinauf und klopften wagemutig an. Nach einer Weile öffnete sich die große Tür einen Spaltbreit, und wir standen einem sehr alten grauhaarigen Herrn gegenüber.

Wir erklärten kurz, wer wir seien. Wir hätten gehört, dass Holländer schon vor uns willkommen geheißen worden seien, und ob wir bitte übernachten könnten.

Die Tür ging weit auf. »Natürlich, natürlich«, sagte der alte Herr. »Ich kann euch nicht viel bieten, aber zumindest kann ich euch ein Dach über dem Kopf geben.« Er führte uns in eine beeindruckende Marmorhalle und rief nach seiner Frau, einer alten Dame, die prompt in einer der vielen Türen erschien. Sie erklärte, alle Schlafzimmer seien besetzt, weil in den letzten Kriegsmonaten so viele Mitglieder ihrer weit verzweigten Familie Zuflucht in dem alten Schloss gesucht hätten, doch wenn wir uns mit einer Couch zufriedengäben, seien wir herzlich willkommen. Damit öffnete sie eine weitere Tür und führte uns in ein großes, sonniges Zimmer.

Wir rangen nach Luft. Es war eher ein Saal als ein Zimmer, in dem man mühelos ein Bankett für fünfzig Personen ausrichten konnte, mit viel Platz für ein Dutzend umhereilender Butler. Die hintere Wand bestand aus lauter riesigen Erkerfernstern, die von komfortabel aussehenden Fensterbänken gesäumt waren. Die anderen Wände waren mit lebensgroßen Porträts von Ahnen bedeckt, die in die prächtigen Gewänder des 18. und 19. Jahrhunderts gekleidet waren. Die Mitte des glänzenden Parkettbodens war mit einem breiten Perserteppich bedeckt, und unter den Möbelstücken zählte ich drei große Sofas und einen Konzertflügel, die sich in der Weitläufigkeit fast zu verlieren schienen.

Die alte Dame stand mit einem ruhigen Lächeln da, während wir das alles in uns aufnahmen und insgeheim darum kämpften, unseren Atem und etwas von unserer alten Selbstsicherheit zurückzugewinnen. Jetzt nahm sie Nell bei der Hand und sagte: »Kommen Sie, ich zeige Ihnen die Küche.« Wir marschierten hinter den beiden her und begegneten in der Marmorhalle mehreren älteren Menschen. Die Küche war geräumig, kühl und altmodisch, mit vielen glänzenden Kupferkesseln an den Wänden. Wir fragten, ob wir von den benachbarten Bauernhöfen Milch bekommen könnten. »Da müssen Sie die Russen fragen«, sagte die alte Dame. »Die haben alle Bauernhöfe übernommen. Auch wir müssen bei ihnen betteln.«

Als Nächstes zeigte sie uns eine Toilette und überließ uns dann uns selbst. Alle vier hatten wir die gleiche Regung: Wir machten uns sofort daran, uns zu waschen, unser zerzaustes Haar zu kämmen und uns so präsentabel wie möglich herzurichten, obwohl wir nicht darauf hoffen konnten, der Pracht unseres Quartiers gerecht zu werden. Mit dem Kübel machte ich mich auf den Weg, um zu erkunden, was sich auf den umliegenden Bauernhöfen auftreiben ließ. Beim ersten hatte ich kein Glück. Bis auf zwei sowjetische Soldaten, die nicht begriffen, was ich wollte, und es gar nicht erst versuchten, war niemand da. Doch auf dem nächsten Hof fand ich einen Russen, der ziemlich gut Deutsch sprach und der sich offenkundig die gleiche Freundlichkeit zu eigen gemacht hatte wie die Schlossbesitzer. Er füllte meinen Kübel mit Milch und gab mir sechs Eier und sechs große Kartoffeln, die ich in das mitgebrachte Taschentuch wickelte; zur Krönung des Ganzen fügte er eine Handvoll russische Zigaretten hinzu. Mit meiner Beute eilte ich zurück, und während Dries und ich auf einer der Fensterbänke Zigaretten mit langem Filter rauchten, begaben sich Nell und Joke in die Küche.

Die kunstvolle Empire-Uhr an der Wand unseres Bankettsaals zeigte Viertel nach sieben, als wir uns auf Stühlen mit gerader Rückenlehne an einen großen runden Tisch setzten, um unsere bis dahin üppigste Mahlzeit zu verzehren. Von einer der freundlichen alten Damen, die sie in der Küche traf, hatte Nell Essig, Thymian, Petersilie, Schnittlauch und Estragon bekommen, und wir verwöhnten uns mit einer *omelette aux fines herbes*, frischem Salat, Petersilienkartoffeln, Milch und Käse und mit echtem Bohnenkaffee als Abschluss. Joke hatte sich aus der Küche Teller und Gabeln geliehen, und halb unbewusst bemühten wir uns alle, aufrecht zu sitzen und auf unsere Tischmanieren zu achten. Dennoch hatten wir das Gefühl, dass all die stolzen Ahnen an den Wänden die Stirn runzelten, über uns spotteten und sich fragten, was aus ihrer einst angesehenen Familie geworden war, wenn vier Landstreicher wie wir ihre geheiligten Hallen betreten durften. Als Dries ein Stück Käse mit dem Messer aufspießen wollte, sich dann aber anders besann und es mit Löffel und Gabel behutsam aus der Schachtel hob und auf seinen Teller jonglierte, bekamen wir einen Kicheranfall und wurden erst wieder ernst, als wir begannen, über unsere Gastgeber zu sprechen.

»Das müssen alles Grafen und Gräfinnen sein«, sagte Joke. »Die reden einander mit einer Art Titel an.«

»Das glaube ich ganz bestimmt«, sagte Nell. »Außerdem erzählte mir eine der alten Damen in der Küche, ihr Sohn und ihr Neffe seien ebenfalls in Haft gewesen, jetzt aber wieder frei. In der Annahme, es handele sich um Kriegsgefangene, fragte ich sie, wo sie denn aufgegriffen worden seien, und sie sagte, hier in Deutschland. Sie erwähnte den 20. Juli, und dann eilte sie davon. Was, glaubt ihr, hat sie damit gemeint?«

»Der 20. Juli!«, sagte Dries aufgeregt. »Das war der Tag des missglückten Bombenattentats auf Hitler. Vielleicht waren sie auf irgendeine Weise darin verwickelt. Das würde erklären, weshalb sie sich hier verstecken und weshalb sie so nett zu uns sind.«

Wir konnten nur mutmaßen. In der Welt, in der wir lebten, stellte man keine Fragen, und die einzigen verfügbaren Informationen waren die, die jemand freiwillig preisgab. Aber die Hypothese gefiel uns; von da an betrachteten wir unsere namenlosen Gastgeber als heimliche Mitstreiter.

Nachdem wir unsere Teller gespült und das geliehene Geschirr in die Küche zurückgebracht hatten, kuschelten wir uns auf die Fensterbänke und beobachteten den Einbruch der Dämmerung. Dries sagte: »Singt mir was vor, ja? Dann fühle ich mich mehr wie zu Hause.« Wir begannen dreistimmig zu singen. Wir sangen gerne, und alle unsere Lieder hatten eine besondere Bedeutung für uns. Das eine hatten wir uns ausgedacht, kurz nachdem wir zum Tode verurteilt worden waren; das andere war unsere Erkennungsmelodie für den Fallschirmspringerbeauftragten, der in Utrecht in einer Zelle im gleichen Trakt untergebracht war – es bedeutete, dass wir eine Botschaft für ihn hatten und er achtgeben musste; das dritte hatten wir in Düsseldorf gesungen, als die Stadt nachts von der Royal Air Force bombardiert wurde und wir hofften, die Gefängnismauern würden brechen, damit wir entkommen konnten. Das alles erklärten wir Dries.

Dann klopfte es an unserer Tür, und herein kam eine gut aussehende rothaarige Frau von vielleicht fünfunddreißig Jahren, gefolgt von vier rothaarigen Mädchen im Alter von etwa acht bis fünfzehn Jahren. »Bitte entschuldigen Sie, wenn wir Sie stören«, sagte die Frau, »aber wir haben Sie singen hören, und meine Töchter und ich würden Ihnen sehr gerne aus der Nähe zuhören. Dieser Tage gibt es für uns so wenig Ablenkung. Bitte singen Sie weiter.«

Wir genierten uns etwas, konnten ihr die Bitte aber nicht abschlagen. Die fünf setzten sich um uns herum auf den Fußdoden und die Fensterbänke, und wir fuhren mit unserem Konzert fort. Alle unsere Lieder waren auf Niederländisch, Englisch und Französisch, und sie konnten kein Wort verstehen. Sie schienen einfach nur die Musik und die frohe Laune zu genießen. Manchmal baten die Mädchen um eine Erläuterung des Textes; wenn unsere Version zu antideutsch oder zu derb war, kamen wir in unausgesprochenem Einvernehmen auf den Originaltext zurück; bei Liedern wie *Praise the Lord and Pass the Ammunition* schwächten wir sogar das Original etwas ab. Es schien zu grausam, vier kleine Mädchen den Hass spüren zu lassen, den wir noch immer gegenüber einer Nation empfanden, die sie zweifellos liebten. Dries schlug sich wacker bei diesen freien Übersetzungen, und bald überließen wir die Aufgabe ihm. Als es dunkel geworden war, sangen wir immer noch. Eines der Mädchen war aufgestanden und hatte zwei Lampen am anderen Ende des Raumes eingeschaltet und auf leise Anweisung ihrer Mutter aus einem der vielen Wandschränke ein Feldbett geholt und es neben dem Flügel aufgestellt, dann kam sie zurück, schmiegte sich an Dries' Beine und bat uns, noch ein Lied zu singen und dann noch eins.

Schließlich stellte die Mutter uns die Frage, die wir von Anfang an befürchtet hatten: ob wir denn keine deutschen Lieder kannten?

Wir steckten in einer Zwickmühle. Praktisch die einzigen deutschen Lieder, die wir kannten, waren jene, die die durch unsere Heimatstädte marschierenden deutschen Soldaten gegrölt hatten. Wie oft waren wir im Morgengrauen aufgewacht, wenn ein Trupp singender Soldaten vom schmutzigen Geschäft der Hinrichtung eines Widerstandskämpfers zurückkehrte. Wir kannten die Lieder, aber lieber hätten wir uns bei lebendigem Leibe vierteilen lassen, als sie zu singen. Es war Nell, die uns rettete. Dank ihrer langjährigen Erfahrung in der Pfadfinderbewegung fielen ihr mehrere Wandervogellieder ein, und sie schlug eines nach dem anderen vor, bis sie endlich eines nannte, das wir alle kannten und gegen das wir keine Einwände hatten. Es hieß *Die Gedanken sind frei*, und wir sangen es voller Inbrunst. Im schwachen Licht bildete ich mir sogar ein, bei der Mutter ein anerkennendes Zwinkern gesehen zu haben, war mir aber nicht sicher. Danach gingen sie; jede der vier Töchter schüttelte uns feierlich die Hand und machte dazu einen kleinen Knicks.

Müde rollten wir unsere Decken aus und legten uns hin – Dries, Nell und ich auf den drei Sofas und Joke auf dem Feldbett. Wir waren fast eingeschlafen, als Joke traurig sagte: »Ich weiß nicht, was ich denken soll. Vor einem Monat haben uns die Nazis noch herumgestoßen, unser Essen gestohlen und uns wie Ungeziefer behandelt. Heute Abend machen vier wohlerzogene Mädchen einen Knicks vor uns und mögen unseren Gesang. Das ergibt doch keinen Sinn.«

Ich wartete darauf, dass Dries oder Nell ihr antworteten, aber entweder waren sie genauso perplex wie Joke, oder sie schliefen bereits, und so wagte ich eine Antwort: »Mach dir keine Sorgen, Joke, über eine ganze Nation kann man keine allgemeinen Aussagen treffen. Es gibt immer Ausnahmen, und heute Abend scheinen wir einige dieser Ausnahmen kennengelernt zu haben. Vielleicht sind das die Menschen, die Deutschland wieder aufbauen werden, ein Deutschland, mit dem wir in Frieden leben können, ein demokratisches Deutschland.«

»Nun, es waren liebe Mädchen«, sagte Joke mit leiser, schläfriger Stimme. »Aber was können kleine Mädchen zum Wiederaufbau Deutschlands beitragen? Ich kann nur hoffen, dass sie von den Russen nicht vergewaltigt werden.«

»Amen«, knurrte Dries von seinem Sofa.

Am nächsten Morgen kamen die rothaarige Frau und ihre Töchter bei uns vorbei, um sich zu verabschieden. Sie fragte uns nach unseren Plänen, und als wir ihr sagten, dass wir ein Boot suchten, notierte sie die Adressen mehrerer Leute in Riesa, die uns vielleicht helfen könnten. Die beiden älteren Töchter begleiteten uns eine halbe Stunde lang und bestanden darauf, den Panzer für uns zu ziehen. Das Schloss war nur neun Kilometer von Riesa entfernt; für den ersten Abschnitt konnten wir wieder dem angenehmen Pfad entlang des Baches folgen.

Wir begegneten zwei französischen Ex-Häftlingen, die in die umgekehrte Richtung gingen, und setzten uns mit ihnen zusammen, um Neuigkeiten auszutauschen. Sie kamen aus einem Gefängnis östlich von Riesa und hatten nach ihrer Wanderung länger als eine Woche versucht, einen Zug nach Westen zu besteigen. Aber es sei zwecklos, sagten sie. Es fuhren keine Züge, und die Straßen nach Westen waren gesperrt. In der Stadt wimmelte es von ehemaligen Häftlingen und Zwangsarbeitern, für die die Russen auf der anderen Seite der Elbe ein Sammellager eingerichtet hatten. Es ging das Gerücht, dass sie auf dem Weg über Odessa evakuiert würden. Da die Franzosen auf diese Reise ebenso wenig erpicht waren wie wir, hatten sie beschlossen, ihr Glück weiter südlich zu versuchen. Wir sagten ihnen, dass die Situation weiter südlich die gleiche sei einschließlich des Geredes von Odessa. Sie zuckten mit den Achseln und sagten: »Vielleicht können wir ja über die Tschechoslowakei in den Westen gelangen. Es muss doch eine Möglichkeit geben, hier rauszukommen, ohne einen Umweg über das Schwarze Meer zu machen.« Wir verabschiedeten uns, sie zogen nach Süden weiter, wir nach Norden. Wie Mäuse in einem dieser von Wissenschaftlern gebauten Labyrinthe suchten wir alle nach einem Ausgang, tasteten uns blind voran, ohne Regeln oder Informationen, die uns leiten könnten, und jeder hütete eifersüchtig seinen eigenen Plan, von dessen Erfolg er überzeugt war.

Nachdem sich unser Pfad wieder mit der Landstraße vereinigt hatte, begegneten wir vielen weiteren Schicksalsgenossen auf dem Weg nach Süden. Es gab eine fröhliche Gruppe von Jugoslawen mit einem kleinen Planwagen, den sie mit blühenden Zweigen und einer riesigen Flagge dekoriert hatten. Dann kamen fünf singende Italiener und danach drei Tschechen, zwei Männer und eine Frau. Mit diesen plauderten wir eine Weile, und sie erzählten uns, dass die Russen in Riesa Schwierigkeiten machten und sich jeder registrieren und ausweisen müsse, als wir aus einem Bauernhaus vor uns einen ehemaligen sowjetischen Kriegsgefangenen herauskommen sahen, der stolz ein Fahrrad schob. Wir alle schauten zu, wie er es bestieg, hinfiel, erneut aufstieg und davonradelte, wobei er wie verrückt von einer Straßenseite zur anderen schlingerte. Etwas später trafen wir ihn hinter einer Kurve unerwartet wieder. Untröstlich saß er unter einem Baum, vor sich das Fahrrad. Bei einem seiner Stürze hatte sich ein Pedal verbogen, so dass es sich nicht mehr drehte. Wir stellten das Fahrrad auf den Kopf, und nach einigem Stoßen und Zerren – als Hebel benutzten wir einen kräftigen Ast – ließ sich das Pedal bald wieder frei bewegen; wir präsentierten ihm das Fahrrad mit einer schwungvollen Geste. Er strahlte, schüttelte allen die Hand und radelte schwankend davon. Diesmal schlug er sich besser, und wir dachten schon, dass er die Kunst des Radfahrens jetzt beherrschte, als wir ihn erneut am Straßenrand warten sahen. Eines jedoch hatte er gelernt: Diesmal hatte er das Fahrrad selbst auf den Kopf gestellt, damit wir gleich mit der Reparatur beginnen konnten. Mit einem selbstbewussten Grinsen im Gesicht winkte er und rief uns zu, uns zu beeilen und ihm zu helfen, und wir fanden ihn unwiderstehlich.

Als wir das Fahrrad untersuchten, stellten wir fest, dass die Kette abgesprungen war. Auch diese Reparatur ließ sich mühelos bewerkstelligen, und so hatten wir das Rad bald wieder in Schuss. Da es an dieser Stelle aber leicht bergauf ging, versuchten wir, ihm mit Gesten zu erklären, dass es besser für ihn sei, das Fahrrad zu schieben und erst aufzusteigen, wenn es wieder abwärtsging. Entweder war das zu kompliziert, oder er war zu ungeduldig für ein so besonnenes Vorgehen. Jedenfalls stieg er wieder auf und prallte etwa hundert Meter weiter gegen einen Baum. Glücklicherweise hielt das Fahrrad diesmal stand, und nach einem freudigen Winken, mit dem er uns zeigen wollte, dass alles in Ordnung war, radelte er wieder los, und wir verloren ihn aus den Augen.

Kurz darauf gelangten wir selbst auf die Anhöhe und blieben einen Moment stehen, um die Aussicht zu genießen. Vor uns lag das weite flache, fruchtbare Elbtal und etwa anderthalb Kilometer entfernt die Stadt Riesa. Das weiße Band der Straße führte direkt zu ihr, und zwischen den grünen Weiden rechts und links der Stadt war der schimmernde Fluss zu sehen. Vor der Stadt auf der linken Seite standen mehrere lang gestreckte rechteckige Gebäude, in denen wir Militärkasernen erkannten, und auf der Straße weit vorn trat unser russischer Radfahrer mit verrückter Geschwindigkeit in die Pedale. Er schwankte nur leicht …

Ermutigt vom Anblick unseres ersten Reiseziels, gingen wir bergab. Kurz bevor wir die Kaserne erreichten, trafen wir drei weitere Holländer, junge Burschen von sechzehn, siebzehn und neunzehn Jahren, die uns erzählten, dass sie im Januar 1945 auf den Straßen Rotterdams aufgegriffen worden waren, um in einer Fabrik nahe Riesa Zwangsarbeit zu leisten. Seit dem 3. Mai waren sie frei, kamen aber nicht vom Fleck. Sie waren zuerst nach Norden gelaufen, hatten schließlich einen Güterzug gefunden, der nach Westen zu fahren schien, und sich in einem leeren Waggon versteckt. Doch nach einem Tag und einer Nacht des Pendelns und Rangierens waren sie wieder dort gelandet, wo sie herkamen: in Riesa. Jetzt wollten sie ihr Glück im Süden versuchen.

Vergebens bemühten wir uns, sie davon abzubringen, indem wir ihnen von unseren eigenen Erfahrungen berichteten. Die Eisenbahnen hatten wir kaum im Blick – einfach weil wir überzeugt waren, dass sie nicht verkehrten –, aber diese Jungs glaubten noch immer, dass Güterzüge ihre beste Chance seien. Alle drei sahen blass und mager aus, sie hatten nur einen kleinen Rucksack dabei, und wir ahnten, dass sie hungrig sein mussten. Das Mindeste, was wir für sie tun konnten, war, ihnen ein Mittagessen anzubieten. Wir setzten uns neben die Straße ins Gras und teilten die Flasche Milch und die hart gekochten Eier, die wir am Morgen mitgenommen hatten, und die letzten Bissen Brot.

Während wir aßen, kam aus der Ebene hinter uns eine lange Kolonne sowjetischer Soldaten heranmarschiert und passierte uns auf dem Weg zur Kaserne vor der Stadt. Sie marschierten zu fünft nebeneinander, so dass sie fast die ganze Straßenbreite einnahmen, und so dicht hintereinander, dass sie, wenn sie nicht perfekten Gleichschritt gehalten hätten, über die Fersen des Vordermannes gestolpert wären. Dabei sangen sie die ganze Zeit. Es war das erste Mal, dass wir unsere sowjetischen Verbündeten in militärischer Formation sahen, und nach den unbeschwerten Kapriolen der meisten Russen, die wir bisher getroffen hatten, war es eine wahrhaft beeindruckende Darbietung. Allerdings konnten wir der Demonstration militärischer Stärke nur wenig abgewinnen; was uns wirklich bewegte, war ihr Gesang. In der weiten, offenen Ebene ertönten ihre kraftvollen Stimmen in so überwältigender Harmonie und mit solcher Freude und solchem Stolz, dass unsere Herzen nicht anders konnten, als sich zu öffnen. Mit Tränen in den Augen und einem Lächeln auf den Lippen blickten wir einander an und waren mit einem Mal unerschütterlich davon überzeugt, dass das Leben voller Schönheit, Sinn und Verheißung war.

Schließlich verschwand die lange Kolonne in den Kasernengebäuden. Langsam erhoben wir uns. Als Abschiedsgeschenk überreichten wir den jungen Holländern unsere Schachtel Käse; vier Stück behielten wir für uns. Sie machten sich auf den Weg nach Süden, und wir zogen unsere kleinen Wagen in die Stadt.

Verglichen mit den Provinzstädtchen, die wir bisher gesehen hatten, war Riesa eine recht große Stadt, bevölkert von ehemaligen Gefangenen und Zwangsarbeitern, von sowjetischen Soldaten aller Dienstgrade und, zu unserer angenehmen Überraschung, von britischen Kriegsgefangenen. Den ersten Tommy, den wir trafen, winkten wir heran, und bereitwillig teilte er uns Einzelheiten mit. Am Stadtrand von Riesa hatte es ein Lager für britische Kriegsgefangene gegeben, in das er nach seiner Gefangennahme im Juni 1940 in Frankreich gebracht worden war. Nach ihrer Befreiung hatten die Russen sie eine Woche festgehalten; seitdem konnten sie sich nach Belieben durch die Stadt bewegen. »So lässt sich's leben«, bemerkte er. »Inzwischen freuen sich die Deutschen, dass sie uns haben. Als eine Art Beschützer, wisst ihr. Sie trauen dem Iwan nicht.« Allerdings würden sich die britischen Kriegsgefangenen nie allzu weit von ihrem Lager entfernen, denn mittlerweile treffe man Vorkehrungen, sie nach England zurückzufliegen. Er jedenfalls wolle das Flugzeug auf keinen Fall verpassen. Das war die erste Nachricht, die wir von einer bestehenden Verbindung nach Westen erhielten, und nach den deprimierenden Informationen vonseiten unserer Schicksalsgenossen auf der Straße munterte sie uns beträchtlich auf. Wir machten uns auf den Weg zum Fluss und fanden zwei einst gut ausgestattete Klubhäuser, an die sich geräumige Bootshäuser anschlossen. Das erste Klubhaus gehörte dem Kanuverein, aber es war nichts als ein Trümmerhaufen aus zerborstenen Türen, Fenstern und Möbeln, und von den Kanus war kaum mehr übrig als Berge von Splittern und Gummistreifen. Im Ruderklub nebenan das gleiche Schauspiel: Er sah aus, als sei ein Wirbelsturm hindurchgefegt. Im Bootshaus fanden wir Reihen um Reihen wunderschöner Ruderboote, Jollen und Rennboote, alle mit gewehrkolbengroßen klaffenden Löchern an den Seiten. Es gab etwa dreißig Boote, von denen mehr als ein Dutzend unserem Zweck entsprochen hätte, aber kein einziges war fahrtüchtig. Sogar das am Steg vertäute leichte Beiboot war mit Einschusslöchern im Boden versenkt worden; wir entdeckten es nur, weil an einem der Anlegepfosten noch ein Tau befestigt war.

Traurig wandten wir uns wieder der Stadt zu. Offensichtlich würden wir nicht so leicht ein Boot finden, wie wir es gehofft hatten, und bis wir eins gefunden hätten, würden wir eine Unterkunft benötigen. Plötzlich spürten wir unsere müden Beine und unsere schmerzenden Füße, und wir begaben uns zu einer der Adressen auf der Liste, die uns die rothaarige Dame im Schloss gegeben hatte. Es war ein ziemlich großes Haus, umgeben von einem gepflegten Garten. Nachdem wir beharrlich geklingelt hatten, erschien ein Dienstmädchen. Sie schlug uns gleich die Tür vor der Nase zu, doch unsere Rufe »Schloss Ragewitz« musste sie verstanden haben, denn nach weiterem Klingeln kam sie zurück, diesmal mit der Hausherrin. Bevor wir unseren ersten Satz beenden konnten, überschüttete uns die Dame lautstark mit schrillen Beschwerden über ihr schweres Los, und wir wussten, dass es sinnlos war, zu streiten. Wir zogen uns auf den Bürgersteig zurück und gingen ein Stück weit, ohne ein Wort zu sagen. Dann explodierte Dries. »Verdammt, wenn ich eine sowjetische Uniform hätte, würde ich dafür sorgen, dass die Frau aus dem Fenster springt!«

»Wie kann sie eine Freundin der Schlossdame sein?«, grübelte Joke.

»Lasst uns im Bootshaus schlafen«, schlug ich vor. »Da ist genug Platz, und wir können uns ein Eckchen herrichten. Ich habe es satt, diese Nazis anzubetteln.«

Aber Nell war anderer Meinung. »Das geht nicht«, sagte sie. »Die Stadt ist voller Soldaten, und in keinem der Boots- und Klubhäuser gibt es eine Tür, die sich abschließen lässt. Vielleicht müssen wir mehrere Tage hierbleiben, und deshalb brauchen wir einen Ort, an dem unsere Sachen in Sicherheit sind. Wir haben doch noch eine Adresse. Lasst es uns dort versuchen.«

Sie hatte recht; nachdem wir den Straßennamen nachgeschaut hatten, fragten wir immer wieder nach der Adresse, bis wir schließlich die richtige Stelle ansteuerten. Es war schon nach 19 Uhr, als wir an dem bescheiden aussehenden Haus ankamen, doch als ich auf dem Namensschild sah, dass es das Haus eines Arztes war, schöpfte ich sofort Hoffnung. Mein Vater war Allgemeinmediziner, vielleicht würde das als Empfehlung ausreichen. Aber es war gar keine Empfehlung nötig. Ein großer grauhaariger Mann mit einem jungen, wenn auch zerfurchten Gesicht öffnete die Tür und hörte uns schweigend an. Als wir ausgeredet hatten, sagte er: »Es tut mir leid, mein Haus ist schon ziemlich voll mit Flüchtlingen. Aber wenn es euch nichts ausmacht, das Wartezimmer zu nehmen –«

Das Wartezimmer war ein kahler quadratischer Raum, das einzige Mobiliar vier Sitzbänke mit hohen Rückenlehnen. Die beiden mit Musselinvorhängen versehenen Fenster gingen auf einen kleinen Hinterhof, und von den drei Türen führte eine in die Diele, durch die wir gekommen waren, und eine andere zu einer kleinen Toilette mit Waschgelegenheit, die wir benutzen durften. Allerdings warnte uns der Arzt, dass auch andere Personen von ihr Gebrauch machen würden. Die dritte Tür blieb vorerst geschlossen. Nachdem der Arzt gegangen war, musterten wir unsere Umgebung und fanden wenig Anlass zum Jubeln. »Wir sollten die Sitzbänke zusammenbinden«, sagte

Nell. »Sie sind zu schmal, als dass einer darauf schlafen könnte.« Praktisch, wie sie war, hatte sie etwas für uns zu tun gefunden, und wir machten uns daran, unser Gepäck vom Panzer und vom Kinderwagen zu lösen und nach der Schnur zu suchen, die wir in einen der Rucksäcke gesteckt hatten.

Wir waren noch nicht fertig, als die Frau des Arztes erschien, um uns willkommen zu heißen. Sie gab uns ein großes Stück Seife, vier Zahnbürsten und eine Tube Zahnpasta – ein Geschenk des Himmels. Bis dahin hatten wir versucht, uns mit vertrockneter Ersatzseife, die wir in unserem Gepäck gefunden hatten, einigen alten Zahnbürsten und ohne Zahnpasta sauber zu halten. Wir ließen den Kinderwagen halb zugebunden und drängten uns in den Waschraum, um uns gründlich zu säubern. Die Frau des Arztes schien sich darüber zu amüsieren. Etwas später kam sie mit vier Tassen dampfendem Kaffee zurück, einer Mischung aus Ersatz- und echtem Bohnenkaffee, die wir dankbar hinunterstürzten. Kaum war sie gegangen, als sich die dritte Tür öffnete und eine ältere Frau in einem verschmutzten Kimono erschien. Sie musterte uns hochmütig, ging in die Toilette, und als sie zurückkehrte, wurde sie auf einmal ganz gesprächig und wollte alles über uns wissen. Zuerst antworteten wir nur einsilbig und wünschten uns von Herzen, sie möge uns in Ruhe lassen. Nachdem sie viermal zu der dritten Tür geflitzt war und nacheinander in kurzen, peinlichen Auftritten eine Katze, zwei Töchter im Teenageralter und einen unglaublich struppigen Hund präsentiert und atemlos davon erzählt hatte, dass ihr Haus in Köln bombardiert worden sei, merkten wir, dass sie nicht ganz zurechnungsfähig war und bei Laune gehalten werden musste. Als sie gegangen war und wir die Sitzbänke zusammenbanden, tauften wir sie »Frau Bregenklöterig«.

Wir waren müde und hungrig, hatten aber kein Brot mehr und keinen Herd, um die Trockenerbsen zu kochen, die ohnehin stundenlang weichen mussten. Als wir gerade besprachen, ob wir einige Löffel Marmelade essen und unsere vier Stückchen Käse für den Morgen aufheben sollten, ging abermals die dritte Tür auf, und Frau Bregenklöterig schwebte majestätisch mit einer Schüssel Nudeln herein. Hinter ihr kamen mehrere eher schüchtern wirkende Flüchtlinge, die noch mehr Essen hereintrugen: einen Topf mit guter Suppe, ein kleines Stück Wurst und, seltsamerweise, ein kleines Glas Zuckerrübensirup. Wir banden die Sitzbänke wieder auseinander und hießen unsere Gäste Platz nehmen. Wieder diente uns der umgedrehte Panzer als Tisch, wir setzten uns auf den Boden, und unter den neugierigen Blicken aller nahmen wir eine zufriedenstellende Mahlzeit ein. Wir aßen die ganze Suppe und die Hälfte der Nudeln auf; das Glas Zuckerrübensirup und die Wurst steckten wir in einen der Rucksäcke.

Unterdessen wurde ein ganzer Katechismus von Fragen auf uns abgefeuert: Wo kamen wir her? Weshalb hatten wir im Gefängnis gesessen? Hatten wir uns auf dem Schwarzmarkt betätigt? (Diese Frage löste Gekicher aus.) Wie gefielen uns die Russen? Wo wollten wir hin? Da sie einander ständig unterbrachen, fiel es uns nicht schwer, nichtssagende oder ausweichende Antworten zu geben und das Gespräch auf andere Weise in Gang zu halten. Wir waren dankbar für das Essen und wollten die edlen Spender nicht brüskieren, aber wenn wir offenbart hätten, wer wir wirklich waren, hätten sie sich womöglich verpflichtet gefühlt, uns zu hassen. Es war besser, sie sein zu lassen, was sie waren – einfache, gutherzige Leute, die sich von den trügerischen simplen Parolen eines Verrückten hatten in die Irre führen lassen und durch den Krieg jetzt völlig entwurzelt und ankerlos waren.

Als wir unsere Mahlzeit beendet hatten, dankten wir allen, und einer nach dem anderen verließen sie den Raum. Frau Bregenklöterig bildete die Nachhut. Wir banden die Sitzbänke wieder zusammen, hatten aber kaum unsere Decken hervorgeholt, als sie erneut aufkreuzte. Diesmal wollte sie wissen, mit wem Dries verheiratet sei. Wahrheitsgemäß versicherten wir ihr, dass wir ledig waren und die Sitzbänke nur deshalb zusammengebunden hatten, weil jede für sich zu schmal war, um darauf zu schlafen, und der Boden zu schmutzig. Sie wollte nichts davon wissen; während wir uns auszogen und unsere Schlafanzüge überstreiften, platzte sie immer wieder herein. Eine Weile standen wir herum in der Hoffnung, dass Frau Bregenklöterig das Spielchen sattbekommen würde, aber dem war nicht so, und wir waren zu müde, um noch länger zu warten. »In Ordnung, Zip«, sagte Dries resigniert, »dann sind wir eben für eine Nacht verheiratet, aber lass uns erst die Mädels ins Bett bringen.«

Wir brachten Joke und Nell so komfortabel wie möglich in ihrer schmalen Wiege unter, dann gingen wir in unser eigenes Bett.

»Jetzt weiß ich's«, rief Frau Bregenklöterig fröhlich, schlug die Tür hinter sich zu und zog sich für die Nacht zurück. Wir legten uns schlafen in dem tröstlichen Wissen, dass wir das delikate Thema gleich zu Beginn unserer Freundschaft angesprochen hatten. Keines von uns Mädchen hatte in den letzten sechs Monaten ihre Regel gehabt; nachdem wir uns in den ersten beiden Nächten aus Platzmangel zusammengekuschelt hatten, hatte Dries uns anvertraut, dass wir uns keine Sorgen zu machen brauchten, denn er könne, sosehr er die Atmosphäre mit uns liebe, keine Erektion bekommen. So viel also wussten wir voneinander: Unsere ausgehungerten Körper bedurften regelmäßiger Ernährung über einen längeren Zeitraum, bevor sie wieder auf sexuelle Reize reagieren konnten.

FÜNFTES KAPITEL

Am nächsten Morgen erwachte ich mit einem stechenden Schmerz im Brustkorb. Ich sah, wie Sonnenlicht in den Raum flutete, und stellte fest, dass sich Dries' Ellbogen fest in meine Brust bohrte. Ich zappelte, um mich ihm zu entwinden, aber ohne Erfolg. So abgemagert er war, schien er doch immer noch sehr schwer, und sein Ellbogen fühlte sich an wie ein spitzer Stachel. Ich stützte eine Schulter gegen die Rückenlehne meiner Sitzbank, stemmte die Füße gegen die Rückenlehne seiner Sitzbank und drückte mit aller Kraft. Die Schnur, die die Bänke an den Füßen zusammenhielt, riss, die Bänke rutschten auseinander, und wir fielen zu Boden.

Dries fluchte, schlug wild um sich – und erwachte. Der Lärm weckte Joke und Nell, und eine Weile saßen wir auf den schmalen Bänken, dehnten unsere steifen Gelenke, gähnten und versuchten, so grundlegende Fragen zu klären wie: wo wir waren, weshalb wir hier waren und was wir als Nächstes tun mussten. »Es ist bestimmt schon halb acht«, sagte ich.

Joke sprang auf, flitzte zur Toilette, steckte den Kopf heraus und verkündete: »Sie gehört uns allein.« Dann verschwand sie wieder. Während die anderen die verschiedenen Türen bewachten, damit wir nicht in unserer Privatsphäre gestört wurden – zweimal wurde laut geklopft und an Türknäufen gerüttelt –, genossen wir eine luxuriöse Morgenwäsche mit fließendem Wasser, Seife, Zahnpasta und Spültoilette. Ich putzte mir die Zähne gleich zweimal, so gut fühlte es sich an.

Zum Frühstück aßen wir die kalten Nudeln, die vom Vorabend übrig geblieben waren, und die vier Stück Käse, die wir aufgehoben hatten. Unsere Vorräte gingen zur Neige. Wir hatten noch eine halbe Dose Schmalz, eine fast volle Dose Marmelade, das Glas Zuckerrübensirup, die Wurst und die Trockenerbsen. Aber wieder brachte uns die Frau des Arztes Kaffee, und einstweilen machten wir uns keine allzu großen Sorgen, dass uns der Proviant ausgehen könnte.

Wir saßen herum, tranken den dampfenden Kaffee und schmiedeten Pläne. Joke und Nell waren beide übernächtigt und brauchten eine Rast. Dries und ich hatten schlimme Blasen an den Füßen, waren ansonsten aber in ziemlich guter Verfassung. Wir beschlossen, dass es besser wäre, sich aufzuteilen und in Zweiergruppen vorzugehen, dann wäre das Risiko, von den Russen aufgegriffen zu werden, geringer, als wenn wir alle vier umherstreunten. Nell und Joke würden sich in der Nähe unserer provisorischen Unterkunft aufhalten, unsere Sachen im Auge behalten und versuchen, jemanden aus dem Lager der britischen Kriegsgefangenen zu kontaktieren. Dries und ich würden dem Fluss stromaufwärts folgen und nach einem Boot suchen. Unser Grund für diese Entscheidung war einfach: Es war die verkehrte Richtung. Wenn die Russen wirklich darauf aus waren, uns in ihrer Zone zu behalten und in ihren Lagern zu sammeln, so unsere Überlegung, dann würden sie die Routen bewachen, die zu den amerikanischen Linien führten, und sich nicht so sehr um jene kümmern, die von diesen wegführten. Sobald wir ein Boot hätten, müssten wir am Ende natürlich doch das Risiko auf uns nehmen, in die richtige Richtung zu fahren, doch unser ganzer Plan basierte auf der Annahme, dass nur sehr wenige Menschen versuchen würden, auf dem Wasserweg nach Westen zu gelangen, und der Fluss daher relativ unbewacht wäre. Ob diese Annahme richtig oder falsch war, ließ sich erst sagen, wenn wir ein Boot hätten, mit dem wir sie überprüfen konnten. So machten wir zwei uns also auf die Suche.

Dries und ich kamen unbehelligt zum Hafen und betrachteten aus sicherer Entfernung die Brücke. Es war eine jener niedrigen Holzbrücken auf Pontons, die die Russen in Windeseile zusammenbauen konnten, und befand sich etwa hundert Meter flussaufwärts von der Stelle, wo die alte, jetzt zerstörte Stahlbrücke gestanden hatte, die halb ins Wasser gestürzt war. Auf der Holzbrücke herrschte ziemlich reger Verkehr: sowjetische Soldaten in Uniform, die kamen und gingen; befreite Russen auf Pferdewagen und zu Fuß; eine Gruppe Tschechen mit einer großen Fahne und einer kleinen Schubkarre, die den Fluss in unsere Richtung überquerten. An jedem Ende der Brücke stand ein sowjetischer Wachposten, die allerdings kein großes Interesse am Verkehr zu haben schienen. Der auf unserer Seite sprach kurz mit einer Gruppe Tschechen, dann winkte er sie durch. Das alles beobachteten wir eine Weile und stellten mit Genugtuung fest, dass das Wasser zwar fast bis zur höchsten Markierung an der Anlegestelle des Klubbootshauses reichte, unter der Pontonbrücke aber genügend Platz für ein Ruderboot war.

Da wir die Brücke nicht überqueren wollten, gingen wir einen Pfad entlang, der von den Bootshäusern in ein Gestrüpp am Ufer führte. Es war ein angenehmer schmaler Pfad aus festgetretener Erde, der sich um Baumgruppen von einer Grasfläche zur anderen schlängelte und dem Flussufer so dicht folgte, dass wir weiter nach Booten Ausschau halten konnten. Es war niemand da, und Dries dachte sich eine Geschichte zu dem Pfad aus: dass er ein Seufzergässchen für Mitglieder der Bootsklubs gewesen sei und man ihn jetzt nicht mehr zu benutzen wagte und dass auch keine Kinofilme mehr liefen, und wo zum Teufel die frustrierten Liebespärchen sich jetzt verlustieren könnten. »Junge, Junge«, jubelte er, »das wird die Geburtenrate für ihr Kanonenfutter senken!«

In diesem Moment sprang ein sehr kleiner Rotarmist mit einer sehr großen Maschinenpistole vor uns aus dem Gebüsch und versperrte uns den Weg. Er sah so grimmig und bedrohlich aus, dass ich sofort klein beigab und kehrtmachen wollte. Nicht aber Dries. In seiner besten Gebärdensprache und unter Zuhilfenahme aller russischen Wörter, die wir uns angeeignet hatten, ob angebracht oder nicht, argumentierte, schmeichelte, protestierte, flehte er. Als ich ihm zusah, konnte ich nicht anders, als die Vorführung zu genießen und zu überlegen, dass sich Dries in Amateurtheateraufführungen bestimmt hervortun würde. Wenn er nicht um so vieles größer gewesen wäre, hätte er seinen Gegenspieler vielleicht überzeugt. Aber Dries war groß und hager, der Soldat klein und pummelig, und Letzterem schien es eine große Befriedigung zu bereiten, diese Bohnenstange am Weitergehen zu hindern.

So blieb uns keine andere Wahl, als die Brücke zu überqueren. Wir hatten Joke und Nell versprochen, dass wir es nur flussaufwärts versuchen würden, so dass sie, falls wir verschwänden, zumindest wussten, in welche Richtung. Wir hingen eine Weile herum, bis wir eine größere Gruppe ehemaliger sowjetischer Kriegsgefangener auf die Brücke zugehen sahen. Ihr schlossen wir uns an und konnten im Handumdrehen passieren, ohne dass uns einer der Posten auch nur eines Blickes gewürdigt hätte.

»Bei den Russkis weiß man nie, oder?«, sagte Dries, als wir wohlbehalten am anderen Ufer angelangt waren. Es war eine Bemerkung, die wir häufig machten, denn nie war vorherzusehen, wie sich ein Russe verhalten würde. Würde er schießen? Freundlich sein? Wegschauen? Uns helfen? Uns in ein Lager für Displaced Persons bringen? Im Laufe unserer Reise taten sie all das – aber vorhersagen ließ es sich nie.

Auf dieser Seite war das Flussufer ein niedriger grasbewachsener Deich mit einem schmalen Schlackenweg, den wir entlanggingen, zur Rechten die Elbe, ein schlammiges Braun mit silbrigen Flecken, die das Sonnenlicht auf den schimmernden kleinen Wellen erzeugte, zur Linken ausgedehnte Weideflächen, hier und da von Zäunen und Baumgruppen unterbrochen. Vieh gab es nirgends, und die einzigen Bauernhäuser, die wir sahen, waren ziemlich weit vom Fluss entfernt. Nur selten führte ein grasbewachsener Feldweg von einem fernen Gehöft zum Fluss, aber selbst dann konnten wir keinen Steg oder Landungsplatz entdecken, der auf einen Bootseigner unter den Bauern hindeutete. Unsere Suche schien aussichtslos, aber eines ließ uns trotz unserer Blasen weiterstolpern: Wo immer der Fluss eine Biegung machte, waren zwei hohe Stangen mit rot-weißen Markierungen an der Spitze zu sehen, und zwar an diesem Ufer wie am gegenüberliegenden. Da wir aus einem Land kamen, das von Flüssen durchzogen und vom Wasserverkehr abhängig war, wussten wir, dass diese Stangen Fahrwasserkennzeichnungen für Lastkähne waren. Und wenn es auf diesem Fluss Lastkähne gab, musste es auch Ruderboote und Anlegestellen, vielleicht sogar kleine Häfen geben. Mit diesen Gedanken machten wir uns gegenseitig Mut, und unsere brennenden Füße bewegten sich ganz von allein um eine Flussbiegung und dann um die nächste.

Der Anblick des großen Gehöfts war unerwartet. Wir hatten den Fluss nicht aus den Augen gelassen und beide Ufer abgesucht, dabei aber das Weideland zu unserer Linken kaum wahrgenommen. Doch da war er, ein großer Bauernhof, der im Geviert gebaut war und einen Innenhof umschloss, in den man durch ein großes Portal auf einer Seite des Gevierts eintrat – das Ganze nur etwa hundert Meter vom Deich entfernt und etwas unterhalb gelegen, so dass wir von dort, wo wir standen, über die braunen Strohdächer in den Innenhof schauen konnten. Dries und ich warfen uns einen kurzen Blick zu, und nach einem weiteren Blick auf den Fluss wandten wir uns mit *einer* Bewegung landeinwärts und kletterten die Deichböschung hinunter. Selbst wenn das Gehöft keine Anlegestelle hatte und somit vermutlich auch kein Boot, bot es uns, die wir hungrig und müde waren, eine Chance auf Verpflegung und Rast.

Wir näherten uns dem Portal und spähten in den Innenhof. Vom Deich aus hatten wir in der Mitte des Hofes einen großen, unförmigen Haufen gesehen; jetzt entdeckten wir, dass er aus halb verbrannten Möbeln, Mistbatzen und Strohballen bestand, die zu fest aufeinandergepackt waren, als dass sie hätten hell auflodern können, sondern nur noch hier und da glommen. Die Zeichen waren unverkennbar: Die Russen waren da gewesen. Vorsichtig betraten wir den Hof und schauten uns um. Drei Seiten des Gevierts schienen aus Scheunen, Ställen und anderen Wirtschaftsgebäuden zu bestehen. Die Türen einer gänzlich leeren Scheune standen weit offen, zu Boden gefallene Bündel Stroh führten aus dem Inneren zu dem verkohlten Haufen. Eine Scheunentür hing lose am oberen Scharnier, während das untere Scharnier, an dem noch Ziegel- und Mörtelstücke klebten, funktionslos am Holz saß. Die vierte Seite des Gevierts sah nach dem Wohnbereich der Familie aus: Fenster mit einigen sauber geputzten und vielen zerbrochenen Scheiben, mehrere Türen, eine davon offen, und aus einem der beiden Schornsteine stieg Rauch auf. Ich lauschte nach den üblichen Scheunenhofgeräuschen – dem Scharren, Muhen und Kettenrasseln von Kühen, dem Gackern von Hühnern, dem Bellen von Hunden –, doch eine unheimliche Stille umgab uns, und mir kam die flüchtige Erinnerung an eine längst vergessene Geschichte aus meiner Kindheit in den Sinn, in der der Märchenprinz den Hof eines Spukschlosses betritt.

Wieder tauschten Dries und ich einen Blick, und in stillschweigendem Einvernehmen gingen wir zu der offenen Tür des Wohnbereichs. Von dort aus spähten wir durch die offene Tür einer Küche und bemerkten als Erstes einen riesigen Herd mit mehreren brodelnden Kochtöpfen und, in eine Ecke geschoben, eine große Schüssel Kartoffelsalat, mit grünem Schnittlauch gesprenkelt. Angetrieben von einem plötzlichen wilden Magengrummeln, stürzten wir in die Küche – und blieben ebenso plötzlich stehen. Im hinteren Teil der Küche stand ein langer Eichentisch, dahinter, in seine Tätigkeit vertieft, ein Mann, offensichtlich ein ehemaliger russischer Zwangsarbeiter. Inzwischen kannten wir den Typus sehr gut: der geschorene Kopf, die hohen Wangenknochen, der kurze Stiernacken auf dem breiten, aber unterernährten Körper. Dieser hier war in einen Anzug gekleidet, wohl den früheren Sonntagsstaat eines deutschen Bauern; er hing viel zu lose an ihm herab und war mit einer goldenen Uhrkette geschmückt, die von einer Westentasche zur anderen baumelte. Sein Erscheinungsbild war lächerlich, aber noch lächerlicher war die Szene auf dem Tisch vor ihm: eine Spielzeugdampflokomotive, umgeben von Häufchen brennender Holzspäne.

Ein paar Sekunden lang standen wir da und starrten einander an. Dann verwandelte sich die Überraschung in seinem breiten Gesicht in Wut, und er brüllte uns einen Schwall schrecklicher Verwünschungen entgegen. Als er sah, dass wir uns nicht rührten, ergriff er eine Handvoll brennender Späne und schleuderte sie wild in unsere Richtung. Wir drehten uns um und flohen, aber ganz geistesgegenwärtig streckte Dries seinen langen Arm aus und schaufelte eine Handvoll Kartoffelsalat aus der Schüssel. Wir bogen um eine Ecke, rasten einen dunklen Flur entlang und kamen erst auf einer Treppe zur Ruhe, wo wir uns auf halbem Wege hinsetzten und zufrieden den Kartoffelsalat von Dries' Fingern leckten. Er schmeckte himmlisch.

Die Stille um uns her war schauerlich. Wir schlichen die Treppe hinauf, um das Haus weiter zu erkunden. Das erste Zimmer, das wir betraten, war ein Schlachtfeld: Über den Einzelteilen eines demontierten eisernen Bettgestells hing zerrissene Bettwäsche, an einer Wand lehnte ein zertrümmerter schwerer Sessel, und der Fußboden war mit Gipsbrocken von Wänden und Zimmerdecke übersät. Offenbar waren die Fenster aufgerissen worden, um Möbel hinauszuwerfen, danach hatte man, um das Maß vollzumachen, die kleinen Scheiben zerbrochen. Im Vergleich dazu war der zweite Raum, ein kleines Schlafzimmer, geradezu ordentlich. Die Bettwäsche war vom Bett geworfen worden, die Matratze fehlte, Glas- und Holzsplitter von zerbrochenen Bilderrahmen lagen auf dem Boden verstreut, aber der Rest der Möbel und die Fenster waren intakt. Im dritten und größten Schlafzimmer fanden wir eine junge blonde Frau mit zwei kleinen Kindern zusammengekauert vor einem der beiden Betten. Dieses Zimmer war nicht durchwühlt worden; auf den Betten türmten sich die typisch deutschen dicken Daunendecken. Ohne diese hätte ich vielleicht Mitleid empfunden, aber in Waldheim waren wir drei Monate lang gezwungen gewesen, Gänsefedern auseinanderzuzupfen, um ebendiese Daunen anzufertigen – in meinem Herzen regte sich kein Mitleid.

Wir wechselten kein Wort. Sie starrten uns an, wir starrten sie an, dann machten wir kehrt, schlossen die Tür und gingen wieder die Treppe hinunter.

Wir mieden die Küche und fanden eine völlig verwüstete Wohnstube mit zerbrochenen Fensterscheiben, dann eine Leiter, die in einen Keller führte. Im Keller war es dunkel, doch durch eine kleine vergitterte Öffnung zum Erdgeschoss sickerte so viel Licht ein, dass wir zwei bis zum Rand mit Kartoffeln gefüllte Behälter sahen und einen dritten, der zur Hälfte mit Steckrüben gefüllt war. Wir verloren keine Zeit, stopften uns die Taschen voll und diskutierten noch, ob Dries sein Hemd ausziehen sollte, damit wir noch mehr Kartoffeln mitnehmen konnten, als wir von einem gewaltigen Ausbruch von Gejohle und Geschrei unterbrochen wurden. »Komm«, drängte ich, »wir verschwinden besser.«

Rasch kletterten wir die Leiter hinauf und liefen durch den Flur; als wir an der offenen Küchentür vorbeikamen, zögerten wir. Jetzt war mehr als klar, dass der Lärm von dort kam.

Wir standen da und umklammerten einander, unsicher, ob wir die Flucht ergreifen oder uns ins Dunkel zurückziehen sollten, bis der Tumult vorüber war, als ein grölender sowjetischer Soldat aus der Küchentür getanzt kam, uns sah, packte und in die Küche zerrte. Erschrocken, wie ich war, musste ich doch lachen, als ich begriff, was vor sich ging: Unserem wütenden Freund im Sonntagsanzug war es gelungen, die Dampflokomotive in Gang zu setzen! Ihre Räder drehten sich, und sie stieß lachhaft kleine Qualmwölkchen und schrille Pfiffe aus. Unser Freund sprang hinter dem Tisch auf und ab und klatschte über dem Kopf in die Hände. Unter Gebrüll und Umarmungen tanzten fünf weitere Russen in der Küche umher – zwei junge Soldaten in Uniform und drei ehemalige Gefangene in gestohlener Zivilkleidung. Wir wurden, ob wir wollten oder nicht, in den Indianertanz einbezogen, und eine Zeitlang sprangen wir umher, schrien, klatschten und lachten, bis uns Tränen in den Augen standen.

Schließlich konnte ich einen der Soldaten in die Nähe des Herdes ziehen und, immer noch schreiend, auf das Essen zeigen. Er verstand, lachte fröhlich und stellte die Töpfe auf den Tisch. Von einem Gestell hinter der Spüle schnappten Dries und ich uns ein paar Teller und Löffel; bald standen wir alle um den Tisch herum (es gab nur einen Stuhl, der nicht auf den Haufen im Hof geworfen worden war, und der gehörte von Rechts wegen dem Mann im Sonntagsanzug) und schlugen uns die Bäuche voll. Es gab Suppe, es gab zwei verschiedene Eintöpfe, und es gab den Kartoffelsalat. In der Mitte, wo die brennenden Späne aufgehäuft waren, war der Tisch in Brand geraten und schwelte langsam vor sich hin. Die Dampflokomotive stieß noch immer Qualm und Pfiffe aus, und ab und zu zeigte einer der Russen mit dem Finger darauf, warf den Kopf in den Nacken und brüllte vor Lachen. Wir wiederum klopften mit den Löffeln auf den Tisch und schrien; dann knallte einer der ehemaligen Gefangenen, der von einem umgedrehten Topfdeckel aß, den Deckel wieder auf den Topf, so dass überall Eintopf umherspritzte, füllte ihn wieder auf und sang weiter. Es war ein höchst vernügliches Mahl.

Als wir das Gefühl hatten, keinen weiteren Bissen mehr hinunterbringen zu können, und der Dampflokomotive die Puste ausging – die Pfeiftöne wurden jetzt seltener und klangen melancholischer –, stellten wir unsere Teller ab, gingen um den Tisch herum, klopften jedem der Männer auf den Rücken, drückten ihm die Hand und sagten immer wieder: »*Spasibo, spasibo.*« Dann gingen wir durch den Hof mit dem hässlichen Aschehaufen, durchs Portal, den grasbewachsenen Hang hinauf und wieder den Deich entlang.

Das grelle, vom Fluss reflektierte Sonnenlicht ließ uns blinzeln. Wir gingen wortlos weiter und versuchten, die schwere Mahlzeit und die verwirrenden Eindrücke zu verdauen. In meiner Konfusion meldete sich plötzlich ein Gedanke, und laut fragte ich: »Wie konnte es sein, dass es anfangs so still war, wo sie sich doch zu sechst dort aufhielten und dazu die Frau mit den Kindern im Obergeschoss? Als wir das Haus betraten, hätte ich schwören können, es sei völlig verlassen.«

»Wahrscheinlich haben sie irgendwo im Heu geschlafen, und die Frau und die Kinder hatten zu viel Angst, ein Geräusch zu machen«, sagte Dries. »Wie auch immer, an Orten, wo es zu Gewalt gekommen ist, herrscht immer Stille. Erinnerst du dich noch an die Atmosphäre im jüdischen Viertel von Amsterdam nach einer Razzia der Deutschen? Man ging hin und versuchte Leute zu finden, denen man helfen könnte, und die Straßen waren so menschenleer, dass man von den Mauern den Widerhall der eigenen Schritte hörte. Und die Häuser wirkten alle tot und leer, dabei waren doch noch so viele Leute in ihren Verstecken, die herausspähten, stillhielten …«

Ich konnte mich noch erinnern, und es schien seltsam, am Leben zu sein und mit einem befriedigenden Schweregefühl im Magen bei warmem Sonnenschein einen Fluss entlangzugehen. Wie viele waren gestorben? Wie viele Juden? Wie viele Widerstandskämpfer? Wie viele unschuldige Menschen, die zwischen die Fronten gerieten? Wie viele Soldaten?

Dries sagte: »Verdammt, ich wünschte, ich könnte Russisch sprechen. Wenn ich gewusst hätte, wie ich mich ausdrücken soll, hätte ich dem Burschen bei seiner Dampflokomotive behilflich sein können. Und ich wette, sie hätten uns dabei geholfen, ein Boot zu finden – ein richtig netter Haufen.«

»Schon merkwürdig, wie launisch sie sind. In einem Moment grausam, brutal und dumm, im nächsten großzügig und freundlich.«

»Du meinst die Vergewaltigungen und Plünderungen? Ich schätze, jede siegreiche Armee verhält sich so. Für einen Soldaten muss es eine ungeheure Erleichterung sein, wenn er weiß, dass er außer Gefahr ist und dass seine Seite gewonnen hat. Glaubst du, die Dorfmädchen wären sicher, wenn die Eroberer zufällig niederländische Soldaten wären?«

Ich schüttelte den Kopf und sagte: »Nein, aber diese Burschen sind so – ich weiß nicht – so kindlich. Selbst wenn sie am brutalsten sind, sind sie irgendwie unbekümmert, wie kleine Kinder.«

So unterhielten wir uns; dann wandten wir unser Augenmerk einem kleinen Strand vor uns zu. Einige Bäume, die bis zum Deich emporwuchsen, versperrten uns die Sicht, doch als wir näher kamen, sahen wir einen Feldweg, der zum Fluss führte, ein kleines Wirtshaus, das von den Bäumen verdeckt worden war, und ein kurzes Stück Sand am Fluss, das als Anlegestelle einer Fähre dienen mochte. Sogar ein halb versunkener Steg war vorhanden und zwei Stangen, die aus dem Wasser ragten – alles sehr verheißungsvoll, nur dass es keine Anzeichen einer Fähre oder eines Ruderbootes gab.

»Hör zu«, sagte Dries, »du gehst ins Wirtshaus und findest heraus, ob sie oder auch jemand anders über Boote verfügen oder ob sie Leute übersetzen. Ich bleibe hier und halte Ausschau, und wenn ein Boot um die Biegung kommt oder vom anderen Ufer, dann werde ich es, bei Gott, beschlagnahmen.«

Ich sah mich um. Auf dem gegenüberliegenden Ufer mochte eine Kreuzung sein oder auch nicht; es gab zu viele Bäume, um sicher zu sein. Vielleicht war ja sogar unter einer dieser überhängenden Weiden ein Boot versteckt, aber wir sahen nichts. Etwas weiter machte der Fluss eine scharfe Biegung und geriet aus dem Blickfeld – es ließ sich nicht sagen, was sich hinter der Biegung verbarg.

»Warum gehst *du* nicht hinein, und *ich* halte Ausschau?«, fragte ich.

Er blickte spöttisch. »Was wirst du tun, wenn du siehst, dass auf der anderen Seite ein Boot ablegt?«, fragte er.

»Ich weiß nicht. Was würdest du denn tun?«

»Überlass das einfach mir. Ich werd's schon irgendwie hinkriegen!«

Ich musste an seine schauspielerische Begabung denken und kam zu dem Schluss, dass, wenn es darum ging, einen Notruf zu simulieren, er vermutlich mehr Erfolg hätte als ich, und so wandte ich mich widerstrebend dem Wirtshaus zu, während er zu dem kleinen Strand hinabrutschte.

Bei näherer Betrachtung sah das Wirtshaus ziemlich heruntergekommen aus. Als ich durch eins der Fenster spähte, konnte ich eine kleine Gaststube erkennen. Ich sah etwa sieben Tische, alle unbesetzt. Drinnen war es sehr dunkel, denn von den vier schmalen Fenstern waren die beiden zum Fluss hin mit Fensterläden verschlossen. Ich konnte überhaupt nur etwas sehen, indem ich das Gesicht ans Fenster presste und mit den Händen das Tageslicht ausschloss. Rechts war ein dunkler Fleck, das musste die Tür sein. Vorsichtig stahl ich mich zu der Tür und versuchte, sie zu öffnen. Zu meiner Überraschung ging sie auf. Im rechten Winkel zu mir stand ein langer Tresen, die Zapfhähne schimmerten schwach in der Düsternis. Verdammt, dachte ich, es *muss* ein Fährhaus sein. Hierher kommen die Fahrgäste, um schnell noch einen zu heben, während sie auf das Boot warten.

Auf dem Tresen war zur Tür hin eine dieser Glocken angebracht, die man betätigt, um die Bedienung herbeizurufen. Ich blieb neben ihr stehen und lauschte angespannt. Oben knarrten Bretter, hinter der Wand der Gaststube raschelte es. Es waren also tatsächlich Leute im Haus. Ich drückte auf die Glocke. Das Geräusch erschreckte mich, und ich flüchtete mich zur Tür, die ich offen hielt. Dort wich ich nicht vom Fleck und wartete. Nichts geschah. Niemand erschien. Die Türen, die aus der Gaststube und dem Schankraum führten, blieben geschlossen. Das Dunkel schien sich zu verdichten. Ich wartete noch etwas länger, dann ging ich leise hinaus, ließ die Tür offen und ging zur Rückseite des Hauses. Ein gepflegter kleiner Gemüsegarten, eingezäunt mit Hühnerdraht, das Holztor mit einem Vorhängeschloss versehen. Im Erdgeschoss zwei Fenster und eine Hintertür, im Obergeschoss drei kleine Fenster, ordentlich mit Vorhängen ausgestattet. Keine zerbrochenen Scheiben, keine brennenden Möbelhaufen. Das Haus war offenbar nicht geplündert worden. Bedeutete das, dass die Russen noch nicht da gewesen waren, dass die Geräusche, die ich im Inneren gehört hatte, von den deutschen Besitzern stammten, die mich hinhalten wollten?

Ich wurde wütend. Ich sprang über den Hühnerdraht, nahm das Tomatenbeet, auf dem ich landete, in Augenschein, stellte mit Bedauern fest, dass ich zu satt war, um etwas zu essen, und ging zur Hintertür. Ich versuchte, sie zu öffnen. Sie war verschlossen und blieb trotz Hämmern und Treten verschlossen, ebenso die Fenster im Erdgeschoss. Nachdem ich kurz gewartet hatte, blickte ich nach oben, und es kam mir vor, als hätte ich hinter einem Vorhang eine Bewegung wahrgenommen. Ich änderte meine Taktik, kehrte zurück zum Tomatenbeet, suchte mir eine reife Frucht aus und zielte sorgfältig auf eines der oberen Fenster. Der Wurf hinterließ mitten auf der linken Fensterscheibe einen schönen Spritzer, löste aber keine Reaktion aus. Auch vier weitere Tomaten, die ich gegen die beiden anderen Fenster warf, bewirkten nichts.

Meine ganze aufgestaute Frustration und Wut auf die Nazis brachen aus mir heraus. Was zum Teufel glaubten diese Hunnen eigentlich, wer sie waren? Wussten sie nicht, dass sie besiegt waren, dass sie sich den Siegern, den Opfern und allen anderen gegenüber anständig zu verhalten hatten? Ein paar zornige Sekunden lang spielte ich mit dem Gedanken, ihren verdammten Gemüsegarten zu verwüsten, brachte es aber nicht übers Herz. Mein ganzes Leben lang hatte ich es geliebt, Gemüse zu ziehen; während meiner Schulzeit hatte ich vor der Stadt ein kleines Gemüsebeet besessen, das ich mit staunenswerter Hingabe pflegte, ohne mich an der langen Fahrt mit dem Rad zu stören. In diesem Moment hätte ich einen Deutschen am liebsten mit bloßen Händen erwürgt, aber es lag mir fern, diese gesunden, gut gepflegten Gemüsereihen zu beschädigen. So blieb mir nur, ein paarmal gegen das verschlossene Tor zu treten, und zwar so fest, dass meine Zehen schmerzten. Immerhin gelang es mir, das untere Scharnier zu zerbrechen. Dann ging ich zurück zur Vorderseite des Hauses.

Die Wirtshaustür stand offen, genau wie ich sie verlassen hatte. Diesmal stürmte ich ohne jede Vorsicht hinein, entschlossen, durch eine der Innentüren den Wohnbereich des Hauses zu betreten und den Hunnen gehörig die Meinung zu sagen. Doch als ich die Mitte des Tresens erreicht hatte, wurde ich von einer jähen Erkenntnis gebremst: Es waren Leute im Raum. Benommen schaute ich mich um und erblickte zwei sowjetische Offiziere, die ruhig an einem der Tische in der Gaststube saßen. Ihre Gesichter konnte ich nicht sehen, aber ihre Schulterblätter wirkten sehr überzeugend. Dann wurde ich mir eines verdrießlichen, stämmigen Gesichts hinter dem Tresen bewusst, das mich beobachtete. Wie aus dem Nichts war die Bardame aufgetaucht, unverkennbar eine Deutsche! Aus den Augenwinkeln maß ich die Entfernung zur Tür. Es war nicht allzu weit, jedenfalls nicht weiter als von der Tür zum Tisch der Russen oder von ihnen zu mir. In gewöhnlicher Geistesverfassung hätte ich sofort das Weite gesucht. Aber ich war zu wütend, zu aufgebracht, um mir die Niederlage einzugestehen. In barschem Ton fragte ich: »Wann geht die nächste Fähre?«

»Keine Fähre«, antwortete die Bardame. Es war unmöglich, ihren Gesichtsausdruck zu deuten. Vielleicht hatte sie mich aus einem der hinteren Fenster beobachtet, vielleicht aber hatte sie mich auch noch nie gesehen. Hinter mir hörte ich die Russen leise miteinander reden. Von denen war nichts zu befürchten.

Bei meiner nächsten Frage versuchte ich, meinem Deutsch einen russischen Akzent zu verleihen: »Wo sind die Boote?«

»Keine Boote«, sagte sie und verzog noch immer keine Miene.

»Was ist mit der Fähre passiert?«

»Es gibt keine Fähre.«

Ich musste mich geschlagen geben. Bei dieser Frau würden Schmeicheleien nicht verfangen, und drohen konnte ich ihr schon gar nicht. Ich richtete mich zu meiner vollen Größe auf, höhnte: »So, keine Boote? Dann gibt's auch keine Kundschaft«, und ging hinaus. Erst als ich den Strand erreicht hatte, merkte ich, dass mir nichts geschehen war. Sie hatte mir nicht nachgerufen, sie hatte nicht gebrüllt, dass die Russen hinter mir herrennen sollten, und die Russen selbst hatten mir keinerlei Beachtung geschenkt.

Aber ich hatte keine Zeit, lange nachzugrübeln, denn im Wasser vor mir spielten vier kleine Jungen mit einem Boot, und im Sand, genau zu meinen Füßen, lag der Länge nach ausgestreckt Dries und war fest eingeschlafen. Meine ganze Wut brach sich Bahn, ungehemmt von Angst oder Frustration. Heftig trat ich ihm gegen die Rippen, ins Gesäß, gegen die Schienbeine, während er sich aufraffte, um mir auszuweichen. Und nun stand er ein, zwei Meter von mir entfernt da, Schlaf, Überraschung und Kränkung in den blauen Augen.

»Zip!«, rief er. »Zippie, was ist in dich gefahren, Zippie, um Himmels willen!«

»Du Trottel, du!«, schrie ich. »Du solltest Wache halten und lässt mich in diese Falle laufen, da ist ein Boot, du Idiot, und du lässt mich allein da reingehen, und du schläfst, und da ist ein Boot, und du schlä-ä-äfst.«

Ich schluchzte und weinte in Dries' Armen, und über meinem Kopf hörte ich seine ängstliche Stimme: »Zippie, was ist passiert? In was für eine Falle? Bist du verletzt? Das Boot taugt nichts. Es ist leck und hat nur ein Paddel. Was ist passiert, Zippie? Die sind, kurz nachdem du gegangen bist, um die Biegung gekommen, und ich wusste, dass das Boot nichts taugt. Da konnte ich ebenso gut warten, bis du zurückkehrst – die wären nicht weit gekommen. Tut mir leid, dass ich eingeschlafen bin. Zippie, was haben sie mit dir gemacht? Hab ich dich im Stich gelassen?«

Ich fühlte mich beschämt, zugleich aber überaus erleichtert. Dicht beieinander saßen wir an dem kleinen Strand, und ich erzählte ihm, was geschehen war. Es klang so albern, dass wir am Ende meiner Geschichte beide lachen mussten. Dann wandten wir uns wieder den anstehenden Aufgaben zu. Ich pflichtete ihm bei, dass das Boot, mit dem die Jungen spielten, uns nicht weiterhelfen würde. Es war eines dieser flachbodigen, schwachen Dinger, mit denen die Bauern Heu von einer Seite des Flusses zur anderen transportieren – dazu noch ein sehr kleines –, und wie Dries gesagt hatte, gab es keine Riemen, sondern nur ein Paddel.

Wir blickten zur Sonne hoch und entschieden, dass noch genug Zeit bliebe, um die nächste Biegung zu erkunden, und wenn wir dort nichts fänden, würden wir zurückgehen müssen, um noch vor Sonnenuntergang die russische Brücke zu überqueren. Mittlerweile kannten wir uns mit den Russen gut genug aus, um zu wissen, dass die Ausgangssperre in ihren Augen ab Sonnenuntergang galt, ganz gleich, wie die offiziellen Befehle lauteten.

Es war die beste Entscheidung, die wir je getroffen hatten. Die Biegung war nur wenige hundert Meter von der Stelle entfernt, an der wir gesessen hatten. Sobald wir sie umrundet hatten, bot sich uns ein unglaublicher Anblick: zwei große Lastkähne, die am gegenüberliegenden Ufer vertäut waren, beide unter niederländischer Flagge, einer waschechten niederländischen mit drei waagerechten Streifen, rot, weiß und blau! Nicht die vertikalen Balken der Franzosen, nicht das blaue Dreieck der Tschechen. Wir johlten und brüllten, aber nicht lange. Es war offensichtlich, dass, wer immer an Bord war, auf Schreie nicht reagierte, selbst wenn er sie gegen den Wind hören könnte. Wir mussten geschickter vorgehen. Dries hatte die richtige Idee: »Komm«, schrie er. »Das Boot der Jungen!« Wir rannten zurück um die Biegung; Dries lief direkt ins Wasser und leistete ganze Arbeit, indem er das Boot der überraschten Jungen einfach beschlagnahmte. Ich nahm mir noch die Zeit, am Ufer meine Schuhe auszuziehen und die Hosenbeine hochzukrempeln; dann watete ich hinter ihm ins Wasser, und gemeinsam schoben wir die kleine Nussschale behutsam um die Biegung und so weit flussaufwärts, dass uns ein wenig Steuern und Paddeln direkt zu den Kähnen bringen würde – glaubten wir zumindest. Aber wir wussten nicht, wie stark und trügerisch die Strömung in der Mitte des Flusses war und wie schwach wir selber. Der einfache Kraftakt, das Boot rund einen halben Kilometer flussaufwärts zu ziehen, hatte uns erschöpft, und statt anzuhalten und auszuruhen, stiegen wir ins Boot und paddelten los.

Noch bevor wir die Hälfte der Strecke zurückgelegt hatten, war uns klar, dass wir der Strömung nicht gewachsen waren, die uns wahrscheinlich noch vor den Lastkähnen wieder um die Biegung treiben würde, so dass wir vielleicht nie das andere Ufer erreichten. Wieder begannen wir zu schreien, diesmal aber auf geordnete Weise. Zuerst stieß Dries einen Ruf aus wie »Heda, Holländer!«. Danach versuchte ich es auf ähnliche Weise. Schließlich sangen wir gemeinsam den ersten Vers unserer Nationalhymne. Das zeigte Wirkung. Im Ruderhaus des ersten Kahns erschien ein Blondschopf, in dem des zweiten ein Mann mit braunen Haaren. Wir verdoppelten unsere Lautstärke, und – Gott segne sie – im Handumdrehen kamen Blond und Braun in einem tüchtigen Beiboot auf uns zugerudert. Sie trafen uns etwa auf halbem Wege und zogen uns fachmännisch gegen die Strömung zu den Lastkähnen; dabei tauschten wir Informationen aus.

»Seid ihr Holländer?«

»Ja. Sind die beiden Lastkähne holländisch?«

»Ja, wir alle sind Holländer. Woher kommt ihr?«

»Wir kommen aus dem Zuchthaus Waldheim und versuchen, nach Hause zu gelangen. Wieso seid ihr hier?«

»Sämtliche Brücken sind gesprengt und ins Wasser gestürzt, wir können uns nicht vom Fleck rühren. Wo liegt Waldheim?«

»Etwa fünfzig Kilometer südlich von hier.«

»Na, dann kommt mal an Bord.«

Sie hatten uns zu dem Lastkahn gebracht, der dem Ufer am nächsten lag und wo das Wasser flach und voller Schilf war. Vom Lastkahn hing eine Leiter, und oben stand ein großer blonder Schiffer. In meiner Aufregung beging ich die unverzeihliche Sünde, auf das Dollbord unserer zerbrechlichen Nussschale zu treten, in der sich bereits reichlich Wasser angesammelt hatte. Als ich nach der Leiter griff und meinen Fuß auf die unterste Sprosse setzte, begann die Nussschale zu sinken. Die beiden Jungen im Beiboot lachten herzhaft und holten sie mühelos aus dem Wasser, indem sie sie umgedreht auf den Bug ihres Ruderbootes hievten. Dries und ich stiegen die Leiter hinauf und standen jetzt dem großen blonden Riesen gegenüber, den wir schon von unten gesehen hatten. Er streckte eine riesige Pranke aus und sagte: »Mein Name ist Hartmans. Willkommen auf holländischem Boden.«

Das war zu viel für Dries und mich. »*Hollandse grond*« – es war jene Art von Musik, die unmittelbar zur Seele spricht, und unsere Seelen hatten so lange nach dieser Musik gehungert, dass sie völlig wehrlos waren.

Unversehens saßen wir mit Asmus, dem anderen Schiffer, seiner Frau, seinem Sohn (dem Blondschopf), Hartmans und dessen Sohn, dem braunhaarigen Jungen, in der gemütlichen kleinen Kombüse. Sie erzählten uns ihre Geschichte. Sie waren Rheinschiffer gewesen, und die Deutschen hatten sie gezwungen, zur Elbe zu kommen. Hartmans' Lastkahn, die *Damco 35*, gehörte einer Binnenreederei, die sich dem deutschen Druck gefügt und Hartmans aufgefordert hatte, der Anweisung Folge zu leisten. Asmus' Fall lag etwas anders. Auch er arbeitete für eine große Reederei, doch sein Kahn, die *Codam 85*, gehörte ihm, und bis Mitte 1944 hatte er dem Druck widerstanden. Aber er und seine Familie mussten überleben, und als die Schlachten am Rhein die üblichen Schifffahrtswege blockierten, mussten schließlich auch sie zur Elbe. Nun steckten die beiden Kähne zwischen den zerstörten Brücken fest. Die Hartmans konnten, wenn sie wollten, ihren Kahn aufgeben und wie alle anderen ehemaligen Zwangsarbeiter nach Hause fahren. Doch Asmus' gesamtes Betriebskapital und seine Lebensersparnisse waren an den Lastkahn gebunden, und so war er entschlossen, an ihm festzuhalten.

Zu diesem Zeitpunkt spielte jedoch keiner der beiden Schiffer mit dem Gedanken, nach Holland zurückzukehren. Noch gab es keine Anzeichen für ein Zerwürfnis zwischen den Sowjets und ihren westlichen Alliierten, und die Schiffer warteten darauf, dass die Trümmer der zerbombten Brücken beseitigt und die Pontonbrücken ersetzt wurden, damit sie auf ihren Kähnen nach Hause fahren konnten. Schiffer sind erfinderische Menschen; als die beiden den Zusammenbruch Deutschlands kommen sahen, hatten sie einen günstigen Ort ausfindig gemacht. Wie sie uns erzählten, lag auf der anderen Seite des Flusses ein kleines Dorf, wo sie sich mit Milch und Eiern eindeckten. Auf ihrer Seite, nur wenige Kilometer entfernt, hatte es einen deutschen Flugplatz und eine Kaserne gegeben. Als die Truppen versprengt wurden, hatten die Schiffer nicht etwa so lange gewartet, bis von Osten oder Westen eine Armee einmarschierte, sondern waren mit ein paar »organisierten« Maultieren selbst eingedrungen und hatten sämtliche Vorräte mitgehen lassen. Dies erklärte den Rosinenkuchen, den wir aßen, den Tee, den wir tranken, und die Zigaretten, die uns jetzt angeboten wurden. Da wir selbst keine mehr besaßen, nahmen wir sie bereitwillig entgegen. Lachend erzählten uns die Schiffer, wie sie eine verlassene Scheune voll getrockneter Tabakblätter »befreit« hatten – wir sollten uns freizügig bedienen. Die beiden Jungen, Oscar und Kees, begannen in aller Ruhe, Zigaretten für uns zu drehen, die wir mitnehmen durften. Irgendwie hatten sie sogar richtiges Zigarettenpapier »organisiert«.

Dries und ich waren völlig überwältigt. Schon die erste Begrüßung hatte uns aus dem Gleichgewicht gebracht, und wir hatten uns noch nicht ganz davon erholt. Die Atmosphäre in der kleinen Kombüse war so durch und durch holländisch, von der Form des Herdes bis hin zu der großen Teekanne, von den Rohrstühlen und der geblümten Tischdecke bis hin zu der einfachen Ehrlichkeit der Menschen, denen wir gegenübersaßen, dass es uns mitten im Satz die Kehle zuschnürte und wir einander hilflos ansahen in der Hoffnung, der andere werde die abgebrühte Sachlichkeit beibehalten, die bis dahin unsere Verteidigungsstrategie gegen die Welt gewesen war. Keinem von uns beiden wollte es gelingen. Aber schließlich erzählten wir unsere Geschichte doch – zumindest den wichtigsten Teil: dass in Riesa Nell und Joke auf uns warteten und wir uns auf den Weg gemacht hatten, um ein Boot ausfindig zu machen, auf dem wir nach Hause zurückkehren konnten.

Da brachen die beiden Schiffer in lautes Grölen aus, schlugen sich auf die Schenkel und lachten begeistert. Es stellte sich heraus, dass wir nichts Besseres hätten sagen können. Von genau dieser Stelle war in gleicher Mission ein Trupp von drei Kahnjungen aufgebrochen; eine weitere Dreiergruppe war zwei Tage zuvor von weiter flussaufwärts liegenden Lastkähnen vorbeigekommen, ebenfalls Kahnjungen und Schiffersöhne. Wir hatten den Schiffern unser wahres holländisches Blut bewiesen, und mehr brauchte es nicht. »Kommt morgen wieder«, sagten sie, »und wir werden ein Boot für euch haben. Flussaufwärts liegt ein deutscher Lastkahn mit zwei Ruderbooten. Eins davon organisieren wir für euch. Ihr braucht Vorräte für mindestens drei Tage. Wir versorgen euch, und wir können euch jede Menge Tabakblätter geben, die sind besser als Geld.« Nachdem ihre Nachbarn gegangen waren, hatten Schiffer Asmus und seine Frau noch einen Gedanken: »Wenn die beiden Mädchen, von denen ihr sprecht, so mager aussehen wie ihr, solltet ihr besser ein paar Tage dableiben und euch von uns durchfüttern lassen. Warum übernachtet ihr nicht über Pfingsten hier, und wir bringen euch Kinder wieder in Form?«

Wahrheitsgemäß sagten wir ihnen, das läge in Nells und Jokes Ermessen, aber am nächsten Tag würden wir ohnehin wiederkommen, um das Boot zu holen. Es gab einige Diskussionen darüber, das Boot schon jetzt zu holen; allerdings sahen wir keine Möglichkeit, es in der Nacht sicher zu verstecken, und am Ende wurde beschlossen, dass wir mitsamt unseren kärglichen Habseligkeiten am nächsten Tag zu viert zurückkehren sollten.

Jetzt wurde es Zeit, dass Dries und ich aufbrachen. Die Schiffer erzählten uns, dass wir uns etwa zehn Kilometer flussaufwärts von Riesa befanden (mehr hatten wir in einem halben Tag nicht geschafft). Eine andere Möglichkeit, als den Rückweg auf unseren wunden Füßen anzutreten, wussten wir nicht. Aber Schiffer Asmus hatte eine bessere Idee. »Ihr könnt in der Nussschale zurück, in der ihr gekommen seid«, erklärte er. »Wetten, dass die Jungs sie gerade ausbessern?« Und als er »Oscar! Kees!« rief, kam die Antwort tatsächlich von weit unten zu dem hoch liegenden, leeren Kahn herauf. Wir spähten über den Bordrand, und von ihrem Beiboot grinsten uns die beiden Jungs an, neben sich unsere Nussschale, auf deren Boden einige frische schwarze Flecke zu sehen waren. Nachdem wir die Leiter hinuntergeklettert waren und vorsichtig in unserem Fahrzeug Platz genommen hatten, erklärten sie uns, dass sie die undichten Stellen mit Teer zugeschmiert hätten und wir bis Riesa vollkommen sicher wären. Dann reichten sie uns die Zigaretten, die sie für uns gedreht hatten, mindestens zwanzig für jeden, und stießen uns mit ihrem Ruderboot in die Strömung, von der wir uns treiben ließen. Dries lenkte lässig mit dem Paddel, und wir beide rauchten nach Herzenslust. Wir fühlten uns wie Könige.

Die Landung bereitete uns keine Schwierigkeiten. Dries steuerte die Nussschale im richtigen Moment aus der Strömung, und mit einem leisen Gluckgluck – trotz der Bemühungen der Kahnjungen stand sie halb unter Wasser – lief sie auf den Strand vor dem Klubhaus auf. Die Dämmerung brach herein, und die Straßen waren leer. Dries und ich gingen unbehelligt zu dem Haus des Arztes. Wir waren beide in einer Stimmung von entspanntem Optimismus und beträchtlicher Selbstzufriedenheit. Wir hatten getan, was wir uns vorgenommen hatten, und kamen in der Erwartung nach Hause, gelobt zu werden. Doch die Atmosphäre im Wartezimmer war wenig verheißungsvoll. Joke wirkte regelrecht niedergeschlagen, und Nell hatte jenen aggressiven Gesichtsausdruck, der darauf hindeutete, dass sie sich einen Plan ausgedacht hatte und wir besser achtgeben sollten.

Stillschweigend beschlossen wir, die beiden zuerst sprechen zu lassen, und sie erzählten die folgende Geschichte: Sie hatten einen Captain Barker getroffen, der zum Lager der britischen Kriegsgefangenen gehörte und gerade aus Leipzig zurückgekehrt war, wo er mit den Amerikanern Vorkehrungen für die Evakuierung der Tommys vereinbart hatte. Die ersten fünfzehnhundert Tommys würden am nächsten Morgen per Lastwagen in eine Stadt namens Plauen aufbrechen. Von dort aus würden sie mit amerikanischen Transportmaschinen nach Hause geflogen werden. Captain Barker erwartete für den nächsten Vormittag einen Rot-Kreuz-Offizier. Barker hatte die Personalien unserer drei Patientinnen in Waldheim notiert und versprochen, sie dem Rot-Kreuz-Offizier zu übergeben und, sobald er selbst nach England zurückgekehrt wäre, auch an das Rote Kreuz in Holland weiterzuleiten. Natürlich hatten die Mädchen darum gebeten, dass auch wir ausgeflogen würden, waren jedoch höflich, aber entschieden abgewiesen worden. Zum Trost hatten die Tommys ihnen jedoch zweieinhalb Brote geschenkt – eine höchst willkommene Ergänzung unserer schrumpfenden Lebensmittelbestände.

All diese Informationen hatten Dries und ich ihnen entlockt, bevor wir den eigentlichen Grund für ihre bedrückte Stimmung entdeckten. Nach ihrer erfolgreichen Unterredung mit den Briten hatten die Mädchen beschlossen, einen kleinen Rundgang durch die Stadt zu machen, um die allgemeine Atmosphäre zu erkunden und die letzten Neuigkeiten in Erfahrung zu bringen. Die Nachrichten waren nicht gut; mit eigenen Augen hatten sie gesehen, wie eine kleine Gruppe Franzosen in Richtung des DP-Lagers Zeithain jenseits der Brücke abgeführt wurde. Bewacht wurde sie von einem Rotarmisten mit der unvermeidlichen Maschinenpistole. Joke hatte auf Französisch gerufen: »Was ist mit euch passiert?«, und sie hatten geantwortet: »Sie haben uns aufgegriffen – wir müssen ins Lager.« Daraufhin flüchteten sich die beiden Mädchen um eine Straßenecke, da der Soldat sie bemerkt und ihnen ein Zeichen gegeben hatte, sich der kleinen Marschkolonne anzuschließen und ihm zu folgen.

Bald darauf hatten sie wieder das schreckliche Wort »Passierscheine« gehört. Alle Welt benötigte Passierscheine. Zwei tschechische Ex-Häftlinge, denen sie auf der Straße begegnet waren, hatten ihnen stolz ihre Passierscheine gezeigt – gelbe Kärtchen mit ein paar russischen Wörtern darauf – und sie an das Büro des sowjetischen Kommandanten verwiesen, wo man sie bekommen könne. Wie Joke und Nell wussten, war es für Tschechen, Polen und Jugoslawen etwas ganz anderes, sich diese lebenswichtigen Papiere zu beschaffen, als für uns. Sie alle sprachen slawische Sprachen und konnten sich mit den Russen verständigen. Wichtiger noch, um in ihre Heimatländer zurückzukehren, brauchten sie keine sowjetischen Linien zu passieren. Von Anfang an war das unser größtes Hindernis. Auf dem Weg zum Marktplatz, wo sich das Büro des Kommandanten befand, begegneten die beiden Mädchen weiteren kleinen Gruppen ehemaliger Häftlinge und Zwangsarbeiter, wie stets an den Fähnchen zu erkennen, die sie sich auf die Kleidung genäht hatten, und an ihrem unterernährten, verwahrlosten Aussehen. Einige von ihnen hatten Passierscheine, die meisten nicht, und keiner von denen, die Passierscheine hatten, stammte aus Westeuropa.

Als sie den Platz erreichten, war das Büro nicht schwer zu finden: ein zerlumpter, widerspenstiger, mehrsprachiger Mob schob und drängelte sich vor einem Fenster in der Wand eines Bürogebäudes, das mit einer Fahne der Roten Armee markiert war und wie eine Theaterkasse aussah. Die Mädchen brauchten mehr als eine Stunde, bis sie sich durch die Menge gezwängt hatten, jedes aus einer anderen Richtung. Nell gelangte zuerst ans Fenster, und Joke zu ihrer Linken stand dicht davor, doch kaum hatten sie begonnen, ihr Anliegen zu erläutern, als ihnen ein dröhnendes »*njet*« entgegengerufen und das Fenster zugeschlagen wurde. Die Russen machten Feierabend.

So schnell wie möglich waren sie zum Haus des Arztes zurückgekehrt. Dort hatten sie gesessen und voller Angst, man könnte uns aufgegriffen und wie die Franzosen in ein Lager abgeführt haben, auf uns gewartet. »Und jetzt«, sagte Nell und schob das Kinn vor, »denke ich wirklich, dass wir umdisponieren sollten. Selbst wenn wir ein Boot bekommen –« »Wir haben eins«, warf Dries ein, aber Nell wollte ihn nicht hören. »Offenkundig brauchen wir einen Passierschein, doch Westeuropäern stellen sie keinen aus. Die Sache ist die: Alle, die sich in der Gegend herumtreiben, werden irgendwann aufgegriffen und zwangsweise in ein Lager gesteckt. Angenommen, wir gehen aus freien Stücken dorthin? Dann treffen wir als Erste ein und haben, wenn sie mit den Transporten beginnen, Vortritt.

Wer weiß, vielleicht werden diejenigen, die sich freiwillig ins Lager begeben, geradewegs in den Westen gebracht – es ist doch verdammt unpraktisch, jedermann zunächst nach Odessa zu schaffen, selbst für die Russen. Ich finde, wir sollten unsere Sachen nehmen und morgen ins Lager gehen.«

»Ich weiß einfach nicht, was wir tun sollen«, sagte Joke verzweifelt.

»Wartet ab, bis ihr unsere Geschichte hört«, sagte Dries. Während er mit der triumphierenden Aussage »Ich sag euch doch, wir haben ein Boot« ansetzte und sich dann unter Einbeziehung aller Einzelheiten nach hinten vorarbeitete, saß ich da und beobachtete Nell und Joke. Nell, als Mitglied der Widerstandsbewegung so tapfer wie alle anderen auch, war im Grunde genommen ein gesetzestreuer Mensch; wenn wir mit Widrigkeiten konfrontiert waren, hielt sie es für das Klügste, sich zu fügen. Joke, so jung und kindlich sie auch war, hatte unglaubliche Courage bewiesen, als sie abgeschossene alliierte Piloten über die niederländisch-belgische Grenze schleuste – und sie auf der ersten Etappe ihrer beschwerlichen Reise zurück in die Freiheit begleitete. Im Zuchthaus hatte sie oft mit großem Opfermut gehandelt. Ich hatte immer eine undisziplinierte Natur gehabt, und obwohl ich Nell häufig beipflichten musste, dass Gehorsam uns Scherereien ersparte, war ich doch zutiefst davon überzeugt, dass Ungehorsam, Widerstand und schiere Sturheit einer Seele wohltaten, besonders einer Seele in Gefangenschaft. Immer wenn wir drei in der langen Reihe von Gefängnissen, die wir durchlaufen hatten, eine Zelle miteinander teilten und ich einen neuen Plan ausheckte, um andere

Häftlinge zu kontaktieren, um Nachrichten in und aus dem Zuchthaus zu schmuggeln oder auch nur um die Wärterinnen zu ärgern, führten wir die gleiche Debatte, und gewöhnlich war es Joke, die den Ausschlag gab, indem sie entweder meine oder Nells Partei ergriff. Als ich sie jetzt beobachtete, wusste ich, dass es nicht lange dauern würde, bis Joke sich überzeugen ließ. Ihre Augen funkelten, sobald sie von den niederländischen Lastkähnen hörte, und bald erwärmte sie sich für Dries' begeisterte Geschichte. Bei Nell dauerte es etwas länger, aber zu dritt hatten wir wenig Mühe, auch noch ihre letzten Einwände zu zerstreuen, und als gute Pfadfinderin stürzte sie sich mit demselben Enthusiasmus wie wir in eine Diskussion über unsere nächsten Schritte.

Es wurde ein recht fröhlicher Abend. Wieder kam Frau Bregenklöterig mit einer Käse-Nudel-Pfanne hereingewatschelt, später mit einer Schüssel Rhabarber als Nachtisch. Auch der Arzt stattete uns einen Besuch ab. Er sah müde und abgehärmt aus. Seit dem Morgengrauen hatte er im Krankenhaus alle Hände voll zu tun gehabt. Das Krankenhaus war größtenteils mit verwundeten Soldaten belegt, doch in den vergangenen zwei Wochen waren aus einem in der Nähe befindlichen Konzentrationslager so viele abgemagerte, kranke oder gefolterte Ex-Häftlinge eingeliefert worden, das er zutiefst schockiert war. Wir dankten ihm für seine Gastfreundschaft und sagten ihm, dass wir am nächsten Morgen in aller Frühe aufbrechen würden. Als er mir die Hand schüttelte, sagte er: »Es gibt viele Dinge, die wir Deutsche euch angetan haben und die wir nicht wiedergutmachen können.« Ich war beklommen. Mir fiel ein, was ich zu Joke über die rothaarige Frau und ihre Töchter gesagt hatte. Unter den Deutschen, denen wir seit unserer Befreiung begegnet waren, waren uns genügend Beweise freundlicher Gesinnung entgegengebracht worden, die uns davon überzeugten, dass nicht alle so schlimm waren wie die daherstolzierenden Militärs, die grausame Gestapo und die brutalen Gefängniswärterinnen, die in den fünf Jahren deutscher Besatzung über uns geherrscht hatten. Dennoch fiel es mir schwer, Deutsche nicht als Feinde zu betrachten.

Während wir unsere Sitzbänke für die Nacht zusammenbanden, kehrte Frau Bregenklöterig ein weiteres Mal zurück, diesmal mit einem Tommy im Schlepptau. Es stellte sich heraus, dass sich eine ihrer Töchter mit ihm angefreundet hatte – zweifellos als »Beschützer« der Familie – und dass er zu dem ersten Trupp gehörte, der am nächsten Tag evakuiert werden sollte. Er war gekommen, um sich zu verabschieden. Ich fragte ihn, ob er einen Brief an meine Familie mitnehmen und abschicken würde, wenn er in England angekommen sei. Er erklärte sich bereit, und ich setzte mich hin, um meiner Mutter eine hastige Notiz zu kritzeln: dass ich am Leben sei und auf dem Heimweg, aber nicht wisse, wie lange es dauern werde. Dann nannte ich die Adressen der anderen drei Familien, denen die gleiche Nachricht übermittelt werden sollte. Es ist ein höchst sonderbares Gefühl, der eigenen Mutter zu schreiben, wenn man nicht weiß, ob sie – oder irgendein anderes Mitglied der Familie – überhaupt noch lebt, aber ich schaffte es, und der Tommy gab mir sein Ehrenwort, die Nachricht abzuschicken.

Am nächsten Morgen unternahmen Nell und Dries einen zweiten Gang zum Büro des Kommandanten und kamen früh genug an, um unter den Ersten vor dem Fenster zu stehen. Eine junge griesgrämige Russin, die ein paar Brocken Deutsch sprach, war von unserem Plan nicht sonderlich beeindruckt und sagte immer wieder: »Nix Boot, nix Brücke, ins Lager Zeithain gehen«, gab ihnen aber schließlich doch einen kleinen weißen Zettel mit ein paar russischen Wörtern und einem großen Stempel drauf. Ziemlich stolz kamen Dries und Nell mit diesem Stück Papier zurück, obwohl sie keine Ahnung hatten, was darauf stand. Nach allem, was wir wussten, war es wahrscheinlich ein Passierschein für Zeithain und weiter nichts.

Unterdessen hatten Joke und ich den Kinderwagen und den Panzer gepackt, und zu viert machten wir uns auf den Weg zum Fluss. Bald wurde unsere Zuversicht in unseren »Pass« gestärkt. Wir hatten den kleinen Pfad genommen, der hinter den Klubbootshäusern begann, denselben, auf dem Dries und ich am Vortag angehalten worden waren. Fast an derselben Stelle wurden wir wieder von einem Soldaten angerufen, doch als wir ihm den Zettel zeigten, winkte er uns durch! Der Rest unserer kleinen Wanderung verlief ohne Zwischenfälle. Wir verwünschten unsere Blasen und bugsierten die kleinen Wagen den schmalen Pfad entlang, hatten aber keine weiteren Begegnungen oder Abenteuer. Die etwa neun Kilometer zu den Lastkähnen nahmen zwei Stunden in Anspruch, für uns keine schlechte Leistung.

Uns wurde ein Empfang bereitet, den ich nie vergessen werde. Die Schiffer Hartmans und Asmus, Frau Asmus und die beiden Jungen Oscar und Kees warteten auf uns, als wären wir ihr verlorener Sohn und ihre verlorenen Töchter. Wieder mussten wir in der gemütlichen Kombüse Platz nehmen; diesmal zauberten sie mit schwungvoller Geste eine volle Flasche Schnaps hervor und gossen jedem von uns ein. Schon vor unserer Festnahme durch die Gestapo war es äußerst schwierig gewesen, sich in Holland Alkohol zu beschaffen. Einem Vorkriegshändler mochte es gelingen, alle drei Monate eine Flasche aufzutreiben, und dem Kellner eines Stammlokals, seinen Lieblingsgästen ab und zu ein Gläschen einzuschenken, aber das war's dann auch schon. Und hier saßen diese Schiffer und brachten zum Kriegsende eine volle Flasche Schnaps zum Vorschein! Sie lachten über unsere Ungläubigkeit und erzählten uns, dass sie auf dem nahe gelegenen Flugplatz nicht nur Kiste um Kiste deutschen Schnaps »befreit« hatten, sondern auch viele Liter reinen Alkohol, mit dem sie ihren eigenen Brand destillierten.

Abgesehen von den Flaschen Wein, die wir uns in der ersten Nacht unserer Freiheit besorgt hatten, hatten wir seit über einem Jahr keinen Alkohol mehr getrunken, und als wir jetzt dort saßen und vorsichtig an dem scharfen Zeug nippten, spürten wir, wie sich unsere Körper nach und nach entspannten. Die Schiffer hatten keine Mühe, uns davon zu überzeugen, dass es besser wäre, diese Nacht bei ihnen zu bleiben und erst am nächsten Morgen aufzubrechen. An dieser Stelle verkündete Mutter Asmus, die bis dahin am Herd hantiert hatte, das Mittagessen sei fertig – und was für eins! Es gab Tomatensuppe, Kalbsbraten mit Spinat, dazu Kartoffeln und Soße und als Nachtisch Reis mit Rosinen. Bis heute bin ich davon überzeugt, dass an jenem Pfingstmontag nicht viele Menschen im besetzten oder gerade erst befreiten Europa so gut speisten wie wir.

Aber auch wenn Essen für uns Ausgehungerte nach wie vor ein ungeheuer wichtiger Faktor war, größere Bedeutung hatten Wärme, Freundschaft und Hilfsbereitschaft der beiden Schiffsführer und ihrer Familien. Zu lange waren wir auf uns selbst angewiesene Gesetzlose gewesen; die Erleichterung, in eine warmherzige niederländische Familie aufgenommen zu werden, die uns mit Liebe, Achtung und äußerster Güte behandelte, war überwältigend. Wir schütteten unser Herz aus, oft alle auf einmal. Wir erzählten von den langen, einsamen Stunden Einzelhaft, vom Schmutz in den überfüllten Zellen, von der ohnmächtigen Verzweiflung, wenn Zellengenossinnen starben, von den kleinen Triumphen, wenn es uns gelang, die Wärterinnen zu täuschen, von der zermürbenden Angst, wenn ringsumher Bomben fielen und es keine Möglichkeit gab, aus einer verschlossenen Zelle im Dachgeschoss eines Zuchthauses zu entkommen. All das brach in einem unzusammenhängenden Wirrwarr aus uns heraus, doch verstanden sie uns irgendwie.

Es gab noch vieles andere mehr an diesem langen, herrlichen Nachmittag. Wir wurden in den beiden Lastkähnen herumgeführt und staunten über ihre funkelnde Sauberkeit. Rheinkähne sind alle gleich gebaut, ungeheuer lang, mit dreistöckigem Wohnbereich: oben das Ruderhaus, daneben die Kombüse, die eine Tür und Fenster nach außen hat; darunter ein wenig genutzter Salon mit Bullaugen und darunter, verbunden mit Leitern, ein bis drei Kajüten mit eingebauten Stockbetten. Der Kahn der Hartmans, obwohl nur von Vater und Sohn bemannt, war ebenso blitzblank wie der der Asmus mit einer Frau an Bord – eine wahre Augenweide.

Auch unser eigenes Boot inspizierten wir, ein robustes Ruderboot mit eisernem Boden und drei Riemen (einem zum Steuern, da es kein Steuerruder gab), das die beiden Jungs für uns ausrüsteten. Sie hatten es bereits geschrubbt, die Dollen geölt, eine Kette mit Schloss an der einen Bank und ein Stück Seil an der anderen befestigt, eine Persenning unter den Rücksitz gestopft und davor einen riesigen 54-Liter-Glasballon mit Trinkwasser verstaut. Vor unseren Augen füllten sie jetzt einen Karton mit Lebensmitteln: mehreren Broten, sechs Pfund Dosenfleisch, Säcken mit Reis und Zucker, einer Schachtel getrockneter Rosinen und einem großen, dicht gepackten Beutel mit Tabakblättern. Alldem fügten wir unsere eigenen Vorräte hinzu sowie alles andere einschließlich unserer Rucksäcke mit den Decken und Handtüchern und zu guter Letzt den Kinderwagen und den Panzer, die wir sicher im Boot unterbrachten und festzurrten. Das Boot war wirklich tipptopp. Als die Jungs uns fragten, ob wir ihm nicht einen Namen geben wollten, tauften wir es sofort *Montgomery*, und entzückt malten sie den Namen in akkuraten weißen Buchstaben auf das Dollbord.

Als die Zeit zum Melken näher rückte, begleiteten Dries und ich Schiffer Asmus auf der Suche nach Milch und Eiern über den Fluss. Dieser Asmus war ein erstklassiger Organisator. Er wusste genau, auf welchen vier Bauernhöfen rund um das Dorf die Russen das gesamte Vieh der Nachbarschaft zusammengetrieben hatten (deshalb hatten Dries und ich auf den Weiden keine Kühe gesehen), zu welchen Zeiten sie die Kühe melken ließen und welche Russen am zugänglichsten waren. An einem Tag ging er zu dem einen Bauernhof, am nächsten zu einem anderen und so immer fort, so dass er an keinem zu anspruchsvoll oder gar zu gierig wirkte. Er erzählte uns auch, dass es dem verantwortlichen Offizier im Dorf gelungen sei, seine Männer davon abzuhalten, nach typisch russischer Manier zu plündern und zu vergewaltigen. Asmus war selbst dabei gewesen, als ein Offizier zwei seiner Männer am Dorfanger auf dem Bürgersteig niederknien ließ und sie mit einem Genickschuss tötete. Nach Angaben der verwunderten Dorfbewohner waren die beiden in eine Vergewaltigungsorgie verwickelt gewesen.

Eine Weile trieben wir uns vor einem großen Stall herum und sahen den Melkerinnen – meist Deutschen, aber auch ein paar Russinnen – und den beiden sowjetischen Unteroffizieren zu, die die Milchaufnahme überwachten. Da die Kühe im Stall dicht an dicht standen, hatten die Melkerinnen Mühe, sich dazwischenzuzwängen, und mussten aufpassen, dass weder sie noch die Eimer getreten wurden. Draußen waren weitere Kühe angebunden. Offensichtlich hatten die Russen es trotz dieser Unannehmlichkeiten für besser befunden, die Kühe an einigen wenigen zentralen Sammelstellen melken zu lassen, als die Milch Hof für Hof abzuholen, wobei sie weniger Kontrolle hätten.

In seinem ganz eigenen Russisch wechselte Asmus ein paar Worte mit einem der Unteroffiziere, der ihn und uns anlächelte und uns großzügig erlaubte, unseren Eimer mit schäumender Milch aus einem der großen Sammelbehälter zu füllen. Dann folgten wir Asmus zum anderen Ende des Stalls, wo wir warteten, bis eine große, hagere Frau sich und ihren Eimer zwischen zwei Kühen herausgewunden hatte. Das war der Moment, weshalb Dries und ich eigentlich mitgegangen waren; wir wollten uns die wenigen Worte, die auf dem Zettel der Kommandantur standen, übersetzen lassen, und Asmus dachte, dass wir es hier tun könnten. Mit dem Rücken zum Unteroffizier zeigte er der Frau eine kleine Flasche Schnaps, die er in seiner Jackentasche mitgenommen hatte. Ihre müden schwarzen Augen leuchteten auf, und sie streckte ihre freie Hand aus. Asmus stieß mich an, und stumm drückte ich ihr das kleine Stück Papier in die erwartungsvolle Hand. Sie seufzte, stellte den Eimer ab, strich sich mit ihrem schmutzigen Unterarm das feuchte, strähnige Haar aus der Stirn und studierte das Papier. Stunden schienen zu vergehen, bevor sie in holprigem Deutsch sagte: »Fahren mit Schiff, egal wohin.«

Blitzschnell gab ihr Asmus die Flasche, und schon waren wir wieder im Freien und machten uns auf den Weg zu Asmus' kleinem Fährboot. Dries und ich umarmten einander freudestrahlend. In unserer Ungeduld, Nell und Joke von dieser völlig unerwarteten Übersetzung unseres Passierscheins zu berichten, wären wir beinahe von der Leiter gefallen, und als wir es ihnen endlich klargemacht hatten, tanzten wir alle vier auf der Abdeckung des Laderaums umher. Hätte die amüsierte Familie des Schiffers nicht am Fallreep gestanden und uns jedes Mal aufgefangen, wenn wir von den glatten, leicht geneigten Brettern rutschten, wäre mit Sicherheit einer von uns im Fluss gelandet.

So aber waren sich alle einig, dass unser Glück gebührend gefeiert werden musste; wieder wurde die Flasche Schnaps hervorgeholt. Diesmal tranken wir weniger zurückhaltend, und bald sangen wir all die Lieder, die so viel dazu beigetragen hatten, unsere Moral von einem Gefängnis zum anderen aufrechtzuerhalten. Unsere eigenen Texte zu bekannten Liedern gefielen den Schiffern. Obwohl sich unser dreistimmiger Gesang zusehends verschlechterte, mussten wir die unanständigeren Lieder immer wieder zum Besten geben, bis uns Mutter Asmus zuhilfe kam, indem sie sich am Herd zu schaffen machte und verkündete, in einer halben Stunde würden Pfannkuchen serviert. Dies erinnerte die Schiffer daran, dass es an der Zeit war, ihre Runden zu drehen, und uns, dass wir etwas frische Luft brauchten.

Als wir dann wohlig gesättigt und überglücklich um den Tisch saßen, stellten die Schiffer einmal mehr ihre Aufmerksamkeit unter Beweis. Sie hatten bemerkt, dass Nells grüner Rock abgewetzt war – würde sie diese Arbeitshose anprobieren, vielleicht könnte sie die tragen? Nell zog sich aufs Deck zurück und kehrte in einer gut sitzenden Hose zurück. Als Nächstes kamen ein Paar Schuhe an die Reihe, die Joke weit besser passten als das armselige Schuhwerk, in dem sie bisher umhergestolpert war. Schuhe in meiner Größe hatten sie nicht an Bord, dafür aber etwas anderes: dicke Wollsocken, die ich zwischen meiner abgeschürften Haut und dem scheuernden harten Leder tragen konnte. Dries boten sie jede Menge Männerkleidung an, die er nur wünschte, doch der antwortete, er habe, was er brauche, um nach Hause zu gelangen; ihre Freundlichkeit übertreffe jetzt schon alles, was wir ihnen je entgelten könnten.

»Sei nicht albern«, sagte Asmus, zeigte auf Joke und fügte hinzu: »Wir müssen was für das Baby tun.« Joke prustete und wurde purpurrot – sie hasste jeden Hinweis auf ihr jugendliches Alter –, aber der Schiffer stand auf, schlug ein Ei in ein Glas, verrührte es mit einer Gabel und goss Schnaps dazu. »Da«, sagte er, »du brauchst zusätzliche Kraft.« Wir alle lachten über ihr empörtes Babygesicht, während Asmus jedem von uns einen letzten Schlaftrunk einschenkte, diesmal ohne Ei. Wieder suchte er uns zu überreden, noch ein paar Tage länger zu bleiben. Doch so wunderbar das Leben auf den Lastkähnen war – der Sog der Heimat war stärker, und wir waren entschlossen, am nächsten Morgen aufzubrechen. Halb kletterten, halb fielen wir die steilen Leitern zu den Kajüten hinunter und waren eingeschlafen, noch bevor wir es uns in den komfortablen Kojen bequem gemacht hatten.

Am nächsten Morgen erwartete uns ein üppiges Frühstück, und die Schiffer bedachten uns mit drei weiteren Geschenken: einer Flasche Milch, einer Flasche Alkohol, um starrköpfige Russen gefügig zu machen, und einem Wecker. Hartmans und sein Sohn Oscar beschlossen, uns noch ein Stück zu begleiten, um zu sehen, wie unsere Reise sich anließ, und nach einem zärtlichen Abschied legten wir ab, laut Wecker um genau 8 Uhr 20. Hartmans lenkte uns mit dem zusätzlichen Ruder in die Strömung, und wir winkten der *Codam 85* und der *Damco 35* zu, bis sie hinter der Biegung verschwunden waren.

Kurz vor der Pontonbrücke schwirrte vor uns eine Kugel ins Wasser – auf diese Weise befahl uns der sowjetische Wachposten zu sich. Hastig legte Hartmans an der Stelle neben der Brücke an, wo der Soldat im Gras saß. Er kam an den Rand des Wassers und nahm den Zettel entgegen, den wir ihm zuversichtlich hinhielten. Es ergab sich ein unerwartetes Problem – offenbar konnte er nicht lesen! Wir sahen, wie er den Worten mit seinem kurzen, dicken Zeigefinger folgte und versuchte, ihre Bedeutung zu ergründen. Dann gab er auf, reichte uns das Papier und schüttelte den Kopf. Wir zeigten auf die Brücke und auf das Boot, aber wieder schüttelte er den Kopf und sagte: »*Njet.*« Da holten wir die Flasche Alkohol hervor und boten ihm an, einen Schluck daraus zu nehmen. Er grinste glücklich, pflanzte sich breitbeinig hin, warf den Kopf in den Nacken und führte die Flasche an die Lippen. Gluck-gluck-gluck-gluck … Wir saßen da und schauten in hilfloser Ehrfurcht zu, wie der ganze Liter Alkohol in seiner Kehle verschwand. Als die Flasche leer war, warf er sie in den Fluss, winkte uns lässig weiter und fiel ins Gras. Wir legten ab und fuhren unter der Brücke hindurch, stumm vor Bewunderung, aber auch in dem Bewusstsein, dass wir bei den nächsten leseunkundigen Wachposten ohne die Hilfe von Alkohol auskommen mussten.

An der beschädigten Stahlbrücke stand kein Posten, und wir passierten sie unangefochten. Es war an der Zeit, dass Hartmans und Oscar uns verließen. Wir dankten ihnen von Herzen und schüttelten ihnen die Hand. Dann stieß ich uns mit dem »Steuerruder« ab, und das Boot begann mit der Strömung zu treiben. Wir sahen uns an und lächelten. Wir waren auf dem Fluss und auf uns allein gestellt. »Fahren mit Schiff, egal wohin!«

SECHSTES KAPITEL

Kurz nachdem die Hartmans uns verlassen hatten, drehte der Wind nach Norden und verlangsamte unser Vorankommen erheblich. Bald entdeckten wir, dass wir uns nicht einfach treiben lassen konnten, denn die Strömung war knifflig und verlief zickzackförmig von einem Ufer zum anderen, und selbst wenn sie geneigt war, sich an die Flussmitte zu halten, drückte uns der Wind gegen die Ufer. Daher wechselten Dries und ich uns an den Riemen ab, ruderten aber nicht kontinuierlich, sondern nur lange genug, um unsere *Montgomery* in der Flussmitte auf Kurs zu halten. Die Sonne schien, der Himmel stand weit und blau über uns, und der Fluss schlängelte sich friedlich zwischen grasbewachsenen Ufern dahin. Einmal winkten uns am linken Ufer zwei sowjetische Soldaten heran, aber sie wollten nur übergesetzt werden, eine Bitte, die wir gerne erfüllten. Der eine war von unserem Glasballon fasziniert; als wir ihm aber zu verstehen gaben, dass er keinen Alkohol, sondern nur Wasser enthielt, ließ sein Interesse nach.

Gegen Mittag kamen wir zu einer weiteren Pontonbrücke, und wieder feuerte der Wachposten einen Schuss ab, um unsere Aufmerksamkeit auf sich zu lenken; inzwischen aber kannten wir den Trick und ruderten ohne übermäßige Hast in seine Richtung. Auch er war an unserem Glasballon interessiert, doch als wir auf den Ballon zeigten, dann etwas Wasser aus dem Fluss schöpften und wieder auf den Ballon zeigten, konnten wir ihm klarmachen, dass es nichts gab, worüber er sich ereifern musste, und er ließ uns ohne Schwierigkeiten durch. Obwohl die Korbflasche bei den Russen allzu großes Interesse zu finden schien, waren wir den fürsorglichen Schiffern, die sie uns zur Verfügung gestellt hatten, unendlich dankbar, denn als wir das Boot in Position brachten, um unter der Brücke hindurchzugleiten, sahen wir inmitten des Schwemmholzes, das sich an den Pontons verfangen hatte, zwei aufgeblähte Leichen treiben und waren überaus froh, dass wir kein Elbwasser trinken mussten.

Unser Mittagessen aßen wir im Boot, legten uns dann abwechselnd auf die Heckducht und ließen die Füße ins Wasser baumeln. Es war eine Wonne, sie nicht beanspruchen zu müssen, und jetzt, wo wir uns bis auf ein paar träge Ruderschläge nicht mehr anzustrengen brauchten, merkten wir erst richtig, wie erschöpft wir waren. Den ganzen Nachmittag über schlief mindestens einer von uns tief und fest. Entweder legte er sich auf die Heckducht oder rollte sich auf dem Boden des Bootes zusammen.

Um 16 Uhr 30, Dries hatte gerade mithilfe seiner Landkarte und der Kilometerangaben am Ufer entschieden, dass wir in der Nähe des Dorfes Mühlberg sein mussten, sahen wir am Ufer zu unserer Rechten einen Scheiße Vierertrupp sowjetischer Soldaten stehen. Als wir uns näherten, zog einer von ihnen seinen Revolver und feuerte einen Schuss ins Wasser. Alle vier begannen zu brüllen. In dem Glauben, dass sie übergesetzt werden wollten, ruderten wir auf sie zu, dann aber entdeckten wir, dass sie etwas anderes im Sinn hatten. Sie sprachen nur ein paar Worte Deutsch, machten jedoch mit vielen Gesten deutlich, dass sie unser Boot wollten und wir mit den Wagen zu Fuß weiterziehen sollten. Natürlich protestierten wir heftig gegen dieses Ansinnen und weigerten uns nachzugeben. Nur einer der vier hatte einen Revolver, und als er ihn gezückt hatte, um uns zu drohen, waren die anderen gleich eingeschritten. Wir kamen zu dem Schluss, dass sie sich auf einer privaten Expedition befanden und kein offizielles Recht hatten, unser Boot zu requirieren. Zwischen dieser Schlussfolgerung und dem Versuch, ihnen begreiflich zu machen, dass wir ihr Spiel durchschaut hatten, schien sich jedoch eine unüberbrückbare Kluft aufzutun. Wir probierten es mit unserem Passierschein, doch sie behaupteten, ohne die Unterschrift des Kommandanten in Mühlberg tauge er nichts. Dries, der gerade die Karte konsultiert hatte, warnte uns, dass Mühlberg mindestens anderthalb Kilometer landeinwärts lag und die Soldaten, falls wir uns bereit erklärten, dorthin zu gehen, genügend Zeit hätten, um sich mit unserem Boot davonzumachen. Als Nächstes versuchten wir, ihr Mitgefühl zu wecken. Nell und ich waren zufällig barfuß. Wir zeigten ihnen unsere zahlreichen offenen Blasen und wiederholten »kaputt, kaputt«, womit wir sagen wollten, dass wir unmöglich laufen konnten. Aber es zeigte keine Wirkung.

Selbiger Trupp bestand aus zwei grimmig dreinblickenden jungen Burschen mit ausgesprochen mongolischen Gesichtszügen, einem Mann von etwa fünfunddreißig Jahren mit einem langen Gesicht und einer Habichtsnase und einem dunkelhaarigen, dunkeläugigen und recht gut aussehenden Rotarmisten von etwa fünfundzwanzig, der bis auf seine Sowjetuniform so aussah, als könnte er aus jedem x-beliebigen Land Europas stammen. Sie sprachen aufgeregt miteinander, aber wir hatten keinen blassen Schimmer, worum es ging. Dries dachte sich eine andere Vorgehensweise aus: Er zeigte immer wieder auf die Fähnchen auf unserer Kleidung, kramte einen Bleistift und ein Stück Papier aus seinem Rucksack und begann eine vereinfachte Karte zu zeichnen mit der geographischen Lage von Russland und Holland. Doch das Papier war zu klein für eine übersichtliche Zeichnung, und Dries war ratlos, weil er nicht wusste, welchen Ländernamen er über den winzigen Fleck schreiben sollte, der Holland repräsentierte, geschweige denn in kyrillischen Buchstaben. Außerdem waren die Russen nicht daran interessiert. Dries versuchte es noch immer mit Gesten, als ihm einer der Mongolen das Stück Papier aus der Hand riss, es verächtlich zerknüllte und in den Fluss warf.

Nun steckten wir in einer Sackgasse. Beide Seiten warteten stumm. Beide Seiten gaben alle ihre Bemühungen auf, wieder miteinander ins Gespräch zu kommen. Die Soldaten saßen im Gras und hielten das Boot fest. Wir saßen im Boot und hielten die Riemen fest. Dries und ich überlegten, ihnen das Boot einfach wegzuziehen, kamen aber zu dem Schluss, dass das zu gefährlich sei. Bislang hatten sie auf Gewalt verzichtet, aber ihre Stimmung war mies, und eine jähe Bewegung könnte sie provozieren. Nach etwa einer Dreiviertelstunde diskutierten die Soldaten wieder unter sich; danach erhoben sich zwei von ihnen, die Habichtsnase und der Mongole mit dem Revolver, und gingen weg. Jetzt, wo wenigstens der Revolver aus dem Feld geräumt war, atmeten wir ein wenig leichter, dabei hatte sich unsere Lage nicht sonderlich verbessert. Die beiden anderen blieben hart, nur forderten sie das Boot nicht mehr für sich, sondern bestanden darauf, dass wir nach Mühlberg zum Kommandanten gingen.

Ich saß da und erwog die Alternativen. Wenn wir alle vier nach Mühlberg gingen, würden wir das Boot und alles darin verlieren, das kam also nicht in Frage. Wenn Dries allein ginge, blieben wir Mädchen ohne männlichen Schutz, so schwach er auch war; wahrscheinlich würden wir alle drei vergewaltigt werden und dazu noch das Boot verlieren. Wenn Joke ginge – aber das war undenkbar. Sie war die Jüngste von uns; sie musste um jeden Preis verschont bleiben. Und Nell? Sie war schwächer als ich und hatte nicht viel Erfahrung mit Männern. So blieb nur noch ich übrig. Der Gedanke war mir so unangenehm, dass ich eine Weile gar nichts mehr dachte, sondern nur dasaß und abwartete. Dries, der versuchte, unbekümmert zu erscheinen, summte etwas Unmelodisches vor sich hin, während ich sah, wie seine Kiefermuskeln arbeiteten, so sehr musste er seine Wut zügeln. Nell und Joke waren blass und still. Die Russen saßen da, als hätten sie alle Zeit der Welt. Inzwischen wurden wir bereits über eine Stunde festgehalten und würden mindestens eine weitere benötigen, um so weit zu kommen, dass wir nach einer sicheren Unterkunft für die Nacht suchen konnten, was nach allem, was wir bisher entlang des Flusses gesehen hatten, nicht so leicht war. Das bedeutete, dass *wir* mitnichten alle Zeit der Welt hatten.

Plötzlich kam mir eine List in den Sinn. Wir hatten Geschichten von Frauen gehört, die so oft und so grob vergewaltigt worden waren, dass sie völlig wund waren – dann erst verloren die Russen das Interesse. Zweifellos wussten das auch die Soldaten. Jedenfalls musste ich etwas ausprobieren, die Pattsituation konnte nicht ewig andauern. Ich zog meine Socken und Schuhe an und sagte zu Dries: »Ich glaube, ich habe eine Idee. Ich werde so tun, als würde ich mit einem von ihnen nach Mühlberg gehen, aber ich glaube, dass er selbst gar nicht hinwill, also haltet das Boot bereit, vielleicht bin ich bald wieder zurück.«

»Viel Glück, Zippie«, sagte Dries mit vor ohnmächtiger Wut erstickter Stimme.

Als ich aufstand, zeigte ich auf den gut aussehenden dunkelhaarigen Soldaten, zog unseren Passierschein aus der Hosentasche und zeigte ihn ihm. Bevor er ihn zu fassen bekam, steckte ich ihn wieder in die Hosentasche und sagte gebieterisch: »Mühlberg. Kommandant!« Dann stieg ich aus dem Boot.

Ein breites Lächeln trat auf sein Gesicht, er nahm meine Hand und führte mich sanft fort. Ich warf einen kurzen Blick über die Schulter und sah zu meiner Genugtuung, dass der zweite Mongole das Boot losgelassen hatte und uns nachschaute. Etwa fünf Minuten lang gingen wir schweigend durch die Wiesen, der Soldat voran, ich einen Schritt hinter ihm. Wir hielten noch immer Händchen, und ich versuchte nicht, mich ihm zu entwinden. Das erschien mir als eine gute Methode, sein Vertrauen zu gewinnen. Schließlich gelangten wir zu einer kleinen Mulde außer Sichtweite des Flusses oder des Ufers. Dort setzte sich mein gut aussehender Begleiter hin, tätschelte das Gras neben sich und lud mich ein, mich ebenfalls zu setzen. Ich blieb dicht neben ihm stehen und schüttelte traurig den Kopf. Vor Ungeduld machte er ein finsteres Gesicht und begann, an meiner Hose zu nesteln. Das war der richtige Moment. Ich untersagte meinem zitternden Körper die leiseste Rückwärtsbewegung, schüttelte nur wieder den Kopf, zeigte auf mich selbst und flüsterte: »Kaputt.«

Der Bursche hatte ein außergewöhnlich ausdrucksstarkes Gesicht. Im Nu verwandelte sich seine Miene herrischer Ungeduld in eine der Trauer und des Schmerzes. Er streckte die Hand aus, berührte mich ganz sachte an der einzigen Stelle, die für ihn von Bedeutung war, und fragte: »Kaputt?« Ich nickte, holte wieder unseren Passierschein aus der Hosentasche und hielt ihn ihm hin. Mit einem tiefen Seufzer kramte er einen Bleistiftstummel hervor, legte den Zettel aufs Knie und schrieb mühsam ein paar Worte. Dann gab er ihn mir und deutete mit einer Kopfbewegung an, dass ich zum Boot zurückkehren könne. Ich ließ ihn im Gras sitzen, den Kopf in die Hände gestützt, ein Bild der Niedergeschlagenheit.

Nun, da meine List gelungen war, schlug mir das Herz bis zum Hals, und meine Beine zitterten. Schnell kletterte ich aus der Mulde und rannte auf das Boot zu – da versperrte mir der mongolische Soldat den Weg. Daran hätte ich natürlich denken müssen. Ich wusste zur Genüge, dass die Russen keine Einwände dagegen hatten, sich bei ein und derselben Frau abzuwechseln; dieser hatte offensichtlich gewartet, bis sein Freund mit mir fertig wäre. Ich hatte keinen Plan, wie ich mit dem Problem umgehen sollte, und wusste instinktiv, dass es überhaupt nichts nützen würde, ihm die Kritzelei seines Freundes auf unserem Passierschein zu zeigen. Schlimmer noch, er mochte ihn mit derselben Verachtung zerknüllen wie Dries' Zeichnung.

In einem normalen Geisteszustand hätte ich nicht im Traum daran gedacht, ihn zu attackieren. Aber eine Mischung aus Furcht, Triumph und Frustration erschütterte mich zutiefst, und das jähe Bewusstsein einer neuen Gefahr machte mich wütend. In vollem Lauf kam ich auf ihn zu. Er packte mich grob an der Schulter. Mit der freien Hand holte ich aus und stieß sein Kinn, so weit ich konnte, nach oben. Da wurde er noch gröber. Er packte meine andere Schulter und zog mich so fest an sich heran, dass ich sein Kinn losließ. Verzweifelt stieß ich ihm das Knie zwischen die Beine. Er ächzte vor Schmerz und taumelte zurück. Ich trat ihm noch einmal in den Schritt, und diesmal fiel er in eine sitzende Position. Ich wich seiner wild um sich schlagenden Hand aus, lief an ihm vorbei und erreichte das Flussufer. Dries wartete an den Riemen. Halb sprang ich, halb fiel ich ins Boot, und Dries legte sofort ab und ruderte gerade noch rechtzeitig davon. Wir befanden uns nicht einmal in der Flussmitte, als der Mongole am Ufer erschien. Er wedelte mit den Armen und brüllte aus voller Lunge. Jetzt war es an ihm, wütend und frustriert zu sein; er verließ sogar das Ufer und watete ein paar Schritte in den Fluss. Aber entweder sickerte Wasser in seine Stiefel, oder der rutschige Schlamm unter seinen Füßen brachte ihn zur Besinnung, jedenfalls drehte er sich um, blieb am Ufer stehen und ließ offenkundig eine Salve erlesener russischer Verwünschungen gegen uns los.

»Gut, dass er nicht den Revolver hat!«, sagte ich aus vollem Herzen.

»Alles in Ordnung bei dir, Zip?«, fragten die anderen besorgt.

»Gewiss«, antwortete ich. »Ich bin nicht vergewaltigt worden, und auf der Rückseite unseres Passierscheins steht etwas Neues geschrieben, auch wenn ich nicht weiß, was. Es ist nur so, dass ich jetzt noch mehr Angst habe als vorher!«

Das stimmte. Ich zitterte am ganzen Leib. Jede Faser meines Körpers, jede kleinste Nische meines Geistes schien vor einer Gefahr zurückzuschrecken, die doch längst überstanden war. Joke hüllte mich in eine Decke, und eine Weile lag ich auf dem Boden des Bootes, starrte auf den mittlerweile blassblauen und perlmuttfarbenen Himmel, versuchte, mein Zittern unter Kontrolle zu bringen, und wunderte mich über meine alberne Art, auf Gefahren zu reagieren. Das Gleiche hatte sich während meiner Jahre im Widerstand ereignet, nach mehreren Begegnungen mit Grenzschützern oder der Gestapo, denen wir nur knapp entgangen waren, und nach meiner Festnahme während der langen Gestapoverhöre. Solange die eigentliche Gefahr bestand, war ich zwar erschrocken, aber entweder völlig ruhig und berechnend oder so lächerlich tollkühn, dass ich dank der Überrumpelung meinen Gegnern entkam. Aber wenn alles vorbei war, brachen meine Ängste über mich herein, und ich war nur noch ein zitternder kleiner Feigling. Vage erinnerte ich mich daran, dass mein Vater mir etwas über Adrenalin erzählt hatte, »die chemische Komponente des Mutes«, wie er es nannte, die der menschliche Körper unter Stressbedingungen produziert. Aber warum hielt dieses Adrenalin, das kaltblütiges Handeln oder aber hitziges Kämpfen ermöglichte, nicht lange genug an, um die Angst *danach* zu überwinden? Vermutlich lag es daran, dass ich nie weit genug vorausplanen kann. Wie beim Schachspiel kann ich drei oder vier Züge vorwegnehmen, aber nicht mehr, weil mich das so verwirrt, dass ich es vorziehe, meinem Glück zu vertrauen – gegebenenfalls auch meiner Tollkühnheit. Ich muss eine bessere Schachspielerin werden, dachte ich bei mir; dann, als ich merkte, dass das Zittern nachgelassen hatte, setzte ich mich auf, um zu fragen, wo wir uns befanden.

Etwas weiter stromabwärts war eine kleine Bucht, in der ein krängender Lastkahn vor Anker lag. Dries ruderte auf ihn zu, schließlich war es fast 20 Uhr, und der Kahn sah aus wie ein idealer Unterschlupf für die Nacht. Wegen der Schlagseite und weil sich an Bord nichts regte, nahmen wir an, der Kahn sei verlassen, doch als wir festmachten und an Bord kletterten, stießen wir auf eine deutsche Schifferfamilie, die auf dem Schiff wohnte. Wie sie uns erzählten, war es geplündert und beschädigt worden, und in den untersten Teil des Wohnbereichs und den angrenzenden Laderaum war Wasser eingedrungen, doch der vordere Laderaum war leer und trocken. Wenn wir dort übernachten wollten, hätten sie nichts dagegen. Allerdings warnten sie uns, fast jede Nacht seien sowjetische Soldaten aus einem Lager im nahe gelegenen Dorf Belgern vorbeigekommen, um zu plündern und zu vergewaltigen; auch die beiden Frauen an Bord seien vergewaltigt worden. Wir berieten, ob wir bleiben oder einen sichereren Ort weiter stromabwärts suchen sollten, aber das hätte möglicherweise bedeutet, überhaupt kein Dach mehr über dem Kopf zu finden, und die Rote Armee war ohnehin omnipräsent.

Wir trafen die Vorsichtsmaßnahme, unser gesamtes Gepäck auszuladen und das Boot auf die Flussseite des Schiffes zu bringen, wo es vom Ufer aus nicht zu sehen war. Danach hoben wir eine der Abdeckungen des vorderen Laderaums an und stiegen über eine Holzleiter hinunter. Der Laderaum war tatsächlich leer bis auf einen großen Stapel von köstlich duftendem Kiefernholz am anderen Ende und einen Haufen Planen. Wir zogen die Planen hinter den Holzstapel, und indem wir sie so verteilten, dass sie die Schlagseite des Lastkahns ausglichen, richteten wir uns ein gemütliches abgedunkeltes Schlafzimmer ein. Der Boden des Laderaums war mit großen Stahlplatten belegt. Auf einer in der Nähe der Öffnung über uns sammelten wir einen Haufen Holzspäne und entzündeten ein kleines Feuer, in dem Nell eine Konservendose Schmorfleisch erhitzte und echten Bohnenkaffee brühte.

Nach der Mahlzeit drehten wir ein paar Zigaretten, und als wir rauchend beieinandersaßen, erzählte ich den anderen, was sich auf der Wiese vor Mühlberg zugetragen hatte.

»Ziemlich schlau«, kommentierte Dries, »ihn da zu treten, wo's am meisten wehtut.«

»Die *kaputt*-Geschichte finde ich noch besser«, kicherte Joke.

Ihr Lob freute mich, aber ich hatte kein Verlangen nach einer Wiederholung des Vorfalls, und so nahm ich, bevor wir in unser Schlafzimmer krochen, die Leiter von der Öffnung und entschied, dass nicht einmal unsere überschwänglichen russischen Genossen das Risiko auf sich nehmen würden, ins Dunkel des Laderaums hinunterzuspringen. Einmal wurden wir in der Nacht von Schüssen und Schreien am Ufer geweckt, aber auf dem Schiff selbst rührte sich nichts, und bald schliefen wir wieder ein außer Dries, der mit Magenschmerzen zu kämpfen hatte.

Am nächsten Morgen waren wir früh auf den Beinen. Als Erstes kletterten wir an Deck, um nachzuschauen, ob unsere *Monty* noch in Sicherheit war. Ja, das war sie. Nach »privaten« Ausflügen zu einigen Büschen am Ufer und einer kurzen Waschung im Fluss kehrten wir zum Laderaum zurück, machten ein weiteres Feuer und frühstückten – Brot und heißen Kaffee. Dann trugen wir unsere Sachen zum Boot, zurrten sie fest und brachen kurz nach acht auf.

Noch immer hatten wir Gegenwind. Eine Stunde lang strahlte die Sonne, dann aber türmten sich große Wolken, der Wind blies stärker, und es wurde kalt. Dries, der nach wie vor Probleme mit seinem Magen hatte, wickelte sich in eine Decke und in die Persenning und legte sich vor mir auf den Boden des Bootes. Nell rollte sich hinter mir zusammen. Im Heck lag, halb hinter den Rädern des Kinderwagens versteckt, ein Knäuel Decken, aus dem ein Krauskopf hervorschaute. Das war Joke. Ich saß, eingehüllt in unser Stück Leinwand, an den Riemen. Ich ruderte friedlich vor mich hin, blickte hin und wieder über die Schulter, um sicherzugehen, dass ich den Biegungen des Flusses folgte, ruhte mich aus, wann immer mir danach zumute war, und ließ das Boot treiben, bis ich ein bisschen nachsteuern musste. Ich brauchte mir keine Sorgen zu machen, dass wir mit einem anderen Boot zusammenstoßen könnten, denn offensichtlich war die *Montgomery* das einzige auf dem Fluss. Inzwischen wurde die

Landschaft abwechslungsreicher; stellenweise waren die Ufer so niedrig, dass ich über sie hinweg ein paar Bauernhöfe landeinwärts sehen konnte. An anderen Stellen säumten kleine Wälder den Fluss, und zahlreiche Vögel flogen umher. Einmal hielt ich das Boot etwa zehn Minuten lang in Position und beobachtete, wie sich ein bunt schillernder Eisvogel von einem niedrigen Ast kopfüber ins Wasser stürzte, mit einem kleinen Fisch wieder auftauchte, ihn auf seinem Ansitz verschlang und erneut hinabstieß.

Als ich eine Biegung umrundete und über die Schulter blickte, um zu sehen, welche Richtung der Fluss nahm, bemerkte ich in der Ferne eine weitere Pontonbrücke. Ich griff hinter die Ballonflasche und holte den Wecker hervor. Es war halb eins, und ich fand, dass meine Gefährten lange genug geschlafen hatten, also stupste ich sie alle wach. Als wir näher kamen, sahen wir auf beiden Seiten der Pontonbrücke Gebäude, die bis zum Fluss hinunterreichten, dahinter ein Gewirr verdrehter Stahlträger. Dries zog seine Karte heraus und kam zu dem Schluss, dies müsse die Stadt Torgau sein; die große Eisenbahnbrücke war zerstört. Als wir uns näherten, pfiff die übliche Kugel an uns vorüber. Wir machten das Boot an einem in den steinernen Kai eingelassenen Ring fest und waren ein wenig überrascht, als wir aus einem hölzernen Wachhäuschen eine Offizierin treten sahen. Sie war in voller Uniform, mit Sternen auf den Schultern, die auf einen höheren Rang hindeuteten. Als sie, das Gewehr lässig über die Schulter geworfen, in ihren schweren Stiefeln auf uns zuschritt, flüsterte Joke ehrfürchtig: »Glaubt ihr, die hatten auch Frauen an der Front?«

Die Frau bereitete uns keine Schwierigkeiten. Sie lächelte über den Zettel, den wir ihr hinreichten, gab ihn zurück und bedeutete uns, wir könnten weiterfahren. Doch kaum tauchten wir auf der anderen Seite der Brücke auf, wurden wir abermals zum Kai beordert, diesmal von einem Offizier. Unter Verwünschungen ruderten wir zu ihm hinüber, doch stellte sich heraus, dass er uns nur aus Freundlichkeit herübergerufen hatte. Er gestikulierte, indem er abwechselnd auf unser Boot und auf uns selbst zeigte, und wiederholte immer wieder das Wort »kaputt«. Damit wollte er deutlich machen, dass wir die Fahrt durch die Trümmer der Eisenbahnbrücke seiner Ansicht nach nicht heil überstehen würden. Als wir ungläubig dreinschauten, wedelte er mit den Armen und lud uns ein, hochzukommen und selbst nachzusehen. Er wirkte so aufgeregt, dass wir uns fügten. Joke und Nell ließen wir zurück, damit sie das Boot bewachten, und Dries und ich kletterten auf den Kai und gingen mit dem Offizier die etwa vierhundert Meter zu der eingestürzten Brücke. Dann sahen wir, was er meinte. Die gesamte Stahlbrücke hing ins Wasser und blockierte den Lauf des Flusses, so dass das Wasser der breiten, tiefen Elbe durch einen schmalen Spalt von nur etwa vier Metern Breite fließen musste. Infolgedessen verwandelte sich unser friedlicher, langsam dahinfließender Fluss in einen tosenden Strom, der mit rasender Geschwindigkeit durch die Lücke stieß und mindestens einen Meter abfiel, bevor er sich wieder zu seiner üblichen Breite ausdehnen konnte. Ich sah mich um, ob es eine Möglichkeit gab, unser Boot um dieses Hindernis herumzutragen oder eher herumzuschleppen. Aber die Trümmerteile aus verdrehtem Stahl erstreckten sich über den Kai bis hin zu den Gebäuden. Wer immer die Brücke bombardiert oder gesprengt hatte, hatte gründliche Arbeit geleistet. Wenn wir das Boot behalten wollten, war keine andere Passage möglich als auf dem Wasser.

Ich wurde auf ein lebhaftes Gespräch zwischen Dries und dem sowjetischen Offizier aufmerksam. Nachdem ich eine Minute lang zugehört hatte, merkte ich, dass beide ihre jeweilige Landessprache sprachen, das einzige Zugeständnis an eine *lingua franca* war ein gelegentliches »kaputt« (der Offizier) und »nix kaputt« (Dries). »Hören Sie«, sagte Dries in reinstem Niederländisch, »ich bin Seemann, wissen Sie, ich kenne mich mit Wasser gut aus und –« An dieser Stelle wurde er von einem russischen Redeschwall unterbrochen, dessen Bedeutung ich nur erahnen konnte. »Aber Sie verstehen nicht«, fuhr Dries fort, »wir sind in einem Land mit Meer und Flüssen aufgewachsen. Die Hälfte unseres Landes besteht aus Wasser, und wir wissen, wie man damit umgeht und wie man Boote steuert.« Noch mehr Russisch. Und so weiter. Jetzt gingen sie zurück zur *Monty*, und ich folgte ihnen und staunte über das Gespräch und über die mysteriösen Wege, die es Männern ermöglichen, einander zu verstehen. Natürlich wusste ich, dass Dries nur bluffte. Holland besteht zwar aus viel Wasser, aber die Landschaft ist so flach, dass es nur träge dahinfließt; oft werden elektrische Pumpen benötigt, um es auf seinem Weg zum Meer zu beschleunigen. Stromschnellen sind in Holland unbekannt, und ich war mir ziemlich sicher, dass Dries selbst in seinen Jahren als Handelsmatrose noch nie mit einer Situation wie der jetzigen konfrontiert war. Ich war dem Russen dankbar, dass er uns auf die Gefahr hinwies, denn von unserem niedrigen Boot aus hätten wir sie erst bemerkt, wenn wir dicht davor gewesen wären und der Strudel zornigen Wassers uns höchstwahrscheinlich gegen die Trümmer der Brücke gewirbelt und in den Spalt geschleudert hätte. Mir fiel ein Buch ein, das ich als Teenager über Lewis und Clark gelesen hatte, die die reißenden Flüsse des amerikanischen Nordwestens befahren hatten, und das war fast alles, was ich über Stromschnellen wusste. Ich versuchte mich auf die Theorie zu besinnen, wie man sich ihnen nähern sollte, aber meine Erinnerungen waren verworren. Ich tröstete mich mit der Überlegung, dass Lewis und Clark leichte Kanus benutzt hatten, während wir in einem schwerfälligen Ruderboot fuhren, weshalb ihre Theorien ohnehin nicht zutrafen.

Wir waren wieder an dem Ring angekommen, an dem die *Montgomery* vertäut war, und Dries und der Offizier verabschiedeten sich aufs Herzlichste voneinander. Ich gesellte mich zu ihnen, streckte dem Russen die Hand entgegen, sagte ein aufrichtiges »*spasibo*«, dem ich mit einem Seitenblick auf Dries hinzufügte: »Nix kaputt!« Der Russe brüllte vor Lachen und klopfte mir fest auf die Schulter. Doch als wir alle wieder im Boot saßen, sagte ich zu Dries: »Wohlan, Admiral, was machen wir jetzt?«

Dries ließ sich nicht aus der Ruhe bringen. Er war jeder Zoll Kapitän, stellte zweckdienliche Fragen und erteilte knappe Befehle. »Du hast dir den Wasserfall eine ganze Weile angesehen«, sagte er zu mir. »Hast du in all dem Schaum irgendwelche Brückenteile oder Felsen bemerkt?«

»Nein«, antwortete ich, »und falls es welche gab, sind sie inzwischen vermutlich weiter stromabwärts gedrückt worden. Das Wasser hat eine unglaubliche Geschwindigkeit.«

»Das dachte ich mir«, sagte er. »Jetzt sage ich euch, was zu tun ist. Nell und Joke, ihr legt euch unten ins Boot und haltet alles fest, was lose ist. Vielleicht werden wir ein wenig umhergeschleudert, vielleicht wird etwas Wasser eindringen, aber ihr bleibt, wo ihr seid, bis ich euch sage, dass wir durchgekommen sind. Joke, du kümmerst dich darum, dass unser Trinkwasser geschützt ist. Nell, du achtest darauf, dass du dich nicht aufrichtest und unsere Sicht behinderst. Nun zu dir, Zip, ich möchte, dass du das Steuerruder übernimmst. Du setzt dich auf die Heckducht und steuerst, damit wir in der Lücke geraden Kurs halten. Weißt du noch, wo genau sie sich befindet?«

Ich nickte. Während unserer Exkursion hatte ich mir gleichsam unbewusst die genaue Anordnung des verdrehten Stahls zu beiden Seiten der Lücke eingeprägt. In diesem Moment kam mir die Ausbildung im Widerstand zustatten.

»In Ordnung«, fuhr Dries fort. »Du wirst feststellen, dass es nicht so leicht sein wird, das Boot zu steuern. Wenn wir uns nähern, werden uns alle möglichen Strömungen hierhin und dorthin zerren. Du versuchst, das Boot mithilfe des Steuerruders in der Mitte zu halten, und sagst mir, mit welchem Riemen ich rudern soll. Wenn wir fast in der Lücke sind, sagst du mir, dass ich die Riemen einziehen soll, und lässt dich von der Heckducht ins Boot gleiten. Das ist ganz wichtig. Wenn wir durch die Lücke stoßen, behindert uns das Steuerruder nur, also vergiss nicht, es einzuholen und dein Körpergewicht ins Boot zu verlagern.«

»Wäre es nicht besser, wenn ich die Riemen übernähme und du die Steuerung?«, fragte ich, erschrocken über die Verantwortung, die er mir auferlegte.

Dries blickte zu mir hoch, eine Mischung aus Vorwurf und Verständnis in den blauen Augen. »Zippie«, sagte er sanft, »ich übertrage dir doch gar nicht die schwerste Aufgabe! Sicher, die Steuerung ist schwierig, aber sobald wir die Lücke durchfahren haben, braucht es einen guten Ruderer, damit wir in der Strömung bleiben und mit ihr rudern statt schräg zu ihr. Wir werden keine Zeit haben, die Plätze zu tauschen. Willst du mir nicht vertrauen?«

»Natürlich vertraue ich dir«, sagte ich schroff und zugleich sehr beschämt, und wir alle nahmen unsere Plätze ein. Dann legten wir ab.

Inzwischen stand eine ganze Reihe sowjetischer Soldaten auf der Pontonbrücke und beobachtete uns interessiert. Weitere Rotarmisten versammelten sich nahe der eingestürzten Eisenbahnbrücke am Kai, einige von ihnen kletterten über die Unzahl von Brückenfeldern und Trägern hinweg, um besser sehen zu können. »Seht euch diese Affen an«, grinste Nell. »Wollen die uns beim Ertrinken zuschauen, oder was?«

Dries, noch ganz erwärmt von der Freundschaft mit dem sowjetischen Offizier, sagte: »Sei nicht albern, Baron. Die wissen, dass wir ein Risiko eingehen, wahrscheinlich wetten sie auf unseren Erfolg. Wir werden's ihnen zeigen.«

Nell war davon nicht überzeugt, doch als wir uns jetzt der Lücke zwischen den Brückenteilen näherten, blieb keine Zeit für müßiges Geschwätz. Ich saß auf der Heckducht und umklammerte das schwere »Steuerruder«.

Schon spürte ich, wie uns gegenläufige Strömungen durchrüttelten, und rief Dries immer wieder zu: »Nach Steuerbord rudern! Schneller! Jetzt nach Backbord, fester, fester! Wieder nach Steuerbord, jetzt ruhiger – ein bisschen nach Backbord. Okay, jetzt sind wir in der Lücke. Das Boot ruhig halten!« Ich brauchte ihm nicht zu sagen, dass wir in der Lücke waren. Wir alle spürten den Ruck des Bootes, als es an Fahrt gewann, kaum dass es in die Hauptströmung geriet, die sich durch den Spalt ergoss. Dries saß mit ausgefahrenen Rudern da und hielt das Boot im Gleichgewicht, die ängstlichen Augen unverwandt auf mein Gesicht geheftet. Da wurde mir bewusst, dass er mir tatsächlich die einfachere Aufgabe übertragen hatte. Ich wenigstens konnte sehen, wohin wir fuhren, er dagegen hatte die Gefahr im Rücken und musste sich auf meine Anweisungen verlassen! Ich wartete, bis ich die Nietköpfe an dem ersten verdrehten Stahlträger erkennen konnte, dann rief ich: »Riemen einziehen!« Ich hob mein »Steuerruder« aus dem Wasser, hielt es mit aller Kraft fest und ließ mich von der Heckducht ins Boot gleiten.

Von den Russen auf dem Kai und der Pontonbrücke erscholl lautes Jubelgeschrei. Die *Monty* stampfte wild. Dries hatte die Ruder wieder ausgefahren. Er versuchte das Boot im Gleichgewicht zu halten und in ruhigere Gewässer zu lenken. Offensichtlich waren wir nicht »kaputt«. Ich drehte mich um, und Nell, Joke und ich winkten den Russen fröhlich zu. Das mussten wir ihnen lassen, sie gönnten uns unseren kleinen Triumph, winkten und riefen uns nach, bis wir in der schnellen Strömung aus ihrem Blickfeld verschwanden.

Nach einer Weile aßen wir zu Mittag, und ich übernahm wieder die Riemen, da sich Dries immer noch unwohl fühlte. Joke und Nell waren noch von unseren Fußmärschen erschöpft. Für jeden gut ernährten, einigermaßen trainierten Menschen wären sie eine leichte Wanderung gewesen, doch für unsere ausgehungerten Körper und unsere geschwächten Muskeln hatten sie eine schwere Belastung dargestellt. Ich hingegen fühlte mich ziemlich fit und genoss die inzwischen wieder langsamere Fahrt, das rhythmische Knarren der Dollen, den sachten Atem des breiten Stroms, die majestätische Weite der Landschaft ringsum, das vielfältige Vogelleben, wenn der Fluss sich durch Wälder schlängelte. Oft sah ich Habichte, Bussarde und Fischadler schweben und kreisen, und wenn ich zu ihnen aufblickte und ihre Bewegungen beobachtete, fühlte ich mich ebenso frei und lebendig wie sie.

Als wir aus einem dieser Wälder herauskamen und ich mich umsah, bot sich mir ein Anblick, der mich veranlasste, das Boot rasch ans Ufer zu lenken und meinen Freunden zu sagen, sie sollen sich aufsetzen und das Schauspiel bestaunen. Unmittelbar vor uns waren drei sowjetische Soldaten mit einer Herde von etwa zwanzig Pferden ans Flussufer gekommen. Einer, der nackt auf seinem ungesattelten Reittier saß, befand sich bereits im Wasser, umschwommen von drei weiteren Pferden. Wir sahen, wie sich die anderen beiden ihrer Kleidung entledigten, auf das jeweils nächste Pferd sprangen und die Herde ins Wasser trieben. Und jetzt war der Fluss voll von ihrem Gelächter und ihren freudigen Rufen, dem Stampfen der Pferde, den anmutigen Bewegungen mächtiger schwarz und braun glänzender Tierkörper, zwischen denen die drei nackten

Männer klein wie Kinder wirkten. Still saßen wir da und schauten zu.

»Gott, wie herrlich«, sagte Joke leise. »Ich wünschte, ich wäre Malerin!«

»Du müsstest eine verdammt gute Malerin sein, um die Schönheit und die Bewegung einzufangen«, sinnierte Nell.

Wir warteten, bis sie ihr Bad beendet hatten und die Pferde stampfend und scharrend, wiehernd und schnaubend ans Ufer zurückgeklettert waren. Danach schoben wir uns wieder in die Strömung. Als wir langsam vorüberglitten, sahen wir, wie sich die Soldaten rasch anzogen und aufsaßen und die ganze Herde über die Wiesen davongaloppierte.

»Wisst ihr was«, sagte Dries nachdenklich, »diese Russen gefallen mir immer besser.«

»Mir auch«, lachte ich, »aber nicht aus der Nähe!« Kurz darauf begann es zu nieseln, und als wir gegen halb fünf einen niederländischen Lastkahn entdeckten, waren wir alle bereit, unser Tagwerk für beendet zu erklären, obwohl uns noch mehrere Stunden Tageslicht blieben. Die Aussicht auf einen weiteren niederländischen Empfang war zu verlockend, während die Aussicht, nur ein paar zusätzlichen Kilometern zuliebe klatschnass zu werden, nicht den geringsten Anreiz bot. So ruderten wir hinüber, und sobald wir »Holländer!« gerufen hatten, erschien ein älteres Paar an Deck und warf uns eine Leine zu. Zehn Minuten später saßen wir, die kalten Hände Becher mit heißem Kakao umfassend, wieder einmal in einer gemütlichen Küche.

Unsere Gastgeber waren ein großer, grauhaariger Schiffer namens Dirk Broekhuizen und seine kleine, lebhafte

Frau. Der Kahn gehörte ihnen, und alle anfallende Arbeit leisteten sie gemeinsam, obwohl beide an die sechzig sein mussten. In den ersten vier Kriegsjahren war es ihnen gelungen, mithilfe verschiedener Winkelzüge, Vorwände und Regelwidrigkeiten der Registrierung durch die Deutschen zu entgehen und ausschließlich auf niederländischen Flüssen zu arbeiten. Doch im September 1944 hatten die Nazis sie aufgespürt und vor die Wahl gestellt, entweder ins Gefängnis zu wandern und ihren Kahn einzubüßen oder ihn nach Deutschland zu überführen und für die Nazis zu arbeiten. Leider hatten sie sich für Letzteres entschieden. Sie hatten mehrere Bombardements überlebt und waren Zeuge zahlreicher Kämpfe in weiter stromabwärts gelegenen Städten geworden. Gegen Ende des Krieges war das Schleppschiff, das sie flussaufwärts zog, durch einen direkten Artillerietreffer versenkt worden, und da die Broekhuizens im Gegensatz zu Asmus und Hartmans über keinen Hilfsmotor verfügten, steckten sie dort fest, wo sie sich jetzt befanden – an einer völlig ungeeigneten Stelle, denn zum Dorf Dommitzsch, dem einzigen Ort, wo man Vorräte wie Brot, Milch und Fleisch einkaufen konnte, war es ein einstündiger Fußmarsch. Mutter Broekhuizen nahm den Gang dreimal die Woche auf sich, da ihr Mann schlecht hörte und »mit diesen Hunnen«, wie sie mit einem herzhaften Lachen sagte, nicht so umgehen könne wie sie. Es sei schlimm genug, dass sie für ein paar Dinge des täglichen Bedarfs ihr schwer verdientes deutsches Geld ausgeben mussten und wegen der Essenscoupons, die alle paar Tage ausgetauscht wurden, von Pontius zu Pilatus geschickt wurden. Ihr Mann würde gar nicht merken, dass alle nur darauf aus waren, ihn zu betrügen, außerdem sei es besser, wenn immer ein Mann für den Kahn verantwortlich war.

Die beiden waren ein reizendes Paar mit ihrer Schläue, dem zielstrebigen Überlebenswillen, aber auch der freimütigen Gastfreundschaft, der Frömmigkeit und dem derben Humor, die den Bauernstand Europas auszeichnen, gleich welcher Nationalität. Vor dem gemeinsamen Abendessen – Pfannkuchen mit Speck und Rosinen – beteten sie demütig und ernsthaft, dann zogen sie Dries auf, weil er mit gleich drei Mädchen reiste. Selbstgerecht setzten sie uns auseinander, die Rote Armee sei auch nicht besser als Hitlers Wehrmacht – »beides unzivilisierte Völker, wissen Sie« –, danach erläuterten sie vergnügt die unzivilisierten Tricks, zu denen sie gegriffen hatten, um ihre offenbar reichlich vorhandenen Vorräte sicher zu verstecken, als ihr Lastkahn geplündert wurde, erst von fliehenden Deutschen, dann von sowjetischen Truppen.

»Ich habe genug Mehl, um monatelang Brot zu backen«, vertraute uns die kleine Frau an, »aber wenn ich von den Hunnen Brot bekommen kann, nehme ich es lieber von denen. In einem Jahr wird ihr schmutziges Geld nichts mehr wert sein, darauf können Sie sich verlassen!«

Nach dem Abendessen, als meine drei Freunde vor lauter Müdigkeit über ihren Tassen Tee eingenickt waren, half ich Mutter Broekhuizen, ein Sortiment an Kissen, Daunenbetten und Decken aus ihren Schlafräumen in den kleinen Salon zu tragen, und während der Schiffer die Möbel in eine Ecke schob, richteten wir auf dem Fußboden ein geräumiges, komfortables Bett für vier Personen.

»Es ist eine Schande«, kicherte sie, »drei junge Mädchen wie ihr – ihr solltet fünf junge Männer dabeihaben, dann hättet ihr größere Auswahl!«

Wieder in der Küche, hatte der Schiffer die gute Idee, jedem von uns zu einer weiteren Tasse heißem Tee ein paar Aspirin zu geben. Dann faltete er wieder die gebräunten knotigen Hände und sprach das Abendgebet, und obwohl keiner von uns sonderlich religiös war, waren wir von der ernsten und persönlichen Art, wie er mit Gott redete, sehr bewegt.

»Wenn es einen Gott gibt«, sagte Dries, als er den Wecker aufzog, nachdem wir es uns auf dem Fußboden des Salons bequem gemacht hatten, »hoffe ich von Herzen, dass er auf Menschen wie diese achtgibt.«

Wir waren ganz seiner Meinung.

Um sechs Uhr morgens klingelte der Wecker, da es aber in Strömen regnete, kuschelten wir uns wieder unter die Decken. Eine halbe Stunde später sagte Nell, die neben einem Bullauge lag: »Hört zu, es wird heller. Wir sollten aufstehen.« Anscheinend waren unsere Gastgeber, als wir noch fest schliefen, auf Zehenspitzen durch unser Nachtquartier geschlichen, denn als wir verschlafen in die Küche hinaufkletterten, stand schon der heiße Kaffee für uns bereit. Sie amüsierten sich, wie beherzt wir beim Frühstück – holländischem Roggenbrot mit Käse und Honig – zulangten, danach halfen sie uns, das Gepäck in der *Monty* zu verstauen. Mutter Broekhuizen ließ den Schiffer zurück und nutzte die Gelegenheit, bis Dommitzsch mitzufahren. Mit ihrer Einkaufstasche kam sie an Bord. Es war 8 Uhr 15, als wir abfuhren, und neun Uhr, als wir in Dommitzsch ankamen.

Wir beschlossen, mit Mutter Broekhuizen an Land zu gehen und zu erkunden, ob unsere Essenscoupons und unser Geld etwas wert waren. So ließen Nell und ich das Boot bei Joke und Dries zurück und wagten uns ins Dorf. Aber wie wir vermutet hatten, waren unsere Coupons nicht das Papier wert, auf dem sie gedruckt waren, und mit den Geldscheinen, obschon echt, konnten wir ohne Coupons nichts kaufen. Schließlich stellten wir uns im Rathaus an und bekamen nach einer halben Stunde Wartezeit einen Coupon für dreieinhalb Pfund Brot. Kein Fleisch, keine Eier, keine Milch. Wir dankten der Frau des Schiffers, verabschiedeten uns und liefen zurück zum Fluss.

Dries, der sich wieder besser fühlte, übernahm die Riemen. Wir anderen wickelten uns in die Decken und Planen. Der Regen hatte zwar aufgehört, doch hing der Himmel tief und bedrohlich, und der Wind wehte feucht und kalt. Ich saß auf der Heckducht, gab Dries gelegentlich die Richtung an und beschäftigte mich damit, Tabakblätter in kleine Fasern zu zerschneiden, welche ich in einer leeren Kakaodose aufbewahrte, die uns die Broekhuizens geschenkt hatten. Wegen des Windes konnte ich immer nur ganz geringe Mengen verarbeiten, aber ich hatte es nicht eilig; nach und nach füllte sich die Dose, und ich konnte einen Vorrat an Zigaretten drehen. Die Ufer der Elbe wurden wilder mit immer dichteren Wäldern, Sumpfgebieten und weiten Wiesen ohne Gehöfte oder andere Zeichen menschlichen Lebens.

»Ich weiß nicht, wozu die Nazis all den ›Lebensraum‹ wollten«, sagte Nell. »Hier wäre Platz für eine Million Menschen.«

Es war ein ruhiger, ereignisloser Tag. Wir hatten eine

Strecke von dreißig Kilometern zurückgelegt, als wir die ersten sowjetischen Soldaten an diesem Tag sahen. Sie bewachten eine hohe, schmale Stahlbrücke, die der Zerstörung auf wundersame Weise entgangen war, machten uns aber keine Schwierigkeiten. Nach der üblichen Pantomime eifrigen Interesses an unserer Korbflasche, gefolgt von trauriger Enttäuschung, setzten wir unsere Fahrt fort, und Dries und ich wechselten die Plätze. Gegen sechs Uhr erreichten wir den Stadtrand von Wittenberg. Es waren keine Lastkähne in Sicht, und wir beschlossen, unser Glück am Fluss zu versuchen, statt in die Stadt zu gehen, wo wir Gefahr liefen, dass man uns registrieren oder – schlimmer noch – in ein Lager stecken würde. Am Ufer gab es eine kleine Einbuchtung, wo das Wasser seicht war, halb verborgen unter den überhängenden Ästen zweier großer Trauerweiden. In dieses natürliche Versteck steuerten wir unser Boot, und Nell und Dries gingen von Bord, um nach einem Unterschlupf zu suchen, während Joke und ich unsere Sachen packten und Panzer und Kinderwagen damit beluden.

Nach einer halben Stunde waren unsere beiden Freunde wieder da. »In der Stadt müssen heftige Kämpfe stattgefunden haben«, berichtete Nell. »Es gibt mehr Ruinen als Häuser, kein einziges Fenster ist heil geblieben. Aber wir haben trotzdem eine Unterkunft gefunden, im Haus einer Witwe namens Richter.«

»Sie ist eine zweite Frau Bregenklöterig«, fügte Dries hinzu, »aber ihr Haus ist ziemlich groß und hat ein Dach, und das ist mehr, als man von den meisten hier behaupten kann.«

Wir hoben den Panzer und den Kinderwagen an Land.

Dries zog die *Montgomery* so nah wie möglich an den Stamm einer der beiden Weiden und befestigte sie mit der Kette und dem Vorhängeschloss. Sicherheitshalber streute er zur Tarnung ein paar Zweige auf das Boot, und dann machten wir uns auf den Weg entlang einer schmalen Straße, die zu den ersten Häusergerippen nahe dem Wasser führte. Nell hatte nicht übertrieben. Die meisten Gebäude waren nichts als Haufen zerbröckelter Ziegelsteine und Balken; bei den wenigen, die noch standen, waren die Wände von Kugeln durchsiebt, die Fenster klafften oder waren mit Brettern und Pappe vernagelt. Dries führte uns durch eine kurvenreiche Straße, auf deren aufgerissenem und zerbrochenem Gehsteig der Panzer mehrmals umzustürzen drohte, und blieb vor einem Haus stehen, das tatsächlich besser aussah als die anderen, auch wenn eine Ecke völlig verschwunden war und kein einziges Fenster mehr Glasscheiben aufwies.

Witwe Richter war noch verrückter als Frau Bregenklöterig, aber klug genug, uns sofort an die Arbeit zu schicken: Möbel aus dem beschädigten Teil des Hauses in die noch intakten Räume zu schleppen, zerbrochene Fenster mit Schränken und hochkant gestellten Truhen zu blockieren und vor andere Fenster schwere Vorhangstoffe zu nageln. Fast zwei Stunden lang rückten, schleppten, schoben und schufteten wir, während sie unablässig drauflosplapperte. Was sie sagte, war teilweise unverständlich, enthielt andererseits äußerst präzise Anweisungen. Es stellte sich heraus, dass in diesem Teil der Stadt nur noch sehr wenige Menschen lebten. Wittenberg war offiziell evakuiert worden, doch Witwe Richter war entschlossen, auszuharren und ihren Besitz zu retten.

Schließlich führte sie uns, zufrieden mit unserer Arbeit, in ein Schlafzimmer, dessen Fenster wir zuvor mit einem hohen Kleiderschrank zugestellt hatten und in dem zwei gemachte Betten standen. Nachdem sie uns verlassen hatte, rückten wir den Kleiderschrank ein Stück ab. Der vermeintlichen Sicherheit zogen wir ein wenig Licht und frische Luft vor. Zu müde, um hinauszugehen und zwischen den Ruinen ein Feuer anzuschüren, nahmen wir ein kaltes, aus Brot und Dosenfleisch bestehendes Abendessen zu uns und krochen dann erleichtert zwischen die sauberen Laken. Selbst Joke hatte sich mittlerweile so an die Zivilisation gewöhnt, dass sie dankbar war für ein weiches Bett!

Dries, der sich um *Monty* sorgte, hatte den Wecker auf fünf Uhr früh gestellt. Als dieser klingelte, schoss er aus dem Bett, fuhr in seine Anziehsachen und sagte, er wolle vorausgehen, um nachzusehen, ob das Boot sicher sei; wir sollten ihm folgen, sobald wir die Wagen gepackt hätten. Etwa eine halbe Stunde später schoben wir den Kleiderschrank wieder vors Fenster, trugen den Panzer und den Kinderwagen ins Freie, riefen unserer Gastgeberin einen Abschiedsgruß zu und gingen zum Fluss hinunter. Dort trafen wir zu unserer Erleichterung Dries an. Er wartete bereits im Boot, das er sauber geschrubbt hatte. Es regnete, und wir zogen uns in die nächstgelegene Ruine zurück, von der aus wir das Boot im Blick hatten. Zusammengekauert unter den Überresten eines Dachs, entfachten wir inmitten des Schutts ein Feuer und verbrauchten unseren letzten Kaffee, um uns zum Frühstück ein heißes, starkes Getränk zu brühen. Nachdem wir gegessen hatten, setzten wir uns hin und rauchten bis kurz nach sieben, als der Regen aufhörte und wir ablegen konnten.

Es war wieder kalt. Als wir die Elbebrücke Wittenberg erreichten, surrte die übliche Kugel durch die Luft; da wir aber keinen Wachposten sahen, hielten wir an der falschen Uferseite an, und es folgten eine zweite und eine dritte Kugel, bevor wir ihn schließlich erspähten, wie er am anderen Ufer aus einem abgedeckten Schützenloch krabbelte. Es war ein netter Kerl, der genug Deutsch sprach, um uns mitzuteilen, er persönlich habe nichts dagegen, uns durchzulassen, glaube aber nicht, dass wir weit kommen würden, weil in Dessau die amerikanischen Linien begannen. Sorgfältig durchsuchte er unser Gepäck, um sich zu vergewissern, dass wir keine Waffen dabeihatten, nahm uns aber nichts weg.

Etwas weiter entfernt hing wieder eine zerstörte Eisenbahnbrücke ins Wasser; allerdings staute sie den Fluss nicht so stark wie die in Torgau, und wir konnten das Boot mühelos hindurchmanövrieren. Dries schaute auf seine Karte und schätzte, dass es bis Dessau etwa fünfzig Kilometer waren. Mit etwas Glück konnten wir noch am selben Tag zu den Amerikanern gelangen! Voller Optimismus lösten wir uns jede halbe Stunde an den Riemen ab und ruderten die ganze Strecke über, so dass wir trotz des starken Gegenwindes gut vorankamen. Gegen Mittag hatten wir zwanzig Kilometer zurückgelegt und näherten uns der Stadt Coswig. Bereits eine Stunde vorher hätten wir sie fast erreicht, doch die Elbe machte hier eine fünf Kilometer lange Schleife durch einen dichten, hohen Wald, der sich bis an die Ufer erstreckte. Hinter Wittenberg hatten wir nur einen Trupp Russen gesehen, und die waren zu sehr damit beschäftigt, mit Dynamit zu fischen, als dass sie uns beachtet hätten. Die Ladungen detonierten unter Wasser, danach schöpften die Soldaten die an die Oberfläche geschwemmten toten Fische heraus.

Ich saß an den Riemen, als wir aus dem Wald kamen. Zu unserer Rechten bemerkte ich eine Art Fähranlegestelle mit einer Holzhütte und einigen angebundenen kleinen Booten und vermutete, dass es sich um die Stadt Coswig handelte; aber gleichzeitig beobachtete ich über dem Flussabschnitt, den wir soeben passiert hatten, drei majestätisch kreisende Fischadler und schenkte der Fähranlegestelle keine allzu große Beachtung. Aufgrund der Kälte hatten sich meine drei Freunde unter Decken zusammengerollt. Als ich mit der Fähre auf einer Höhe war, schwirrte eine Kugel vorüber. Allerdings war sie so weit von ihrem Ziel entfernt, dass ich mir nicht sicher war, ob sie wirklich uns galt. Wie auch immer, es gab keine Brücke, weshalb also sollte ich anhalten? Wir waren kein lohnenswertes Ziel; vielleicht konnte ich den Schuss einfach ignorieren. Ich legte mich in die Riemen, und wir glitten vorbei. Diesmal schlug gleich eine ganze Salve ins Wasser ein; Nell und Dries setzten sich auf und fragten: »Was ist los, Zip?«

»Ich weiß es nicht«, antwortete ich, »anscheinend wollen sie, dass wir anhalten, aber es ist doch nur eine Fähranlegestelle, keine Brücke. Die Schüsse sind ziemlich ungezielt, vielleicht kommen wir durch.«

»Versuch's nicht«, sagte Nell scharf und schaute auf die Holzhütte, »es gibt 'ne ganze Menge von denen, und sie schreien und winken uns zu.«

Ein neuer Kugelhagel ging nieder, diesmal näher. »Leg

an, Zip«, befahl Dries mit seiner Kapitänsstimme. »Was du machst, ist albern. Schau mal, die schicken 'nen Kerl mit 'ner Maschinenpistole hinter uns her!«

Wie er sah ich, dass ein sowjetischer Soldat auf einem Fahrrad, die Maschinenpistole über dem Lenker, verzweifelt einen Pfad am Ufer entlangradelte. An dieser Stelle ragte ein Wellenbrecher in den Fluss, und da ich gegen die Strömung nicht ankam, musste ich um ihn herumrudern, um ans Ufer zu gelangen. Doch unser Kamerad auf dem Fahrrad vermutete unehrliches Spiel und feuerte, ohne seine Geschwindigkeit zu verringern, vom Lenker aus eine Salve ab. Vermutlich dank einer Spurrille im Weg verfehlten die Schüsse ihr Ziel, obwohl zwei oder drei Kugeln die Seite des Bootes streiften.

Verdammt, dachte ich bitter, natürlich musste es genau an dieser Stelle einen Uferpfad und einen Wellenbrecher geben, sonst wären wir vielleicht entkommen.

Widerstrebend lenkte ich die *Monty* ans Ufer, und eine Minute später forderte uns der keuchende Russe auf, sofort zur Fähranlegestelle zurückzukehren! Wahrscheinlich wusste er nicht, dass keiner von uns kräftig genug war, um gegen die Strömung anzurudern, doch nach einem erregten Wort- und Gebärdenwechsel erlaubte er Dries und mir, zu Fuß zur Fähranlegestelle zu gehen, während er seine bedrohliche Maschinenpistole auf Nell und Joke gerichtet hielt, die das Boot bewachten.

Diesmal hatte unser Zettel mit den Zauberworten seine Macht eingebüßt. An dem Wachposten angelangt, taten Dries und ich unser Bestes, auch hatten wir keine Mühe, unser Vorhaben zu erläutern, denn einer der sechs Russen sprach fließend Deutsch und war sehr korrekt und verständnisvoll. Dennoch beharrte er auf seinem »*njet*«. Wir müssten das Boot zur Fähranlegestelle zurückbringen, um es inspizieren zu lassen. Wenn wir unsere Fahrt fortsetzen wollten, gab es nur eine Möglichkeit: den Stadtkommandanten von Coswig um eine Sondergenehmigung zu bitten. Es blieb uns keine andere Wahl, als zu gehorchen. Dies war keine Privatgruppe von Russen, die sich auf eigene Faust vergnügte, es waren offizielle Wachposten, die ihre Pflicht erfüllten. Außerdem hatte ich mich inzwischen gründlich unter den angebundenen kleinen Booten umgeschaut, und mir kam der schreckliche Verdacht, dass es sich um die Boote von Menschen handelte, die vor uns die Elbe hinuntergefahren waren.

Wir gingen zurück zur *Montgomery*, um Joke und Nell die Situation darzulegen. Nachdem wir die Lage besprochen hatten, machten Nell und ich uns auf den Weg zum Büro des Kommandanten und überließen Joke und Dries die schwere Arbeit, das Boot um den Wellenbrecher herum zu dem Posten zu ziehen. Nell und ich marschierten die anderthalb Kilometer in Richtung Stadtzentrum und rechneten aus, dass uns der Gang drei bis vier Stunden kosten würde und wir gezwungen sein könnten, die Nacht irgendwo in der Nähe zu verbringen, so dass wir Dessau erst am nächsten Tag erreichen würden. Leider war selbst das zu optimistisch: Im Rathaus wurde uns gesagt, dass der Kommandant nicht vor 16 Uhr zu sprechen sei.

Da wir zwei Stunden überbrücken mussten, beschlossen wir zu erkunden, ob wir etwas Brot ergattern könnten, denn unsere Vorräte waren bis auf einen halben Laib zusammengeschmolzen. Vom Rathaus wurden wir in ein anderes Büro geschickt, dann in ein drittes, ohne Erfolg.

Als Nächstes trafen wir eine Gruppe Franzosen, die uns die Situation schilderten. In Coswig gebe es keine Möglichkeit, zu Lebensmitteln zu kommen, es sei denn in den Lagern. Sie selbst lebten in einem Franzosen vorbehaltenen Lager, sagten sie, aber anderthalb Kilometer weiter gebe es noch ein Lager, in dem Holländer und alle anderen interniert seien. Beide Lager würden von den Sowjets geführt. Bereitwillig zeigten sie uns den Weg, und wir trotteten anderthalb Kilometer die staubige Straße entlang zum Lager der Franzosen, wo uns ein anderer höflicher Franzose erklärte, dass wir dort kein Essen erhalten könnten, dann noch einmal anderthalb Kilometer zu dem sogenannten Durchgangslager.

Dieses erwies sich als eine Ansammlung langer Holzbaracken sowie zusammengewürfelter Hütten, Zelte und Unterstände, bewohnt von einer bunten Menge ehemaliger Zwangsarbeiter und anderer Arbeiter, die freiwillig nach Deutschland gekommen waren. Unsere erste Reaktion war, sofort umzukehren; nur die Tatsache, dass wir sowohl Informationen als auch Nahrungsmittel benötigten, ließ uns so lange ausharren, bis wir das »Büro« gefunden hatten, wo uns eine ungepflegte Russin und ein arroganter holländischer junger Mann (dem wir nicht über den Weg trauten, weil er Teile einer Naziuniform trug) mitteilten, die einzige Möglichkeit, an Lebensmittel zu kommen, bestehe darin, sich im Lager anzumelden, was wir ohnehin tun müssten, weil es keine andere Anlaufstelle gebe.

Angewidert wandten wir uns ab und gingen zurück zum Rathaus. Dort waren die Nachrichten genauso niederschmetternd. Der Kommandant werde heute gar nicht mehr erscheinen und sei vermutlich auch morgen zu beschäftigt, um uns zu empfangen. Draußen sah ich zufällig den deutschsprechenden Russen, den Dries und ich an der Fähranlegestelle getroffen hatten, vom Fluss her auf uns zukommen. Jetzt, da er allein war, sprach er freimütiger. Wir versuchten das Unmögliche, warnte er uns, seit er vor drei Wochen hier stationiert worden sei, habe kein einziges Boot den Posten passiert. Ob wir den Kommandanten sprechen könnten oder nicht, wir müssten ins Lager gehen und warten, bis es einen organisierten Austausch gebe. »Was meinen Sie mit Austausch?«, fragten wir, und er antwortete: »Etwa alle zehn Tage schicken wir eine Gruppe von euch hinüber, und dann schicken die Amerikaner eine Gruppe von Russen zurück, die sie dort festhalten.«

»Sind Sie sicher?«, fragten wir ihn. »Sind Sie sicher, dass wir nicht nach Odessa müssen, wenn wir ins Lager kommen?«

Er stutzte. »Was ist so verkehrt daran, nach Odessa zu müssen?«, fragte er.

»Nichts«, sagten wir ganz aufrichtig, »außer dass es so lange dauern würde und wir es eilig haben, nach Hause zu kommen. Verstehen Sie, wir wissen ja nicht einmal, ob unsere Familien noch am Leben sind oder ob unsere Häuser noch stehen, rein gar nichts.« Daraufhin lenkte er ein und versicherte uns, die Rückführungen, zumindest aus dieser Stadt, erfolgten auf direktem Weg und nicht über Odessa. »Warum können Sie uns dann keinen Passierschein für unser Boot geben?«, beharrten wir. »Es sind doch nur noch fünfundzwanzig Kilometer, und Sie müssten uns nicht in einem Lager festhalten.«

Er zuckte mit den Achseln und sagte nur: »Wir haben unsere Befehle. Ihr geht besser ins Lager.«

Nell und ich gaben uns geschlagen, gingen zurück zum Fluss und sagten unseren Freunden, dass wir die *Monty* verlassen und uns ins Lager begeben müssten. Dries und Joke, die es endlich geschafft hatten, das Boot zu dem Posten zurückzuziehen, und dort auf uns warteten, stritten nicht mit uns. Wir vertrauten einander auch ohne Worte, und sie wussten, dass wir alles unternommen hatten, um dieses Hindernis zu »umschiffen«. Traurig und stumm machten wir uns daran, die *Monty* zu entladen und unsere Ausrüstung auf die kleinen Wagen zu packen. Ein letztes Mal verabschiedeten wir uns von unserer *Montgomery*, die uns, wenn auch nur für vier kurze Tage, so gute Dienste geleistet hatte, und überließen sie der gleichgültigen Obhut der sowjetischen Wachposten an der Fähranlegestelle. Niedergeschlagen zogen wir den Kinderwagen und den Panzer fünf Kilometer weit zu dem Ort, den wir so sehr zu vermeiden versucht hatten: einem sowjetischen Lager für Displaced Persons.

SIEBENTES KAPITEL

Müde schleppten wir uns den letzten Kilometer bergauf, doch bevor wir ankamen, setzten wir uns an den Straßenrand und verzehrten, um uns Mut zu machen, unser letztes Brot mit einem dicken Belag aus Dosenfleisch. Um 18 Uhr standen wir in dem schmutzigen kleinen Büro, wo dieselbe lässige Russin in ein Hauptbuch mit Eselsohren einige kyrillische Schriftzeichen eintrug. Offenbar repräsentierten diese den Klang unserer Namen, da sie uns gar nicht erst aufforderte, sie zu buchstabieren, und von uns aus taten wir es auch nicht, denn das alte Misstrauen gegen jede Registrierung unserer Namen saß tief. Dann teilte sie uns mit, dass in den Baracken kein Platz mehr sei und wir irgendwo im Freien schlafen müssten. Als wir uns nach Nahrungsmitteln erkundigten, antwortete sie, in drei Tagen könnten wir zur regulären Lebensmittelverteilung wiederkommen. Unsere Stimmung verschlechterte sich zusehends; bedrückt wanderten wir ins Lager und suchten nach einer Übernachtungsmöglichkeit.

Das Lager selbst bestand aus neun Holzbaracken, die in Dreierreihen angeordnet waren, dazwischen rechteckige Wiesenstücke. Im rechten Winkel zu den Baracken standen zwei Holzhütten, in denen das Büro, die Kantine und die Küchen untergebracht waren. Und um diese spartanische, wenn auch recht ordentliche Anlage lagen wie ein riesiger farbenprächtiger Gürtel die merkwürdigsten Lagerplätze, die wir je gesehen hatten. Da waren Grassodenhütten und Hütten aus geflochtenen Zweigen, Wellblechhütten und solche aus dünnen Brettern, Zweimannzelte und überdachte Unterstände. Da waren Menschen, die unter Fuhrwerken hausten, denen zwischen die Räder gespannte Decken als Wände dienten; wieder andere hatten sich unter, in und auf Kleinlastwagen verkrochen. In dieser Zone bunten Zigeunerlebens standen in ziemlich regelmäßigen Abständen kleine dickbäuchige Bolleröfen, jeder von ein paar Leuten umgeben, die etwas kochten oder darauf warteten, dass sie an die Reihe kamen. Das Ganze war einmal von einem Holzzaun abgetrennt gewesen, von dem jetzt nur noch Bruchstücke übrig waren; zweifellos war der größte Teil davon in den Öfen verschwunden. Und seltsamerweise stand in diesem Meer von Menschen hier und da ein ruhiges Pferd oder ein Maultier, angebunden an einen Pfosten, an das Rad eines Lastwagens oder was immer gerade zuhanden war.

Verzweifelt bahnten wir uns einen Weg durch die Menge. Nirgends schien es ein freies Plätzchen zu geben, geschweige denn einen Unterschlupf. Nur die rechteckigen Wiesenstücke zwischen den Baracken waren so auffällig leer, dass man uns nicht eigens erklären musste, dass es verboten war, sich dort zu lagern. Trotz der großen Enttäuschung dieses Tages fand ich, dass die unglaubliche Szene um uns herum etwas sonderbar Reizvolles hatte. »Als Kind wollte ich schon immer Zigeunerin werden«, sagte ich zu Nell, die mit mir den Kinderwagen zog. »Sieht ganz so aus, als wäre heute die passende Gelegenheit.«

Hinter der letzten Baracke der mittleren Reihe stießen wir schließlich auf zwei freundliche holländische Jungs, die uns den kleinen Lastwagen zeigten, den sie als Schlafplatz benutzten. Sie selbst schliefen auf der Ladefläche, sagten sie uns, und zwei Belgier im Fahrerhaus, aber wenn wir den Platz unter dem Lastwagen haben wollten, seien wir willkommen. An der Seite könnten wir eine Decke anbringen und über zwei Zeltstangen spannen; das würde uns zu etwas mehr Platz verhelfen. Sie hatten recht. Wenigstens wären wir, falls es regnete, im Trockenen.

»Habt ihr was gegessen?«, fragten die holländischen Jungs.

Wir antworteten, uns sei gesagt worden, dass wir drei Tage lang kein Essen bekommen würden.

»Das stimmt«, sagte einer von ihnen, »aber ich sag euch was. Am anderen Ende des Küchengebäudes befindet sich die Tür zum Kartoffelkeller. Die steht normalerweise offen. Wenn gerade keiner der Russen hinschaut, schlüpft ihr einfach hinein und nehmt euch, so viel ihr wollt.«

»Danke, Kumpel«, sagte ich. Ich griff nach meinem großen Kopftuch und machte mich auf den Weg zu der Küche, um unser Abendessen zu »organisieren«. Das erwies sich als sehr einfach. Es war niemand da, als ich hineinging. Das Tuch voller Kartoffeln, wartete ich ruhig im Halbdunkel, bis die Stiefel eines sowjetischen Soldaten verschwunden waren. Ich drehte eine Runde von Bollerofen zu Bollerofen und legte bei jedem vier Kartoffeln in die heiße Asche, die unten herausquoll, bedeckte sie sorgfältig und merkte mir den Standort der Öfen. Als ich zu meinen Freunden zurückkam, hatten sie die Persenning ausgepackt und versuchten gerade, sie mit rostigen Nägeln vom Lattenzaun an der Seite des Lkw zu befestigen. Ich half ihnen eine Weile und kehrte dann zu meinen Kartoffeln zurück. Sie waren gar, und zu meiner Überraschung fehlte keine einzige der sechzehn Knollen.

Als wir gegessen hatten, erschien ein großer, blonder, blauäugiger junger Mann, der uns aus einiger Entfernung beobachtet hatte, und sagte: »Ihr seid auch Holländer, nicht wahr?« Wir nickten und luden ihn ein, sich zu uns zu setzen. Bei einer Zigarette tauschten wir Nachrichten aus. Er hieß Jos. Wie so viele junge Holländer war er bei einer der nationalsozialistischen Razzien zwangsverpflichtet und im Januar 1945 nach Deutschland verschleppt worden. Als er hörte, dass wir die Elbe hinuntergefahren waren, sagte er: »Dann braucht ihr nicht hier unter dem Lkw zu bleiben. Es gibt einen ganzen Raum mit Schiffern, die die Elbe heruntergekommen sind; es ist eine Art Klub. Die werden euch helfen. Ich spreche mit ihnen.« Damit stand er auf und ging. Unsere Stimmung hellte sich spürbar auf. Unter diesen Schiffern mussten auch die Kahnjungen von der *Codam 85* und all die anderen sein, von denen Asmus und Hartmans gesprochen hatten. In einer Welt wie der unsrigen bedeutete das so viel wie alte Freunde, auch wenn wir ihnen nie persönlich begegnet waren.

Kurz darauf kam Jos wieder und sagte: »Das geht in Ordnung, sie werden euch helfen. Packt eure Sachen und kommt mit. Ich zeige euch den Weg.« Als wir eilig die Persenning vom Lkw rissen und unsere Siebensachen auf den Wagen verstauten, fügte er entschuldigend hinzu: »Ich würde euch ja in das Zimmer einladen, in dem ich wohne, aber die Leute dort sind ein ziemlich mieser Haufen. Ich bleibe auch nur da, weil ein Stockbett drinnen besser ist als diese Rattenlöcher draußen.«

Dries, der sein Gedächtnis durchforstet hatte, sah Jos an und fragte ihn: »Hör mal, warst du zufällig bei der Handelsmarine?«

Jos' Gesicht verzog sich zu einem Lächeln, breit und sonnig wie ein Meeresstrand an einem strahlenden Junimorgen. »Darauf kannst du wetten, Kumpel!«, sagte er. »Irgendwie kam mir dein Gesicht oder dein Name auch bekannt vor, aber ich bin nicht recht schlau daraus geworden.«

Die beiden Männer schüttelten einander feierlich die Hände, verfielen sofort in ein aufgeregtes Gespräch und versuchten herauszufinden, ob sie etwa sechs Jahre früher tatsächlich auf demselben Schiff gearbeitet hatten oder nur über gemeinsame Freunde voneinander gehört hatten. Von diesem Augenblick an war Jos das fünfte vollwertige Mitglied unserer Clique.

Der »Raum der Schiffer« befand sich in der ersten Baracke der mittleren Reihe; bevor wir eintraten, bemerkte ich zu meiner Zufriedenheit, dass er hinsichtlich des Kartoffelkellers ziemlich günstig lag. Als Jos die Decke beiseiteschob, mit der die offene Tür verhängt war, brach lauter Jubel aus, und wir sahen zwölf mehr oder minder bärtige Gesichter, die uns erwartungsvoll von Kopf bis Fuß musterten; einige verrenkten sich oben auf den Doppelstockbetten die Hälse, andere blickten vom Fußboden hoch. Auf dem großen Tisch in der Mitte des Raums saßen ein beleibter, grau melierter Mann in den Fünfzigern und ein schlanker, blonder Jugendlicher, kaum älter als siebzehn.

»Habtachtstellung!«, rief eine Stimme von einem der oberen Betten. »Hier sind Frauen, die keine Flittchen sind!«

»Willkommen, willkommen«, dröhnte der beleibte Mann, »wir haben gehört, dass ihr die Elbe hinuntergefahren seid!«

Nell war unsere Sprecherin. Sie war die Einzige von uns, die Erfahrung mit öffentlichen Reden hatte, und obwohl unser jetziges Publikum nur wenige Köpfe zählte, war es doch für uns ein ganz wichtiges Auditorium. In diesem Moment wünschten wir uns nichts so sehr, als in den »Elbe-Klub« aufgenommen zu werden. Nell leistete vorzügliche Arbeit. In wenigen Sätzen fasste sie unseren Werdegang im Widerstand und in den Gefängnissen kurz zusammen und gab dann ein Resümee unserer Reise von Waldheim nach Coswig. Als sie zu unserer Flussfahrt kam, brandete Applaus auf, der aber gleich wieder verstummte, als Nell einige gefühlvolle Worte darüber einflocht, dass Holländer zusammenhalten müssten, wo immer sie seien, dass wir entlang des Flusses ebendiesem Geist begegnet seien und uns freuten, ihn auch in diesem bunt zusammengewürfelten Lager wiederzufinden.

Der anschließende Applaus klang sehr überzeugend, die Schiffer hatten verstanden. Einer von ihnen, ein kleiner Mann mit Knollennase, der sich als Dorus vorstellte, erklärte schnell: »Schaut, Kinder, es sieht so aus. Jede dieser Baracken hat zehn Räume sowie einen Waschraum und eine Latrine. Eigentlich sollten in jedem Raum zwölf Betten stehen, nur trifft das auf die meisten nicht zu, denn die italienischen Arbeiter, die zuerst hier untergebracht waren, haben eine Menge Betten zu Kleinholz verarbeitet. Wisst ihr, diese armen Makkaronifresser sind das kalte Klima nicht gewohnt. Wie ihr seht, haben wir hier elf Betten. Einige Räume haben zehn, andere nur acht. Inzwischen haben die Russkis drei Regeln für dieses Lager aufgestellt, und gar nicht mal schlechte. Eine lautet, dass alle Öfen im Freien stehen müssen – wahrscheinlich habt ihr sie gesehen. Zweitens darf niemand auf den Wiesenstücken zwischen den Baracken lagern. Das klingt albern, ist es aber nicht. Wir nutzen sie für vielerlei: Fußballspiele und Boxkämpfe – ihr werdet es bald selbst erleben. Es ist schön, ein bisschen Freiraum zu haben. Die letzte Regel besagt, dass kein Zimmer mehr Personen aufnehmen soll, als es Betten gibt. Das ist der reinste Blödsinn, also zerbrecht euch nicht den Kopf. Seit letzter Woche sind wir hier zu zwölft und könnten es mühelos auf vierzehn bringen. Das können die überhaupt nicht überprüfen, und sie bringen sich deshalb auch nicht um. Pops hier« – und er zeigte auf den beleibten Mann, der immer noch auf dem Tisch saß – »hat die ganze Zeit auf dem Tisch geschlafen. Das ist ihm lieber. Tony wird sich zu ihm gesellen, und Johan sagt, er würde es vorziehen, auf dem Boden zu schlafen. Also wie wär's, wenn zwei von euch Mädels die leeren Betten übernehmen?«

Bis zu diesem letzten Satz hatte Dorus einen sachlichen Ton gewahrt, dann aber verriet ihn ein gewisses Flehen in seiner Stimme. Es lag auf der Hand, dass die Anwesenheit zweier junger Frauen in seinem Quartier das Lagerleben weniger eintönig machen würde. Joke gab genau die richtige Antwort: »Und ob wir das möchten«, rief sie und warf sich sofort auf das Bett in der Ecke, das Tony geräumt hatte.

Dries flüsterte Nell zu: »Du solltest das obere Bett nehmen und Joke im Auge behalten. Sind zwar nette Kerle, aber man kann nie wissen –« Da hörten wir Jos' Stimme hinter uns. Leise fragte er: »Was ist mit den beiden anderen? Ihr habt gesagt, ihr könnt euch um sie alle kümmern?«

»Natürlich können wir das«, antwortete Dorus und wandte widerstrebend den Blick von Joke. »Mit den Nordländern in der Nachbarbaracke haben wir's schon abgesprochen.« Er trat auf uns zu und musterte Dries und mich von Kopf bis Fuß. »Tut mir leid, dass ich euch nicht auch noch hierbehalten kann«, sagte er leise. »Ihr seht ja, dass der Raum überbelegt wäre. Aber ihr könnt euer Zeug dalassen und den Raum als eure Tagesunterkunft betrachten. Mindestens einer von uns ist immer da, und eure Sachen sind sicher. Und natürlich esst ihr auch mit uns. Aber in der nächsten Baracke gibt es einen Raum voller Nordländer, mit denen haben wir einen Handel abgeschlossen – die werden euch einen Schlafplatz zur Verfügung stellen. Kommt, ich bringe euch hin.«

»Was meinen Sie denn mit Nordländern?«, fragte ich, als wir ihm durch den Barackengang folgten.

»Ach, wisst ihr«, antwortete er leichthin, »alles Landarbeiter aus Groningen, aber verdammt gute Jungs.«

Obwohl die Niederlande ein kleines Land sind, gibt es eine Vielzahl von Dialekten. An Dorus' Akzent erkannte ich, dass er aus Limburg, unserer südlichsten Provinz, stammte, während die Leute, zu denen er uns brachte, aus der nördlichsten kamen, aus Groningen. Zu den dialektalen Unterschieden kamen die der Konfession: Nördlich der großen Flüsse sind die Niederländer im Allgemeinen Protestanten, im Süden dagegen mehrheitlich katholisch.

Dorus führte uns in die nächste Baracke und musste wieder eine Decke beiseiteschieben. Auf den ersten Blick schien dieser Raum noch überfüllter zu sein als der der Schiffer, aber das lag daran, dass an ihrem langen Tisch Bänke standen. Als wir eintraten, saßen die meisten auf diesen Bänken. Es präsentierte sich uns eine solide Reihe von sechs kantigen Rücken mit blonden Köpfen, während uns von der gegenüberliegenden Seite fünf kantige Gesichter aus blauen Augen anstarrten. »Hier sind eure neuen Kunden«, führte uns Dorus ein. »Zeigt ihnen, wo sie schlafen können, sie kommen dann später wieder.«

Einer der mächtigen Körper auf der Bank vor mir rührte sich. Er stand auf, sprang über die Bank und kam mit ausgestreckter Hand auf uns zu. »Schön, dass ihr da seid«, sagte er gemächlich. »Ich hoffe, es macht euch nichts aus, auf Stroh zu schlafen.« Der Raum war mit den zwölf vorgeschriebenen Betten ausgestattet, alle besetzt, aber zusätzlich gab es in einer Ecke ein schönes dickes Strohlager. Unser Gastgeber zeigte es uns und sagte: »Im Moment schlafen da nur zwei Burschen, aber wir glauben, da ist Platz für vier. Was meint ihr?«

Dries musterte das Lager eingehend und antwortete: »Wir haben schon an kleineren Orten mit mehr Leuten geschlafen.« Dann wandte er sich an den Raum im Allgemeinen und sagte mit Emphase: »Wir sind froh, dass ihr uns bei euch haben wollt!«

Meine Mutter stammte aus der Provinz Groningen, und mit dem dortigen Dialekt war ich wenigstens so weit vertraut, um die Sätze, die ich hinzufügte, damit einzufärben: »Ich bin sehr stolz, hier zu schlafen. Könnte ich bessere Beschützer haben als vierzehn Groninger?« Das löste schallendes Gelächter aus, und ich entschied, dass wir akzeptiert worden waren.

Es war schon spätnachts, als Dries und ich, im Schlafanzug und in unsere Decken gehüllt, vom Raum der Schiffer zu dem der Nordländer gingen. Mit den Schiffern hatten wir viel zu bereden gehabt. Eigentlich waren nur acht von ihnen Schiffer, aber genau die waren es, von denen uns Asmus und Hartmans erzählt hatten, und natürlich mussten wir unsere Erfahrungen austauschen. Wie war es ihnen an der Torgauer Brücke ergangen? Hatten sie die Broekhuizens gesehen? Und so weiter. In dieser Nacht wurden etliche Lügenmärchen erzählt, und mit der Zeit stieg die Höhe des Wasserfalls bei Torgau auf drei, vier Meter an.

Uns wurde ein spätes Abendessen aus Kartoffelpüree und Fleischkonserven angeboten, das wir dankbar annahmen; mit einiger Mühe fanden wir heraus, wer zur Minderheit der vier Nichtschiffer im Raum gehörte. Da war Johan, ein Turnlehrer, ein Schreiner namens Pete, ein Bauarbeiter, ebenfalls Pete mit Namen, und ein Gelegenheitsarbeiter namens Henk. Ihren Platz bei den Schiffern hatten sie sich dadurch verdient, dass sie von Wittenberg in zwei gestohlenen Kanus die Elbe hinuntergefahren waren. Das stellte mich zufrieden, denn an der Fähranlegestelle hatte ich zwei Ruderboote und zwei Kanus gezählt. Damit waren alle Personen in diesem Raum ausgewiesen, nur für ein Boot gab es keine Erklärung. »Sagt mal«, fragte ich, »an der Fähranlegestelle lag auch ein weiß gestrichenes Ruderboot. Ein leichtes Boot, aber mit Steuerruder und Riemen. Wer hat denn das hergebracht?«

Alle lachten über meine Unwissenheit. »Das ist das Patrouillenboot der Russen«, antworteten sie. »Normalerweise fahren sie damit den ganzen Tag auf dem Fluss umher, bemannt mit drei Soldaten, einer am Steuerruder, einer an den Riemen, einer an der Maschinenpistole. Auf diese Weise sind wir gestoppt worden. Waren sie denn nicht auf dem Wasser, als ihr durchgekommen seid?« Daraufhin mussten wir ihnen erzählen, wie wir gestoppt worden waren, was viele gegensätzliche Kommentare hervorrief. »Ihr hättet einfach weiterfahren sollen!« »Gut, dass ihr angehalten habt, ihr hättet erschossen werden können!« »Vielleicht hättet ihr es um die Biegung geschafft!« »Worüber beschwert ihr Kerle euch, jetzt haben wir uns ein paar Mädels zugelegt, oder?«

Offenbar waren wir zu einem Zeitpunkt vorbeigekommen, als die Russen es leid waren, auf einem leeren Fluss zu patrouillieren, und beschlossen hatten, an Land einen Imbiss zu sich zu nehmen, so dass sie völlig überrumpelt waren. Hätte ich kräftiger rudern können, hätten wir es womöglich geschafft. Ebenso gut hätten wir erschossen werden können. Hatte ich richtig gehandelt? Hätte ich mich stärker in die Riemen legen sollen? Darüber zerbrach ich mir auch dann noch den Kopf, als ich mich zwischen Dries und einem wildfremden Mann ins Stroh kuschelte.

Der nächste Tag war der 26. Mai 1945, mein 29. Geburtstag. Seit unserer Befreiung war es mein sehnlichster Wunsch gewesen, diesen Geburtstag zu Hause zu verbringen – zum ersten Mal wieder seit 1941. Stattdessen wachte ich mit Stroh im Haar auf, in einem Raum mit fünfzehn Männern, von denen einige noch laut schnarchten, während andere halb bekleidet auf ihren Stockbetten saßen und ein paar an dem großen Tisch hantierten, um das Frühstück vorzubereiten. Dries und ich standen auf, falteten unsere Decken zusammen und gingen, noch im Schlafanzug, mit Zahnbürste und Seife in den Waschraum. Es war erst gegen acht Uhr, aber der Waschraum war bereits das reinste Tollhaus. Es gab einen Trog, der drei Wandlängen einnahm und über dem im Abstand von fast zwei Metern Kaltwasserhähne angebracht waren. Das machte etwa sechzehn Wasserhähne, doch als wir hereinkamen, tummelten sich an die vierzig Menschen in dem Raum. In der Mitte stand ein großer gusseiserner Kessel für Kochwäsche, der allerdings über keinen eigenen Hahn verfügte und anscheinend mit Wasser aus den Wandarmaturen gefüllt wurde.

Dries und ich mussten eine halbe Stunde warten, bevor wir einen Platz an einem Wasserhahn ergatterten und uns flüchtig Gesicht und Hände wuschen, die Zähne putzten und mit einem feuchten Kamm durch das verfilzte Haar fuhren. So wenigstens ansatzweise fein gemacht, gingen wir hinüber zum Raum der Schiffer. Und dort änderte sich meine miese Laune im Nu. Dries hatte den Vorhang kaum beiseitegeschoben, als mehrere Tenöre, Baritone und Bässe, von Dorus auf einer Mundharmonika begleitet, die niederländische Version von *Happy Birthday to you* anstimmten. Joke und Nell saßen auf ihren Betten. Mit ihren Sopranstimmen fielen sie zwar nicht in diesen lautstarken Chor ein, waren aber offensichtlich gespannt, wie ich die Darbietung aufnehmen würde. Und es kam noch schöner. Johan war auf die Felder hinausgegangen und hatte einen Strauß Mohnblumen, Margeriten und Kornblumen gepflückt, die mit ihrem Rot, Weiß und Blau stolz aus einer aufgeschnittenen Blechdose in der Mitte des Tisches hervorprangten. Pops war dazu überredet worden, seinen letzten echten Bohnenkaffee herauszurücken, und der gute, starke Duft kämpfte tapfer mit dem Schlafgeruch eines Raums voller Menschen.

Ich war zutiefst berührt. Es war nicht annähernd die Heimkehr, die ich mir erträumt hatte, aber auf ihre Weise fast noch schöner. Ich hatte die Verbundenheit mit meiner Familie feiern wollen; stattdessen feierte ich die Verbundenheit mit meiner Nation, vertreten durch eine seltsame Ansammlung von Menschen aus allen Ecken der Niederlande und aus allen Lebensbereichen. Joke rannte los, um Jos zu suchen, und schließlich setzten wir uns, um zu frühstücken: zu dem echten Bohnenkaffee eine große Schüssel in Salzwasser gekochter Grütze, die letzten Reste Dosenfleisch und – das Geburtstagsgeschenk der Schiffer für mich – ein ganzer Laib Brot.

Nach diesem emotionalen Start in den Tag mussten wir uns wieder praktischeren Fragen zuwenden. Ich ging in den Kartoffelkeller und tauchte erneut mit einem Kopftuch voller Knollen auf, die wir im Schifferzimmer versteckten. Dann machten wir uns auf die Suche nach Sanitäranlagen. Wie Dries und ich bereits am Morgen herausgefunden hatten, waren sie völlig unzureichend. Ursprünglich, als Deutschland und Italien Achsenpartner waren und die Deutschen so gut wie umsonst italienische Arbeitskräfte rekrutieren konnten, waren die Baracken für rund tausend italienische Arbeiter errichtet worden. Inzwischen wurden die Einrichtungen von etwa viertausend Displaced Persons genutzt. Für Frauen waren sie nicht gedacht, und die sowjetische Siegermacht hatte nichts unternommen, um die Lage zu verbessern. Jede Baracke verfügte über acht türlose Kabinen mit Toilettenschüsseln und an der gegenüberliegenden Wand mit acht Urinalen. Auch die Waschräume hatten keine Türen.

»Lasst uns auf die Felder gehen«, sagte Nell, und genau das taten wir an jenem ersten Vormittag. Doch die Felder, die bereits von all den im Freien hausenden Menschen genutzt wurden, boten kaum so etwas wie eine Privatsphäre und lagen zudem nicht nahe genug, wenn wir von den jähen Magenkrämpfen heimgesucht wurden, unter denen wir noch immer litten. Wir kehrten ins Lager zurück und stellten bei näherer Betrachtung fest, dass die Latrine in einer der Baracken von den Sowjets verriegelt worden war. Nachdem Dries das betreffende Schiebefenster geschickt aufgehebelt hatte, stiegen wir ein und inspizierten den Raum. Vier der acht Toilettenbecken waren verstopft, die anderen dagegen völlig in Ordnung – sie würden uns die Privatsphäre bieten, die wir uns wünschten. Verstohlen kletterten wir einer nach dem anderen durch das Schiebefenster wieder nach draußen und ließen es einen Spaltbreit offen; von außen sah es wie geschlossen aus. Jetzt brauchten wir unser Geheimnis nur noch für uns zu behalten und sicherzustellen, dass unser Kommen und Gehen durch das Fenster unbemerkt blieb.

Die Frage, wo wir uns waschen sollten, gestaltete sich schwieriger. Sämtliche Waschräume waren nach dem gleichen Muster angelegt und hatten keine Türen; Wasser gab es sonst nirgends. »Wenn es etwas wärmer wird, könnten wir zur Elbe laufen und ein Bad nehmen«, schlug Dries vor. »Ihr wisst schon, an der Stelle, wo die große Flussschleife durch den Wald beginnt. Von hier können es nicht mehr als fünf Kilometer sein.«

»Schon möglich«, sagte Joke, »aber was ist an kalten und regnerischen Tagen? Ich möchte mich, so gut es geht, sauber halten. Hier gibt's fast so viel Ungeziefer wie im Zuchthaus.«

Im Zuchthaus war es uns mit sorgfältiger Körperpflege und täglicher Kontrolle unserer Kleidung gelungen, Läuse von uns fernzuhalten, auch wenn wir gegen die Armeen von Flöhen und Wanzen, die in unsere Zellen eindrangen, auf verlorenem Posten kämpften. Seitdem waren wir glücklicherweise davon befreit, aber Joke hatte recht: In einem Lager wie diesem musste es von Ungeziefer nur so wimmeln.

»Ich denke, am besten benutzen wir die Waschräume nachts, wenn alle anderen schlafen«, sagte Nell.

»Oder Dries und Jos halten irgendwann am Nachmittag, wenn sie nicht so stark frequentiert werden, an der Tür Wache«, fügte ich hinzu.

Als wir in den Raum der Schiffer zurückkehrten, wurde uns gesagt, wir müssten zu dem sowjetischen Arzt gehen, um uns untersuchen zu lassen; jeder, der an einem Austauschtransport teilnehmen wolle, müsse eine ärztliche Bescheinigung vorweisen. Folglich machten wir uns auf den Weg zu der großen Villa, in der die Russen, die mit unserem Lager zu tun hatten, einquartiert waren. Hier wurde Dries in einen Raum geschoben, wir drei Mädchen in einen anderen, in dem sich bereits rund zwanzig Frauen aufhielten. Einige saßen auf Bänken an der Wand, andere standen Schlange. Eine herrische junge Russin befahl uns, ebenfalls anzustehen und den Unterkörper frei zu machen. Vorn, wo die Schlange begann, sah ich einen Arzt in einem schmutzigen weißen Kittel. Er stand an einem langen, mit einem schmuddeligen Laken bedeckten Tisch, und plötzlich begriff ich, dass die medizinische Untersuchung nichts anderes betraf als eventuelle Geschlechtskrankheiten. Ich wusste verdammt gut, dass wir keine Geschlechtskrankheiten hatten, und wenn man sich überhaupt irgendwo anstecken konnte, dann auf dem schmuddeligen Laken und bei einem Arzt, der sich, ohne sich zwischendurch die Hände zu waschen, eine Frau nach der anderen vornahm. Einige von ihnen wurden zu den Bänken zurückgeschickt, andere erhielten eine Bescheinigung und durften gehen. Sosehr uns diese widerliche Behandlung empörte – wenn wir die Bescheinigung erhalten wollten, blieb uns keine andere Wahl, als die Untersuchung über uns ergehen zu lassen, und so stiegen wir nacheinander auf den Tisch, um uns »untersuchen« zu lassen. Es dauerte nur Sekunden.

Als wir an jenem Nachmittag auf dem Wiesenstück zwischen den Baracken in der Sonne lagen, erzählte uns Jos auf unser Drängen hin etwas mehr von sich. Er war Mitglied einer auf Sabotage spezialisierten Widerstandsgruppe gewesen; nach der Befreiung der südlichen Niederlande im September 1944 war er Verbindungsmann zwischen dem niederländischen Widerstand und den alliierten Streitkräften geworden und hatte in dunklen Nächten die Flüsse hin und zurück überquert. Als er bei einer der regelmäßigen Razzien gefasst wurde, die die Nazis in den Straßen Rotterdams durchführten, um Zwangsarbeiter zu rekrutieren, war es pures Glück, dass die Deutschen zu desorganisiert waren, um seine wahre Identität zu durchschauen, andernfalls wäre er auf der Stelle erschossen worden.

Er erzählte uns auch mehr über das Lager selbst. Seiner Schätzung nach bestand dessen Population etwa zur Hälfte aus ehemaligen Zwangsarbeitern, während die andere Hälfte freiwillig nach Deutschland gekommen war, angelockt von dem Versprechen hoher Löhne, mitunter sogar von der NS-Ideologie. Zu dieser zweiten Hälfte zählten auch sämtliche Frauen, von denen es etwa dreihundert gab. Außerdem war Jos überzeugt, dass sich ein kleiner Prozentsatz der Männer zur Wehrmacht oder zur Waffen-SS gemeldet hatte, und diese hofften nun, dank des Lageraufenthalts in ihre Heimatländer zurückkehren zu können, ohne dass ihr Verrat entdeckt wurde.

»Aber wie willst du sie herauspicken?«, fragte Joke. Er zuckte mit den Schultern. »Ich schätze, darum wird man sich kümmern, wenn sie an die jeweilige Landesgrenze kommen.« Von anderen politischen Ex-Häftlingen im Lager wusste er nichts, aber damals war es schier unmöglich, den Überblick über viertausend Menschen zu behalten, unter ihnen Belgier, Jugoslawen, Italiener, Griechen und Holländer. Man musste ihre jeweilige Geschichte unbesehen glauben – wenn sie denn in einer Sprache erzählt wurde, die man verstehen konnte.

An diesem Abend kümmerte sich Nell ums Kochen; stolz servierte sie uns Erbsensuppe und einen Geburtstagskuchen aus Kartoffelpüree, verziert mit Streifen Dosenfleisch. Dorus spielte wieder auf seiner Mundharmonika. Dank der ständigen Scherze und komischen Einlagen sowie der unglaublichen Geschichten, die hauptsächlich Pops und Dorus erzählten, war es alles in allem ein schöner Geburtstagsabend.

Im Laufe der Tage lernten wir das Lager besser kennen. Zwar waren stets zwei oder drei Wachen davor postiert, aber die ließen jeden ungehindert umhergehen. Sie wussten genau, dass wir nirgends hinkonnten und niemand es wagte, sich zu weit zu entfernen aus Angst, die große Chance der Heimkehr zu verpassen. Die für das Lager verantwortlichen Russen mussten auch von den täglichen Plünderungsexpeditionen gewusst haben, doch wenn diese nicht allzu unverfroren waren und die Beute nicht allzu groß ausfiel, drückten sie ein Auge zu. Die Schiffer nahmen an diesen Expeditionen nicht teil aus dem einfachen Grund, weil sie nicht darauf angewiesen waren. Sie verfügten über einen großen Vorrat an Tabakblättern, und da Tabak praktisch ein gesetzliches Zahlungsmittel war, konnten sie ihn gegen alles eintauschen, was ihr Herz begehrte. Auf diese Weise hatten sie für ihren Raum ein Rundfunkgerät erstanden, und immer wenn wir Radio Oranje empfangen konnten, den freien niederländischen Radiosender, der während des Krieges in London auf Sendung gegangen war, sich inzwischen aber in Holland befand, lauschten wir mit angehaltenem Atem den Nachrichten aus der Heimat. Allerdings ärgerte es uns, wenn der Sprecher die Schrecken der Konzentrationslager und Zuchthäuser schilderte. Konnte er damit nicht warten, bis alle Gefangenen, die noch lebten, zurückgekehrt waren? Wusste er nicht, dass Tausende von uns durch Deutschland irrten und nicht nach Hause kommen konnten? Weshalb sollten unsere Familien diese Geschichten von Gräueltaten durchleiden, bevor sie Gewissheit hatten, ob wir gestorben waren oder noch am Leben?

Im Lager gab es etwa zwei Dutzend Jugoslawen, die geradezu in Saus und Braus lebten. Sie trugen ähnliche Uniformen wie die Rote Armee – wahrscheinlich hatten sie an der Seite der Sowjets gekämpft und waren in deutsche Kriegsgefangenschaft geraten. Die gingen einfach auf einen deutschen Bauernhof, gaben sich als sowjetische Soldaten aus und beschlagnahmten, was immer ihnen in den Sinn kam. Eines Abends kamen sie mit einem ganzen Schlachtschwein zurück, und am nächsten Morgen sicherte ich mir im Austausch für eine kleine Papiertüte Tabakblätter einen großen Batzen Schweinefleisch, der mehrere Tage vorhielt. Nach unserem dritten Tag im Lager hatte man uns Holzschildchen gegeben, mit denen wir Essen aus den Lagerküchen entgegennehmen durften. Mittags bekamen wir ein Viertelpfund dunkles Sauerteigbrot und einen halben Liter Suppe, das Gleiche noch einmal um sechs Uhr abends. Die Suppe, mit viel Fleisch und Gerste, schmeckte zwar sehr gut, reichte aber nicht aus, um unseren gewaltigen Hunger zu stillen. Nachdem unser Reis und unsere Trockenerbsen zur Neige gegangen waren, waren wir auf Tauschhandel oder Diebstahl angewiesen. Ich unternahm weiterhin täglich Ausflüge in den Kartoffelkeller, gelegentlich wagte ich mich weiter hinaus, um aus den deutschen Gemüsegärten, denen ich mich unbemerkt nähern konnte, einen Salatkopf, ein Bund Karotten oder eine Handvoll Tomaten mitgehen zu lassen. Wir alle hatten ein ausgeprägtes Verlangen nach frischem

Grün und durchlebten oft Träume, in denen wir hinter davonrollenden Orangen und Äpfeln herrannten, die für immer außer Reichweite blieben.

So waren die meisten Tagesstunden im Lager darauf ausgerichtet, uns hinreichend zu ernähren: stundenlanges Anstehen in den Suppenküchen, stundenlange Suche nach Brennmaterial für die Halleröfen, angenehme Stunden um die Öfen herum, wenn irgendein Gebräu munter vor sich hin blubberte, während in der Asche langsam die Kartoffeln garten.

Aber es gab auch andere Ablenkungen. Da das Wetter warm und sonnig blieb, wurden an den meisten Nachmittagen auf den Wiesenstücken zwischen den Baracken internationale Fußballspiele ausgetragen. Manchmal fanden zwei gleichzeitig statt: Italien gegen Belgien und Holland gegen Italien, woran sich Belgien gegen Holland anschloss. Die Zuschauer schlenderten von einer Partie zur anderen, feuerten ihre Lieblingsmannschaft oder ihre Lieblingsspieler an, und manchmal schlenderten die Spieler genauso beiläufig davon: Jeder, der seine Gegner, den Schiedsrichter oder seine Mannschaftskameraden nicht leiden konnte, wechselte einfach zum nächsten Spielfeld und schloss sich einem anderen Team an. Häufig hatte eine Seite dreizehn, die andere nur zehn Spieler, aber das scherte niemanden. Auch eine zeitliche Begrenzung gab es nicht. Die Spiele dauerten so lange, bis alle Spieler müde waren und das Feld verließen oder eine ausgesuchte Beleidigung ein freundschaftliches Gerangel auslöste, an dem sich auch die Zuschauer beteiligten.

An anderen Nachmittagen, wenn wir allen Gerüchten, heute sei »Transporttag«, sorgfältig nachgegangen waren und alle für unbegründet befunden hatten, riskierten wir, das Lager für vier Stunden zu verlassen und über die Felder zur Flussbiegung zu wandern, wo der Wald begann. Dort verbrachten wir etwa eine Stunde – schwammen, wuschen uns gründlich von Kopf bis Fuß und ließen uns von der heißen Sonne trocknen. Die Atmosphäre der Freiheit an diesem idyllischen Flecken verlockte Dries, Joke und mich dazu, uns den wildesten Träumen hinzugeben: Eines Abends würden wir den Fluss durchschwimmen und uns zu Fuß auf den Weg nach Dessau machen. Wenn wir uns dicht am Waldrand hielten, könnten wir uns bei drohender Gefahr jederzeit verstecken, und was spielte es schon für eine Rolle, wenn wir unser ganzes Hab und Gut zurücklassen mussten? Wenn wir erst einmal die amerikanischen Linien erreicht hätten, hätten wir keinen Bedarf mehr an Extrakleidung und zusätzlichen Vorräten, oder?

Doch Nell wollte von derartigen Plänen nichts wissen. Es sei verrückt, jetzt unser Leben zu riskieren, argumentierte sie, und für jeden Wachposten zwischen dem Lager und Dessau wären wir eine leichte Beute.

Jos, der sich eine solche Diskussion normalerweise schweigend anhörte, schlug sich auf Nells Seite. »Es ist zu riskant«, sagte er. »Die Russen haben strikte Anweisung, niemanden durchzulassen, und ich vermute, dass auch die Amerikaner Wachen aufgestellt haben. Vergesst nicht, es gibt eine ganze Reihe von unappetitlichen Charakteren, Kollaborateuren und so weiter, die hier rauswollen. Jetzt, wo Vorkehrungen für einen Austausch getroffen werden, sind die Amerikaner gezwungen, jeden zu verhören, der es auf eigene Faust versucht. Vielleicht schießen sie erst und stellen dann Fragen, so wie unsere russischen Kameraden.«

»Weißt du denn, ob ein solcher Austausch schon stattgefunden hat?«, fragten wir, und Jos antwortete: »Ja, am Tag vor eurer Ankunft hat eine Kolonne von rund fünfhundert Franzmännern das Lager der Franzosen verlassen.«

Das gab uns wieder ein wenig Hoffnung, und wir fassten uns in Geduld. Dann wachte Nell eines Morgens auf, ihr rechtes Bein war geschwollen und mit hellroten Flecken übersät, und von da an hörten wir auf, waghalsige Fluchtwege zu planen. Wenn sie das Bein belastete, hatte sie erhebliche Schmerzen, die durch eine Salbe, die ihr Pops beschafft hatte, zwar ein wenig gelindert wurden, doch konnte sie von da an nur mehr humpeln. Immer wenn wir loszogen, um in der Elbe zu schwimmen, musste Nell zurückbleiben. Das schmälerte unser Vergnügen, und so gingen wir dazu über, uns erst spätnachts zu waschen, wenn die Waschräume, in denen es kein elektrisches Licht gab, dunkel und verlassen dalagen. Eines Nachts standen wir in unserer gewohnten Ecke, hatten uns gerade ausgezogen und seiften uns ein, als ein Fremder mit einer Kerze in der Tür stand. Wir konnten nichts gegen ihn unternehmen, also ignorierten wir ihn einfach. Nachdem er uns etwa fünf Minuten stumm betrachtet hatte, war er offenbar zufriedengestellt und ging wieder.

Ein andermal bemerkte Joke zufällig einen Waschraum, der mitten am Nachmittag völlig leer war. Das kam ziemlich selten vor, denn normalerweise waren die Waschräume den ganzen Tag über von Scharen von Menschen belegt, die ihre Kleider wuschen. Rasch trommelte Joke uns alle zusammen, und während Dries und Jos in der Türöffnung Wache standen, bereiteten wir eine gründliche Körperwäsche vor. Aber wir hatten die Rechnung ohne den Wirt gemacht. Dorus hatte gesehen, wie wir unsere Handtücher holten, und tauchte in einem kritischen Moment zwischen Jos und Dries auf – mit dem launigen Angebot: »He, ihr Süßen, soll ich euch den Rücken schrubben?« Unsere beiden Wachen schüttelten sich fast vor Lachen, so dass es Dorus tatsächlich gelang, sich an ihnen vorbeizuschieben und uns einen Waschlappen auf den Rücken zu klatschen, ehe wir uns fassen konnten und ihn hinausscheuchten.

Aber niemand konnte ihm böse sein. Dorus war so liebenswert und voller Späße, dass man ihn im ganzen Lager kannte. Klein und o-beinig, sah er mit seinem zerfurchten Gesicht, der Knollennase und der unzertrennlichen Bent-Pfeife wie einer von Walt Disneys Zwergen aus. Aber er war eine Führernatur, und wenn jemand wegen des langen Lageraufenthalts Heimweh hatte oder niedergeschlagen war, war Dorus' besondere Art von Humor genau die richtige Arznei, um ihn wieder aufzumuntern. Wenn er, die Pfeife fest zwischen die Zähne geklemmt, auf dem Wiesenstück erschien, um Fußball zu spielen, jubelten Spieler und Zuschauer gleichermaßen.

Wann immer wir im Raum der Schiffer versammelt waren, auf den Betten saßen oder uns um den Tisch drängten, begann Dorus Geschichten zu erzählen. Die waren alle leicht anstößig, einige mehr als andere. Wenn sie allzu haarsträubend wurden, standen wir auf und sagten: »Dorus, wenn du so weitermachst, müssen wir gehen.« Dann protestierte er sogleich: »Nein, nein, bleibt doch noch.

Von jetzt an erzähle ich nur noch Geschichten für die Zeit unterm Weihnachtsbaum!« Die nächsten zwei oder drei waren für seine Verhältnisse recht zahm, doch dann legte er wieder los. »Dorus, was hast du mit dem Weihnachtsbaum angestellt?«, fragte Joke einmal, und mit aufrichtigem Bedauern und Erstaunen in der Stimme drehte er sich zu ihr um und sagte: »Es tut mir so leid, Baby, ich muss ihn wohl verdrängt haben.«

Mit all den Schiffern und Nicht-Schiffern im Raum hatten wir uns schnell angefreundet und Adressen ausgetauscht, damit, wer immer als Erster zu Hause eintraf, die frohe Botschaft weitergeben konnte. Die meisten hatten uns Fotos von ihren Frauen, ihren Liebsten und ihren Kindern gezeigt. Nach höchstens fünf Tagen im Lager waren wir längst vertraut mit Dorus' atemberaubendem Liebesleben auf den Flüssen Europas, als er eines Tages seine Brieftasche hervorholte und ihr einige viel befingerte Schnappschüsse von seiner Frau und seiner halbwüchsigen Tochter entnahm.

»Willst du damit sagen, du bist verheiratet, Dorus?«, fragte Joke ungläubig.

»Aber natürlich, Schätzchen«, antwortete er leichthin. »Wenn ich das alles satthabe, brauche ich doch ein Plätzchen, wo ich mich hinwenden kann, um auszuruhen, oder?« Und damit hatte sich die Sache.

Doch Dorus und die Schiffer schützten uns auch sehr. Jeden Morgen kamen die Russinnen, die in den Küchen arbeiteten, durch die Baracken und trieben die weiblichen Arbeitskommandos zusammen, die die Gänge und Waschräume putzen und die Küchen aufräumen mussten. Mehrfach versuchten sie auch uns aus dem Raum der Schiffer zu holen, stießen aber jedes Mal auf eine solide Barriere von Männern, die sie anbrüllten: »Holt euch die Schlampen, die mit den Nazis gevögelt haben!« »Wagt es bloß nicht, unsere Mädchen zur Arbeit zu zwingen. Das sind politische Gefangene, keine von diese Huren!«

Nachdem wir eine Woche im Lager verbracht hatten, errichteten die Sowjets in der Nähe der Fähranlegestelle ein großes Entlausungszelt; es hieß, sämtliche Insassen, sowohl die im Lager der Franzosen als auch die im Durchgangslager, müssten dorthin. Es war keine schlechte Idee, aber nach unseren Erfahrungen mit der medizinischen Untersuchung waren wir nicht geneigt, uns einer weiteren russischen Massenbehandlung zu unterziehen. Zwar wurden wir nachts oft von Wanzen und Flöhen geplagt, doch hielten wir unsere Kleider und unsere Körper so sauber wie möglich, und da sowohl die Schiffer als auch die Nordländer ihre Zimmer regelmäßig fegten und schrubbten, hatte keiner von uns Läuse. Dabei waren sie in den verschmutzteren Teilen des Lagers im Übermaß vorhanden. Wieder übernahmen die Schiffer die Führung. »Ihr geht nicht eher hin, als bis wir nachgeforscht haben«, warnten sie uns.

Sie ließen den ersten Vormittag verstreichen und hörten sich die Berichte der Belgier und Italiener an, die die Entlausung bereits hinter sich gebracht hatten. Dann losten sie aus, wer von ihnen nachforschen sollte. Pete, der Zimmermann, und Dirk, einer der Kahnjungen, wurden vom Los dazu bestimmt und erhielten einige der ältesten Kleidungsstücke, da den morgendlichen Berichten zufolge die Kleidung bei der Behandlung Schaden nahm. Am späten Nachmittag kehrten sie zurück und sprachen sich gegen die Teilnahme an der Prozedur aus.

»Die nehmen euch die Kleidung weg und stopfen sie in große brodelnde Kessel«, berichtete Pete, »und dann müsst ihr euch mit nacktem Arsch anstellen, bis ihr zu den Duschen kommt. In meiner Schlange waren etwa ein Dutzend Frauen, und natürlich wollte sich jeder an sie heranpirschen. Das ist kein Platz für unsere Mädchen.«

»Und es gibt etwa zehn sowjetische Soldaten, die Ordnung halten und euch unter die Duschen schubsen«, fügte Dirk hinzu. »Das Wasser ist lauwarm, und es gibt keine Seife. Dann müsst ihr euch wieder in die Schlange stellen, um eure Kleidungsstücke zurückzubekommen, und das kann lange dauern, weil großes Durcheinander herrscht. Ich habe gesehen, wie ein Soldat eine nackte Frau direkt hinter mir aus der Schlange gezerrt hat und mit ihr hinter der Zeltleinwand verschwunden ist. Außerdem habe ich mein Hemd nicht wiedergefunden – und seht euch meine Hose an!« Seine Hose war eingegangen. Pete war mit Hemd und Hose herausgekommen, die deutlich kleiner waren als vorher.

Manchmal aber wurde der Beschützerinstinkt der Schiffer zum Problem. So war zum Beispiel der beste Zeitpunkt, um Gemüse zu stehlen, die Abenddämmerung, wenn sich die Bauern und ihre Familien in ihre Häuser zurückgezogen hatten und man ziemlich sicher sein konnte, dass in den Gemüsegärten niemand mehr arbeitete. Aber die Sommersonnenwende rückte näher, und es wurde erst nach neun Uhr dunkel. Dorus, Pops und die anderen Schiffer hatten festgelegt, dass nach dem Abendessen keines von uns Mädchen das Lager mehr verlassen durfte. Folglich musste ich mir alle möglichen Tricks einfallen lassen, um mich ihrer Aufsicht zu entziehen. Wenn sie mich mit Tomaten oder Karotten erwischten (was immer wieder geschah, weil ihr Raum der sicherste Ort war, um meine Schätze zu verstecken), nahmen sie mich gehörig ins Gebet. Was das betraf, ließen Joke und Nell mich im Stich und schlugen sich auf die Seite der Schiffer. Ihr Argument lautete: »Warum das Risiko eingehen? Du weißt, dass die Russen jeden Abend auf Frauenjagd gehen. Wenn du ihnen zufällig begegnest, weißt du, was dir blüht. Und wenn du auf einem Bauernhof erwischt wirst, wo die Russen das Sagen haben, kommt's noch schlimmer.«

Erstaunlicherweise verteidigten mich sowohl Dries als auch Jos. »Sie weiß, was sie tut«, sagte Dries mit der besitzergreifenden Miene, die er aufsetzte, wenn er von einem seiner drei Mädchen sprach. Und auf seine bedächtige Art fügte Jos hinzu: »Wisst ihr, einmal bin ich ihr nachts gefolgt. Meist bleibt sie in Deckung, und was sie aus einem Garten mitgehen lassen will, wählt sie so schnell aus, dass ich nicht einmal wusste, was sie mitgenommen hat, bis ich es am nächsten Tag sah.«

Unter vier Augen boten sie mir beide an, an meiner statt zu gehen, aber das erlaubte ich nicht. Ich hatte die Lage sondiert und wusste genau, was ich wo stibitzen konnte. Und um die Trostlosigkeit des Lebens in einer Institution wie dem Lager wettzumachen, war ich auf die Aufregung und Unabhängigkeit dieser gelegentlichen Streifzüge ebenso angewiesen wie auf den Vitamingehalt frischen Gemüses.

Abends ähnelte das Lager noch mehr als tagsüber einem Zigeunerjahrmarkt. In der Dämmerung wurden auf den ausgetretenen Fußballfeldern zwischen den Baracken Tauziehwettkämpfe ausgetragen. Häufig riss das Seil unter der Belastung, und in einem Gewirr fuchtelnder Arme und Beine purzelte das Dutzend Männer auf beiden Seiten zu Boden. Bei Belgiern und Italienern waren diese Wettkämpfe besonders beliebt; solange das Seil hielt, begannen sie immer wieder aufs Neue. Jedes Mal wurden die Teams um einen Mann verkleinert, bis nur noch zwei erschöpft keuchende Kämpfer übrig blieben, die entkräftet versuchten, den Gegner über eine imaginäre Linie zu ziehen, die von einem Vertreter jeder Seite eifersüchtig überwacht wurde. Stets fanden fünf oder sechs dieser Wettbewerbe gleichzeitig statt, jeder mit einem eigenen Zuschauergrüppchen.

Andere bevorzugten eine weniger anstrengende Art der Unterhaltung. Abend für Abend traten zwei Männer auf, die sich als Bärenführer ausgaben. Ein dritter trug ein aufwendiges Strohkostüm und stellte den Bären dar. Beharrlich lief er auf allen vieren, bis er von seinem Meister, der ihn an der Kette führte, den Befehl erhielt, sich aufzurichten und zu tanzen. Daraufhin verfiel er in einen rasenden Tanz, der dazu bestimmt schien, so viele Schaulustige wie möglich umzustoßen. Der zweite Mann ging mit einem Zinnbecher herum und bat um einen Obolus. Erstaunlicherweise wurde dieser tatsächlich entrichtet, sogar von den Leuten, die der Bär umgestoßen hatte und die noch immer damit beschäftigt waren, sich den Staub abzuklopfen. Eines Abends schaute ich in den Zinnbecher – eigentlich ein russisches Kochgeschirr – und sah einige Markstücke, ein paar Rubelscheine und ein sorgfältig zusammengeklammertes Heft Zigarettenpapier.

Kurz vor Einbruch der Dunkelheit, wenn alle von Spaß und Spiel müde waren, begann auf einem der Fußballfelder eine italienische Kapelle mit ihrer Musik. Sie bestand aus Geigen, Mandolinen und Gitarren, gab hauptsächlich Tangos, verschiedene Opernarien und sentimentale italienische Lieder zum Besten und war ungeheuer beliebt. Nicht nur fand sich in immer größeren konzentrischen Kreisen ein vielköpfiges Publikum ein, es entstand meistens auch ein kleiner Tanzboden, auf dem ein oder zwei Paare die ausgefallensten Tangoschritte darboten und den Beifall sämtlicher Zuschauer einheimsten.

Unterdessen wurde die große Kantine von einer niederländischen und einer belgischen Kapelle übernommen, die sich beim Spielen abwechselten. Die Belgier waren süchtig nach Märschen, altmodischen Polkas und Volksliedern. Die Niederländer, denen es gelungen war, ihre großen Trommeln und all die anderen Instrumente auf kleinen Wagen von Berlin her zu transportieren, spielten ausschließlich Jazz. Zur Musik beider Kapellen wurde getanzt – allerdings mit einem Unterschied. Die belgischen, italienischen und griechischen Männer dachten sich nichts dabei, miteinander zu tanzen, da im Lager auf etwa zwölf Männer nur eine Frau kam. Das aber duldeten die Jungs der niederländischen Kapelle nicht. Wenn sie aufspielten, standen zwei riesige, bärenstarke Kerle mit ihnen auf dem Podium, und sobald sie zwei Männer miteinander tanzen sahen, stürzten sie sich auf sie und trennten sie gewaltsam. Die Belgier und die Italiener verstanden nie, was es mit dieser Regel auf sich hatte, doch nach ein paar Raufereien gaben sie nach und hielten sich daran. Daher waren, wenn die niederländische Band aufspielte, Frauen heiß begehrt, und kamen wir zufällig zu diesem Zeitpunkt herein, konnten wir sicher sein, dass die Männer über uns herfielen und uns auf die Tanzfläche zerrten, noch bevor wir Luft holen konnten. Für Nell, deren Bein zu sehr schmerzte, als dass sie hätte tanzen können, wurde es so gefährlich, dass sie sich angewöhnte, am Stock zu gehen, um potenziellen Tanzpartnern ihren Zustand sinnfällig zu machen. Wenn sie dennoch darauf bestanden, benutzte sie ihren Gehstock einfach dazu, sie abzuwehren.

Wir schauten fast jeden Abend vorbei, blieben aber nie lange, denn das ständige Tanzen strengte uns an, und durch die animalische Wärme der Menge wurde es in der Kantine unerträglich heiß. Wenn wir in die klare, sternenhelle Nacht hinaustraten, begrüßten uns die schwermütigen Klänge eines Akkordeons, gespielt von einem heimwehkranken kleinen russischen Soldaten, der jeden Abend nach Einbruch der Dunkelheit auf der Küchentreppe saß und die immer gleiche Melodie bemühte.

Im Laufe der Tage verdichteten sich die Gerüchte über einen bevorstehenden Austausch immer mehr, doch nichts geschah. Dries und ich hatten unsere Nordländer recht gut kennengelernt, auch wenn wir mit ihnen nicht so eng befreundet waren wie mit den Schiffern, da wir uns tagsüber nie in ihrem Raum aufhielten. Sie hatten uns von ihrem Handel mit den Schiffern erzählt. Sie besaßen einen großen Heuwagen, auf dem sie im Lager eingetroffen waren, hatten aber keine Möglichkeit, ihr Pferd zu füttern. Die Schiffer hatten die Versorgung des Tieres unter der Bedingung übernommen, dass sie, sobald der Transport in Gang käme, ihre Sachen auf dem Wagen verstauen könnten. Zurzeit wurde der Heuwagen von vier Belgiern genutzt, die unter ihm schliefen und geschworen hatten, ihn von niemandem stehlen zu lassen. Tagsüber war das

Pferd meist irgendwo am Rande eines Weizen- oder Roggenfeldes angebunden, wo es nach Belieben knabbern konnte und wo die Schiffer mehrmals am Tag vorbeischauten, um es zu füttern, womit auch immer, und sich zu vergewissern, dass es noch vorhanden war. Bei Einbruch der Dunkelheit aber brachten sie es ins Lager und banden es am geöffneten Fenster des Schifferraums an, wo ein Dieb die vier Männer, die am Fenster schliefen, mit Sicherheit aufwecken würde.

Am zehnten Tag unseres Lageraufenthalts verließen uns die Griechen, die Jugoslawen und ein großes Kontingent Italiener. Die Schiffer hatten frühmorgens eine Wache neben dem Pferd postiert, und die Nordländer saßen abwechselnd auf ihrem Heuwagen, bis um zwei Uhr auch der letzte »Abreisende« verschwunden war. Dries und ich standen am Straßenrand und schauten dem langen jämmerlichen Treck nach, der sich aus dem Lager hinaus- und den Hügel hinabbewegte: überladene Fuhrwerke, von klapprigen Maultieren und Pferden gezogen, Menschen zu Fuß mit Bündeln auf dem Rücken, andere, die kleine Karren zogen, und einige wenige Glückliche, die Fahrräder lenkten oder schoben, an denen alle möglichen Pakete und Kartons hingen. Wir hatten nicht den Wunsch, uns ihnen anzuschließen, denn wir wussten, sie würden in südöstlicher Richtung nach Wittenberg ziehen und von dort vermutlich nach Süden. Wir fragten uns nur, wie lange es dauern würde, bis diese unglückseligen Menschen ihr jeweiliges Ziel erreichten; einige würden drei, vier Länder durchqueren müssen, um in ihre Heimat zu gelangen. Nach ihrer Abreise war das Lager etwas weniger überfüllt, die Essensschlangen wurden kürzer, um die Bolleröfen herum gab es mehr Platz, und die zwielichtigen Charaktere, die sich bei den Russen freiwillig als »Lagerleiter« gemeldet hatten (darunter der niederländische Junge, der SS-Uniformhose und -stiefel trug und dem Nell und ich vom ersten Tag an misstraut hatten), rannten noch öfter mit sogenannten »Transportlisten« herum, die nie vollständig zu sein schienen und offenbar immer wieder aufs Neue überprüft werden mussten.

Nells Bein wurde schlimmer, und wir machten uns bereits Sorgen, wie wir sie aus dem Lager bringen sollten, wenn sie nicht laufen konnte. So gern uns die Schiffer hatten, sie konnten ihr keinen Platz auf dem Heuwagen versprechen, denn sowohl sie als auch die Nordländer hatten beträchtliches Gepäck; angesichts der Zahl von sechsundzwanzig Männern waren sie nicht einmal sicher, ob sie überhaupt jemanden mitnehmen konnten. »Wenn wir einen kleinen Wagen nur für Nell auftreiben, glaubt ihr, dass wir ihn hinten an dem Heuwagen anbinden könnten?«, fragte Joke schüchtern. Dorus, der Jokes halb kindlichem, halb ernstem Drängen wie alle anderen nicht widerstehen konnte, sagte: »Dann such dir ein leichtes Wägelchen, in dem der Baron sitzen kann, und ich verspreche dir, dass unser Pferd es ziehen wird, selbst wenn wir alle zu Fuß gehen müssten! Nicht wahr, Jungs?« Aus dem Raum scholl ihm ein einstimmiges »Jawohl!« entgegen, und die Suche nach einem Beförderungsmittel für Nell konnte beginnen.

Wir fanden es am nächsten Nachmittag auf seltsamen Umwegen. Jos und ich sahen uns einen Boxkampf zwischen einem Belgier und einem Holländer an. Derlei Kämpfe fanden statt, wenn die Menschen des Fußballs überdrüssig wurden und keine Mannschaften zusammengetrommelt werden konnten. Die Boxer absolvierten die vereinbarte Anzahl von Runden aus Liebe zum Sport, die Zuschauer aber steigerten die Spannung mit den sonderbarsten Wetten, die ich je erlebt habe. Die sowjetischen Soldaten liebten die Boxkämpfe; wer keinen Wachdienst hatte, gesellte sich zu der Menge um den improvisierten Boxring. Einmal wurde ich Zeuge einer Drei-Wege-Wette zwischen einem Rotarmisten mit einer Handvoll Rubel, einem Italiener, der etwa ein Dutzend großer Tabakblätter bot, und einem Belgier mit einem Bündel Markscheinen. Die drei verfügten über keine gemeinsame Sprache und schlossen ihre Wetten mit Kopfnicken und Handzeichen ab. Ich freute mich, dass der Italiener gewann, denn im Lager war Tabak weit wertvoller als Mark oder Rubel.

An diesem Nachmittag lächelten Jos und ich gerade über eine Wette zwischen zwei Belgiern: drei Kartoffeln gegen eine ziemlich große Pastinake, als ich hinter mir eine leise Stimme vernahm, die mich mit »Mejuffrouw Roosenburg« anredete. Ich erstarrte. Es war lange her, dass ich meinen Nachnamen gehört hatte. In den Jahren des Widerstandes war ich in Frankreich und der Schweiz »Michèle«, in Belgien »Gaby« und in Holland »Ann« gewesen. Während meiner Gefangenschaft war ich in den Augen der Wärterinnen nur eine Nummer und für meine Zellengenossinnen »Zip«. Wer in aller Welt konnte mich mit Roosenburg anreden? Ich blickte zu Jos auf, aber der war in den Boxkampf und die Wetten vertieft und hatte offensichtlich nichts mitbekommen. Ich war mir nicht einmal sicher, ob ich mich nicht verhört hatte, doch dann erklang die Stimme abermals und nachdrücklicher: »Mejuffrouw Roosenburg!«

Diesmal fuhr ich herum, entschlossen, den Geist auszutreiben – und erkannte sofort den Blumenhändler, der, als ich noch ein Kind war, in Den Haag an der Ecke meiner Straße gestanden und mir, wenn ich vom Gymnasium nach Hause trottete, oft eine müde Tulpe, eine Narzisse oder eine Rose geschenkt hatte. »Mijnheer Vogel –« Ich stockte. »Wie kommen Sie denn hierher?«

Er streckte die Hand aus und führte mich aus der Menge zu einer Stelle, wo wir uns, an die Wand einer Baracke gelehnt, in Ruhe hinsetzen konnten. »Hab Sie erschreckt, stimmt's?«, sagte er und lächelte.

Ich musterte ihn genauer. Er war mindestens fünfundfünfzig Jahre alt – damit kam er für Zwangsarbeit nicht infrage –, und er trug nicht sein künstliches Gebiss, was ihn älter aussehen ließ. »Wie kommen Sie denn hierher?«, wiederholte ich dümmlich.

»Nun, es ist so, Mejuffrouw Roosenburg«, antwortete er, »es wurde eine dieser Razzien zur Rekrutierung von Zwangsarbeitern durchgeführt, und mein jüngster Sohn, der zweiundzwanzig ist, war zufällig auf der Straße. Er rannte weg, und als die Nazis ihn verfolgten, sahen sie ihn in unser Haus rennen. Da wir unter den Dielenbrettern ein gutes Versteck hatten, verstehen Sie, fanden sie ihn nicht und haben stattdessen mich mitgenommen.« Das erzählte er mit einem so schlichten Stolz in der Stimme, dass ich mit ihm mitfühlte.

»Wann war das?«, fragte ich. Ich wagte es nicht, mich nach meiner eigenen Familie zu erkundigen.

Er wandte mir sein gütiges Gesicht zu. »Am 1. Februar«,

sagte er. »Sie wollen sicher etwas über Ihre Familie wissen, nicht wahr? Nun, Ihren Vater habe ich noch am Tag vor meiner Ergreifung gesehen. Er sah ziemlich müde und mager aus, aber es schien ihm nichts zu fehlen. Ihrer Mutter auch nicht. Ihre jüngste Schwester hatte ich lange nicht mehr gesehen – sie arbeitet irgendwo in einem Krankenhaus. Die andere ist noch zu Hause. Von Ihrem Bruder wissen Sie, nicht wahr?«

Ich nickte. Mein Bruder war im KZ Sachsenhausen. »Wohnen sie noch in unserem alten Haus?«, fragte ich. »Im Radio heißt es, dass Den Haag schwere Bombenschäden davongetragen hat.«

»Das stimmt«, antwortete er. »Die Brücke über den Kanal und eine ganze Reihe von Häusern in der Nachbarschaft sind zerstört, doch bei meiner Festnahme stand Ihre Häuserzeile noch.«

Ich rechnete rasch nach. Das war vor vier Monaten. Ob meine Lieben die letzten vier Monate überlebt hatten?

Später am Tag besuchte ich den Blumenhändler in seinem Barackenraum, um zu hören, welche Neuigkeiten er über meine Familie und die anderen aus der Nachbarschaft noch hatte. Als er mich einigen seiner Mitbewohner vorstellte, ergab es sich, dass einer von ihnen Friseur war und sich bereit erklärte, mir für den Preis von sechs Zigaretten den widerspenstigen Haarschopf zu schneiden. Während er geschickt mit der Schere hantierte, unterhielten wir uns, und ich erwähnte, dass Nell nicht laufen könne und wir für sie ein Wägelchen suchten. Ein Freund des Friseurs, der uns zuschaute und sich an dem Gespräch beteiligte, sagte, er kenne jemanden, der genau das habe, was wir brauchten. Es folgten komplizierte Verhandlungen, an deren Ende wir den Kinderwagen, die letzten unserer ungeschnittenen Tabakblätter und zwei Runken Brot gegen einen kleinen Leiterwagen tauschten, die Nachbildung eines deutschen Heuwagens mit vier Holzrädern. Seiten und Rückwand bestanden aus Latten im Abstand von knapp zehn Zentimetern, die Unterseite aus festen Brettern. An der offenen Vorderseite befand sich eine lange Deichsel, mit der man ihn ziehen konnte. Das Ganze war nicht höher als 60 Zentimeter, 45 Zentimeter breit und etwa 75 Zentimeter lang – eine perfekte Kutsche für unseren Baron. Jetzt hatten wir, was wir brauchten, ansonsten aber herzlich wenig. Unsere Vorräte waren aufgezehrt, und selbst die Schiffer mussten die letzten Reste zusammenkratzen. Und dann endlich kam der große Tag. Es war der 6. Juni 1945, seit genau einem Monat waren wir frei.

ACHTES KAPITEL

Die Aufregung begann um sechs Uhr morgens. Mehrere sowjetische Soldaten stürmten in die Baracke, um die sogenannten Lagerleiter zu wecken, die kurz darauf, ihre ewigen Listen unter dem Arm, die Runde durch die Räume machten. Sie gaben bekannt, heute sei der Tag, und wir sollten schnell packen. Im Handumdrehen kletterten zwei der Schiffer aus dem Fenster und banden das Pferd los. Dries und ich schliefen im Zimmer der Nordländer, zu dem die Lagerleiter noch nicht vorgedrungen waren, als unsere beiden Freunde am Fenster erschienen, den Kopf des Pferdes hineinschoben und brüllten: »Kommt schon, ihr Faulpelze, bewegt euch, oder wir lassen euch zurück!«

Es folgte ein großes Durcheinander. Von den oberen Betten flogen Decken herab, und alle stießen mit allen zusammen. Dries und ich wickelten uns in unsere Decken und wichen den anderen aus. Im Raum der Schiffer herrschte derselbe fröhliche Tumult. Unser weniges Gepäck war kein Problem. Wir hatten alles beisammen und waren reisefertig. Während die Schiffer noch fieberhaft am Werk waren, saßen wir still auf Jokes Bett. Schließlich fuhr der Pferdewagen, beladen mit dem Gepäck der Nordländer, vor dem Fenster vor; die verschiedenen Seesäcke und Koffer wurden einer nach dem anderen durchs

Fenster gereicht und dem Stapel auf dem Wagen hinzugefügt, der anschließend mit langen Seilen und komplizierten Schifferknoten festgezurrt wurde.

Um 9 Uhr 30 begann die Küchenglocke zu läuten. Das bedeutete die willkommene Lebensmittelverteilung. Wir bildeten zwei Gruppen, die eine stellte sich in der Essensschlange an, während die andere das Gepäck bewachte, bis die erste Gruppe wieder zurückkam, um ein Auge darauf zu haben. Es war eine kluge Vorsichtsmaßnahme, denn als die zweite Gruppe losgezogen war, ertönte aus einem Raum weiter unten im Gang ein gepeinigter Schrei: Eine Gruppe von Belgiern, die beim ersten Ton der Küchenglocke alle auf einmal losgestürzt waren, hatte entdeckt, dass die Hälfte ihrer Sachen verschwunden war.

Jeder von uns bekam einen ganzen Liter Suppe und ein halbes Pfund Brot. Die Suppe aßen wir, stopften aber das Brot zu Kochtopf und Feldflasche in den Rucksack, denn allein die Tatsache, dass wir an diesem Morgen doppelte Portionen erhalten hatten, machte deutlich, dass es tagsüber kein Essen mehr geben würde. Die Lagerleiter unternahmen den aussichtslosen Versuch, jedermann nach dem Alphabet Aufstellung nehmen zu lassen, wie Gepäckstücke bei der Ankunft eines Passagierschiffes; da aber niemand auch nur die geringste Neigung verspürte, aus der Gruppe seiner Freunde auszuscheren, war alle ihre Mühe vergebens, und nach einer Stunde gaben sie auf.

Drei Stunden lang standen wir so in der heißen Sonne, warteten fluchend und wagten es nicht, die Ansammlung zu verlassen und uns irgendwo im Schatten auszuruhen, aus Angst, der Treck könnte ohne uns aufbrechen. Wer auf die Toilette musste, postierte Freunde vor der Latrine, die ihm eine Warnung zurufen sollten, falls es losginge. Dreimal eilte ich in den Waschraum, um zu trinken und unsere Feldflasche mit frischem Wasser zu füllen, und jedes Mal kehrte ich keuchend zurück in der Angst, meine Freunde bei der plötzlichen Räumung des Lagers verloren zu haben. Es war zwei Uhr nachmittags, als endlich ein erregtes Summen durch die Menge schwirrte. Es bedeutete, dass sich die Spitze der Kolonne in Bewegung gesetzt hatte. Erst nach einer reichlichen Stunde erreichte die langsame Welle auch unsere Gruppe, und das gute alte graue Pferd, das zwischen den Pfosten eingeschlafen war, wurde von einem der Nordländer unsanft geweckt.

Und so brachen wir auf. Ein Kahnjunge lief neben dem Kopf des Pferdes, drei weitere Nordländer saßen auf dem Kutschbock, eine Handvoll Schiffer und Nordländer auf dem hohen Gepäckstapel, Nell in ihrem Leiterwagen, den wir mit Kette und Vorhängeschloss an der Rückseite des großen Heuwagens befestigt hatten. Wir Übrigen gingen neben ihr, Jos und ich zogen den Panzer. Die erste Strecke führte vom Lager hinunter nach Coswig, und Joke und Dries mussten die Deichsel von Nells kleinem Leiterwagen festhalten, um zu verhindern, dass er in den großen rollte. Danach schwenkten wir auf eine ebene Straße ein, die an der Nordseite der Elbe entlangführte, und Nell konnte gemächlich, ohne Bremsen oder Schieben, dahinzuckeln. Jos hatte zwei flache Bretter gefunden, die länger waren als der Wagen, auf denen konnte sie, wann immer sie wollte, die Beine ausstrecken. Ein älterer Mann, der weiter vorn im Treck ging, fiel zurück und schenkte Nell einen großen altmodischen Regenschirm zum Schutz vor der Sonne. Sie öffnete ihn gleich – er war schwarz, mit grauen Vogel- und Blumenmotiven –, und von da an kamen, wenn der Treck sich verlangsamte, Leute von hinten oder von vorn angerannt, nur um Nell unter ihrem großen Schirm in Augenschein zu nehmen. Sie lächelte, nickte und winkte den Schaulustigen zu wie eine Königin beim Defilee, bis es aus Dorus, der sie schon einige Zeit beobachtet hatte, schließlich herausbrach: »He, Baron, ich glaube, ich werde dich befördern. Von jetzt an bist du Königinmutter!«

Der Witz machte die Runde und lockte noch mehr Neugierige an. Er war eine Ablenkung so gut wie jede andere. Die Sonne war heiß, die Straße staubig. Manchmal bewegte sich der Treck nur im Schneckentempo, dann kam plötzlich Bewegung in die Menge, und eine Weile ging es zügig voran, um bald wieder ganz zu stocken, was bis zu einer halben Stunde dauern konnte. Gründe für ein plötzliches Anhalten gab es genug: Ein Pferd, das eines der vielen Fuhrwerke zog, war gestrauchelt, jemand ohnmächtig geworden, an einem der unzähligen Karren oder kinderwagenähnlichen Transportmittel mit dem Gepäck des größten Teils unseres Trupps ein Rad abgegangen. Begleitet wurden wir von sechs sowjetischen Soldaten auf Fahrrädern. Zwei radelten an der Spitze des Zuges, zwei am Schluss, und die beiden anderen fuhren zu beiden Seiten der Straße unermüdlich auf und ab. Manchmal brüllten sie barsche Befehle, die niemand verstand, doch ebenso oft hielten sie an, um jemandem behilflich zu sein bei einem Gepäckstück, das sich gelöst hatte, oder einem improvisierten Pferdegeschirr, das zerrissen war. Wenn die Kolonne sich zu weit auseinanderzog, strampelte einer der Radfahrer zur Spitze des Zuges und stoppte ihn, bis die am Schluss aufgeholt hatten. Und jeder von ihnen, der an uns vorbeiradelte, winkte Nell zu und hatte ein großes Lächeln für sie übrig, und wenn Dorus sie dabei ertappte, rief er ihnen – auf Niederländisch – nach: »Salutiere, du gemeiner Soundso, weißt du nicht, dass du die Königinmutter passierst?«

Jos, Dries, Joke und ich zogen abwechselnd den Panzer, und hin und wieder verzichtete einer der Schiffer oder der Nordländer, die einander auf dem Heuwagen ablösten, auf seinen Platz und ließ eines von uns Mädchen mitfahren. Aber bald stellte ich fest, dass ich lieber zu Fuß ging. Im Lager waren meine Blasen verheilt, und ich war zu unruhig, um auf dem Wagen still zu sitzen. Zudem gaben mir die häufigen Stopps Gelegenheit, Trinkwasser ausfindig zu machen; mit nur einer Feldflasche für uns fünf hatten wir den größten Teil der Strecke immer Durst. Gegen neun Uhr abends näherten wir uns einem Wald, an dessen Rand ich einen Bach entdeckte. Die Feldflasche war wie gewöhnlich leer; schnell holte ich sie hervor und folgte dem Bach flussaufwärts, um sie mit klarem Wasser zu füllen. Ich trank ausgiebig, wusch mir Gesicht und Hände, und als ich mich gerade wieder meinen Freunden zugesellt hatte, kam der Zug plötzlich zum Stehen. Nach einer Weile erreichte uns die Nachricht: »Wir müssen von der Straße runter, einige sowjetische Panzer wollen durch. Wir verbringen die Nacht hier.«

Das war nun wirklich das reinste Zigeunerleben! In etwa zwanzig Minuten hatte die aus rund fünfzehnhundert Menschen bestehende Kolonne die Straße geräumt und sich in dem spärlich wachsenden Wald verteilt, und als wir wenig später die Panzer vorüberrumpeln hörten, blinkten bereits Hunderte von kleinen Kochfeuern zu den ersten Sternen am samtigen Junihimmel empor. Um jedes Feuer bildete sich eine Gruppe schemenhafter Gestalten, die kochten, sich wärmten, ihr Lager aufschlugen.

Da Nells Bein schmerzte, hatten wir uns nicht weit von der Straße entfernt. Die Schiffer und die Nordländer hatten sich in einer Art Halbkreis etwas tiefer im Wald niedergelassen; zwischen ihnen und uns waren Pferd und Wagen an einem Baum festgebunden. Einer der Nordländer kam mit einem Eimer vorbei. »Gibst du uns ein Stück Brot für das Pferd?«, fragte er. »Wir haben ein paar Karotten, und unterwegs werden wir etwas Gras und Roggen abschneiden. Aber das Pferd braucht jetzt schon eine gute Mahlzeit und morgen eine weitere. Es muss eine ziemlich schwere Ladung ziehen, und da haben wir uns gedacht, dass wir alle ihm etwas Brot abgeben.« Wir schnitten die Hälfte eines unserer Halbpfundbrote ab und warfen sie in den Eimer. So blieben zweieinviertel Pfund für uns fünf. Wir beschlossen, je ein Viertelpfund jetzt zu essen und das restliche Pfund am Morgen unter uns aufzuteilen. Unsere Feldflasche enthielt zwei Liter Wasser. Die Hälfte gossen wir vorsichtig in unseren Topf, fügten die Hälfte unserer Teeblätter hinzu und brühten uns über dem Feuer einen starken Trunk. Dann löschten wir unser Feuer, breiteten die Persenning und das Stück Leinwand aus und schmiegten uns dicht aneinander, hungrig, aber glücklich in dem Wissen, dass wir bald weiterziehen und unseren Häusern näher kommen würden.

Im Morgengrauen wurde eine Gruppe nach der anderen wach, und die Feuer loderten wieder auf. Bald wärmten wir fünf, die wir in der morgendlichen Kälte fröstelten, unsere Hände an einer freundlichen Glut und verzehrten unser karges Frühstück aus Tee und einem kleinen Stück Brot. Langsam strömte die Menge auf die Straße, und kurz nach sieben setzte sich der Treck wieder in Bewegung. Das Tempo war etwas schneller als am Vortag, und wir fühlten uns so gut, dass wir ein paar unserer Gefängnislieder sangen, zur großen Freude der Schiffer, die unsere Lieder liebten und sie nicht oft genug hören konnten. Als wir des Singens müde wurden, holte Dorus seine Mundharmonika hervor, setzte sich hinten auf den Heuwagen und spielte mit Begeisterung. Mit lustigen Trillern und den unerwarteten Klangeffekten, die er seinem Instrument entlockte, brachte er alle zum Lachen.

Gegen Mittag erreichten wir die Außenbezirke der Stadt Roßlau, und die Kolonne kam zum Stehen. Wir befanden uns vor einer Zeile kleiner Häuser, an die sich nach hinten ausgedehnte Gärten anschlossen. In einem entdeckte ich eine Reihe Kirschbäume mit roten Früchten. Rasch holte ich unseren Topf hervor, zwängte mich durch den schmalen Gang zwischen zwei Häusern und kletterte auf einen der Bäume. Auf einem dicken Ast machte ich es mir bequem und begann Kirschen zu pflücken. Abwechselnd füllte ich den Topf und stopfte mir welche in den Mund. Der Topf war fast voll, als eine erzürnte Frau aus dem Haus stürzte und mich anschrie. Sie stand direkt unter mir, eine ziemlich junge Frau, das Gesicht wutverzerrt. Ihre Verwünschungen samt der Drohung, den sowjetischen Kommandanten zu rufen, standen in keinem Verhältnis zu den wenigen Kirschen, die ich gepflückt hatte. Sie benahm sich genau wie eine unserer ehemaligen Wärterinnen, und ich beschloss, ihr zu zeigen, dass ich keine

Gefangene mehr war. Ich sagte nichts und aß weiter Kirschen, jetzt aber sammelte ich die Kerne in den Backentaschen und unter der Zunge. Als mein Mund so voll war, dass ich keine Kirsche mehr hineinschieben konnte, beugte ich mich vor, zielte sorgfältig und sagte: »Buh!« Dabei spuckte ich ihr die Kirschkerne mitten ins Gesicht. Sie wurde weiß wie ein Laken, rang nach Luft, drehte sich um und rannte zurück ins Haus. Ich empfand ein köstliches Triumphgefühl und musste laut lachen. Als ich nach Herzenslust gegessen hatte und der Topf gefüllt war, steckte ich mir noch ein paar Kirschen in die Hosentaschen und schwang mich vorsichtig vom Baum. Mein Vorgehen hatte sie offenbar überzeugt, unbehelligt ging ich durch den schmalen Durchlass und erfreute meine wartenden Freunde mit den Kirschen ebenso wie mit meiner Geschichte.

Schließlich setzten wir uns wieder in Bewegung. Diesmal kamen wir zu einer Stelle, die unser vorübergehender Bestimmungsort zu sein schien, einem riesigen offenen Feld am Elbufer. Der ganze Treck wurde auf das Feld beordert, wo wir warten sollten. Außerdem beschieden uns die beiden sowjetischen Soldaten, die uns dorthin dirigierten, dass wir mit Pferd und Wagen nicht weiterziehen konnten und sie dort zurücklassen sollten. Zwei der Schiffer schlenderten zum Feldrain; sie warfen einen Blick auf den Fluss und kehrten dann zurück, um zu berichten: »Wahrscheinlich haben sie recht. Dessau liegt auf der anderen Seite des Flusses, und es gibt keine Brücke. Vermutlich werden wir mit einer Fähre übergesetzt, und für den Heuwagen ist kein Platz.« Daraufhin wurde das gesamte Gepäck entladen und an die rechtmäßigen Eigentümer verteilt, und unser Gaul bekam unzählige Klapse auf den Hals und Küsse auf die Nase. Inzwischen hingen wir sehr an ihm und hatten ein schlechtes Gewissen, ihn zurückzulassen. Dabei wussten wir nur zu gut, dass sich bald ein neuer Eigentümer finden würde, war doch in dieser frühen Nachkriegszeit ein Pferd ein wertvoller Besitz.

Und nun begann eine weitere lange Wartezeit. Dort, wo die Straße auf den Fluss stieß, war eine Art Kontrollposten errichtet, den jeder Einzelne in dem langen Zug passieren musste. Man musste sich ausweisen und erklären, woher man kam, weshalb man dort gewesen war, wohin man wollte und so fort. Das war keine schlechte Idee, denn unter uns gab es, wie Jos die ganze Zeit vermutet hatte, etliche Nazis und ehemalige SS-Angehörige. Einen SS-Angehörigen zu identifizieren war relativ einfach. Sobald bei den Soldaten am Kontrollposten Zweifel über einen Mann aufkamen, forderten sie ihn auf, sein Hemd auszuziehen, und inspizierten dann seine Achselhöhle, denn Mitglieder der Schutzstaffel hatten auf der Innenseite des linken Oberarms die Bezeichnung ihrer Blutgruppe eintätowiert. Schwieriger war es, überzeugte Nazis herauszufiltern, und noch schwieriger, Arbeiter zu beurteilen, die freiwillig für die Nazis gearbeitet hatten – einige vielleicht aus echter Not, andere aus Bewunderung für Hitler. Manche Frauen hatten einfach nur in der Nähe ihrer Männer bleiben wollen. Doch die Soldaten am Kontrollposten taten ihr Bestes, und so ging es notwendigerweise nur sehr langsam voran.

Vier Stunden lagen wir dort im Gras, die Köpfe im Schatten von Nells Regenschirm. Wir dösten eine Weile, die meiste Zeit gaben wir uns Tagträumen hin. Wir waren hungrig, schmutzig und ungeduldig und machten uns gegenseitig Mut mit ausschweifenden Phantasien über die Behandlung, die wir erfahren würden, wenn wir erst einmal auf der amerikanischen Seite wären. Nell entschied, dass wir auch ihren Leiterwagen zurücklassen konnten.

»Aber was ist, wenn wir auf der anderen Seite zu Fuß gehen müssen?«, protestierte Joke. »Er ist klein genug, dass wir ihn auf die Fähre bugsieren können; nehmen wir ihn mit, nur um sicherzugehen.«

»Wir werden nicht zu Fuß gehen müssen«, sagte Nell entschlossen. »Amerikaner gehen nie zu Fuß, und sie werden auch uns nicht dazu zwingen. Und du weißt, dass ich kurze Strecken bewältigen kann.«

»Was wir brauchen«, sinnierte Dries und blickte zum flirrenden Himmel auf, »ist ein Flugzeug.«

Bei diesem völlig unerwarteten Einfall setzten Jos und ich uns auf. Bis dahin hatten wir ausschließlich von Lastwagen, Bussen oder Zügen geträumt. »Ja, warum sollten sie uns nicht mit dem Flugzeug nach Hause bringen?«, sagte ich. »Die Amerikaner haben Millionen Flugzeuge. Sie benutzen sie, um Truppen von einem Ort zum anderen zu verlegen, vielleicht haben sie ein paar für uns übrig.«

»Du vergisst, dass wir nicht die Einzigen sind, Zippie«, seufzte Jos und legte sich wieder hin. »In ganz Deutschland muss es Millionen von uns geben.«

Endlich waren wir an der Reihe. Wir ließen den Schiffern und den Nordländerm den Vortritt, weil sie Ausweispapiere, Arbeitsbücher und andere Belege hatten, um ihre Identität zu beweisen, während wir nichts hatten als den abgegriffenen Zettel des sowjetischen Kommandanten in

Riesa. Jos blieb aus Gewohnheit und Loyalität bei uns. Der Kontrollposten bestand aus einem kleinen Tisch im Schatten eines großen Baums und vier Küchenstühlen, auf denen zu unserer Überraschung ein niederländischer Infanteriehauptmann, ein belgischer Hauptmann, ein amerikanischer Stabsfeldwebel und der einzige unserer sowjetischen Bewacher saßen, der etwas Deutsch sprach. Hinter dem Baum stand eine Gruppe von etwa zwanzig bedrückt wirkenden Personen, die von zwei weiteren sowjetischen Soldaten, einem mit Maschinenpistole, bewacht wurden. Es waren diejenigen, die man gewogen und zu leicht gefunden hatte, unter ihnen der niederländische Junge in SS-Uniformhose, der sich so arrogant als Lagerleiter aufgeführt hatte. Nell und ich hatten ein starkes »Hab ich's dir nicht gesagt«-Gefühl.

Die Schiffer und die Nordländer kamen mühelos durch. Danach schoben wir Jos nach vorn, und er durfte gleich passieren. Als Nächstes humpelte Nell an den Tisch und agierte abermals als unsere Sprecherin. Der niederländische Hauptmann blickte überrascht auf. »Politische, eh?«, kommentierte er. »Gibt's in diesem Trupp nicht viele. Wie sind Sie von Waldheim hierhergekommen? Das liegt ziemlich weit im Süden.« Während Nell antwortete, nahm ich unseren sowjetischen Passierschein aus der Hosentasche und zeigte ihn wortlos dem russischen Soldaten. Er las ihn, lachte und flüsterte dem belgischen Hauptmann etwas zu, der seinerseits dem Niederländer neben sich etwas zuflüsterte. Dieser erzählte die Geschichte dem Amerikaner, der bis dahin gelangweilt dreingeschaut hatte, nun aber Interesse zeigte und lächelte. Der Witz entging uns, wir verstanden nicht, was an uns so lustig sein sollte, doch als alle vier aufstanden, uns die Hände schüttelten und uns Glück wünschten, waren wir so zufrieden, dass wir vergaßen, sie nach dem Grund ihres Gelächters zu fragen. Vielleicht war es der seltsame Wortlaut unseres Passierscheins.

Wir liefen zur Fähre. In liebevoller Umarmung trug Jos den Panzer, und Dries und ich hatten die beiden Rucksäcke geschultert. Wir setzten unverzüglich über. Nell hatte recht: Wir brauchten nicht zu Fuß zu gehen; am anderen Ufer warteten drei Lastwagen. Die ersten beiden waren bereits mit unseren Freunden, den Schiffern und den Nordländern, beladen, und es dauerte nur eine Weile, bis die nächste Fähre übergesetzt hatte, bevor auch unser Lkw voll besetzt war. Dorus, der auf dem ersten Lastwagen stand, rief uns zu: »Dann seid ihr also doch legitimiert – ich hatte immer meine Zweifel!« Daraufhin brüllte Dries zurück: »Hör auf, uns zu beleidigen, oder wir erzählen alle deine Schoten deiner Frau!« Dann fuhren die Lastwagen ab, und dank der aufheulenden Motoren und des haarsträubenden Fahrstils der schwarzen Fahrer hatten wir keine Zeit mehr für derlei Späße. Wir mussten uns gut festhalten, bis wir zehn Minuten später auf einem riesigen betonierten Flugvorfeld abgesetzt wurden. Vor einem imposanten Gebäude, das noch die Aufschrift LUFTWAFFENKOMMANDO OST trug, mussten wir Aufstellung nehmen. Nachdem wir eine halbe Stunde gewartet hatten und vier weitere Lkw entladen worden waren, trafen zwei Feldwebel ein, die vor den Reihen auf und ab gingen und erst auf Englisch, dann auf Deutsch fragten, ob es unter uns politische Ex-Häftlinge gebe. Wir traten vor, zogen den sich zierenden Jos mit uns und sahen zu unserer Überraschung elf weitere Männer vortreten. »In Ordnung«, verkündete einer der Feldwebel, »wir kümmern uns zuerst um euch. Folgt mir.«

Unsere Gefühle in diesem Moment waren widersprüchlich. Wir waren stolz darauf, als Politische anerkannt zu werden; gleichzeitig aber bedauerten wir zutiefst, dass wir so willkürlich von den Schiffern und den Nordländern getrennt wurden, die uns so viel Freundschaft, Hilfe und Schutz hatten angedeihen lassen. Doch mit stürmischem Jubel halfen sie uns, darüber hinwegzukommen. So wie sie uns zuwinkten und zuriefen, war keine Eifersucht zu spüren, auch nicht der geringste Groll, dass wir von nun an offenbar als unterschiedliche Kategorien behandelt wurden.

Als wir die dicht gedrängten Reihen passierten, suchte ich besorgt das Meer der Gesichter ab, bis ich meinen Freund, den Blumenhändler, sah. Auch er winkte uns fröhlich zu und brüllte: »Viel Glück, hoffentlich kommen Sie bald nach Hause!«

Ich rief zurück: »Wenn ich zuerst ankomme, gebe ich Ihrer Frau Bescheid, dass es Ihnen gut geht.«

Danach ging es zügig, aber zielstrebig mit uns weiter. Zuerst wurden wir zu den Duschen gebracht und durften uns in abgetrennten Kabinen etwa fünfzehn Minuten lang unter heißem fließendem Wasser austoben. Als Nächstes mussten wir an zwei Rot-Kreuz-Mädchen vorbeidefilieren, die unsere Kleidung innen und außen mit dem Insektizid DDT besprühten – eine Entlausungsmethode, die der russischen auf jeden Fall vorzuziehen war. Anschließend wurden wir in eine riesige Kantine geführt und setzten uns an kleine Tische, während uniformierte Mädchen uns eine aus Eintopf und Brötchen bestehende Mahlzeit servierten. Wir sahen einander ungläubig an, und tatsächlich spürte ich eine Hemmung, mich so bedienen zu lassen. Nell hingegen war sichtlich angetan und hatte offenkundig das Gefühl, endlich zu ihrem Recht zu kommen.

Nachdem wir das Essen gierig verschlungen hatten, führte uns eins der Rot-Kreuz-Mädchen durch das Lager, das so groß war und aus so vielen fest gemauerten, durch schmale, grasgesäumte Wege verbundenen Gebäuden bestand, dass wir überzeugt waren, die Schiffer kaum mehr wiederfinden zu können. An einer Stelle kamen wir an einem Feld vorbei, auf dem lange Reihen ehemaliger russischer Zwangsarbeiter kauerten, etwa die gleiche Anzahl Männer und Frauen, die offensichtlich auf etwas warteten. Einige der Frauen waren ziemlich jung, ihre Gesichter unter den Kopftüchern aber voller Falten. »Das sind die Leute, gegen die wir euch ausgetauscht haben«, bemerkte das Rot-Kreuz-Mädchen sorglos. »Sie warten, bis euer Konvoi vollständig hier eingetroffen ist, dann fahren sie in die andere Richtung.« Ich blickte in einige der Gesichter, die uns ausdruckslos anstarrten, und fragte mich, welche Art von Zuhause sie wohl erwartete.

Der Raum, der uns sechzehn Politischen zugewiesen wurde, war ziemlich groß, doch das Mobiliar bestand lediglich aus einem Tisch, vier eisernen Bettgestellen – davon nur eins mit Matratze – und einem Stapel Stroh. Während wir uns mitsamt unseren Habseligkeiten in dem Raum einrichteten (die Männer verständigten sich darauf, dass jedes von uns Mädchen ein Bett bekam, und breiteten an einer Wand das Stroh aus), erfuhr jeder Name und Geschichte der anderen.

Einer unserer neuen Mitbewohner ließ eine Bemerkung über den traurigen Zustand meiner Hose fallen. Bei der Verteilung des gekochten Schweinefleischs in Waldheim hatte ich sie stark befleckt, und Beine und Hosenboden wiesen zahlreiche Risse auf. »Ich habe eine Ersatzhose, die ich in Coswig aufgegabelt habe«, sagte er. »Wenn du willst, kannst du sie haben.«

»Aber ich habe nichts zu tauschen«, sagte ich zögernd und betrachtete den Kerl mit dem buschigen Haar, der mir das Angebot gemacht hatte. Doch der stöberte bereits in seinen Sachen, und gleich darauf zog er eine brauchbare Männerhose aus braunem Tweed hervor. Sie passte mir. »Bist du sicher, dass du nichts dafür willst?«, fragte ich.

»Aber ja doch«, lachte er. »Ich habe nichts dafür bezahlt, und ich brauche sie nicht. Was ich wirklich wollte, war eine gute deutsche Kamera, und so sind ein paar von uns in ein deutsches Haus eingedrungen und haben den Besitzern gedroht, sie auszurauben, wenn sie uns nicht verraten, wo der größte Nazi der Stadt lebt. Natürlich haben sie uns den Namen und die Adresse genannt. Als wir hinkamen, war das Haus leer und zugesperrt. Entweder war der Nazi geflohen oder verhaftet worden, ich weiß es nicht. Wir sind von hinten ins Haus eingebrochen, und obwohl die Russkis längst alles geplündert hatten, war noch eine ganze Menge übrig. Ich habe eine erstklassige Leica mitgehen lassen, die Hose habe ich nur aufgehoben, weil sie zufällig herumlag.«

Während wir noch damit beschäftigt waren, uns einzurichten und uns miteinander bekannt zu machen, betrat ein Hauptmann in niederländischer Uniform den Raum. Sofort umringten wir ihn alle. In den ersten fünf Minuten bombardierten wir ihn mit so vielen Fragen, dass er sich kein Gehör verschaffen, geschweige denn antworten konnte. Aber allmählich beruhigten wir uns. Er setzte sich auf eines der Betten und begann unsere Namen auf einem gelben Papierblock zu notieren, den er sich unter den Arm geklemmt hatte. Seine niederländische Uniform war vertrauenerweckend, und bereitwillig nannten wir ihm unsere Namen und unsere Heimatstädte. Dann befragte er jeden von uns, was wir in den Kriegsjahren getan hatten und wo wir inhaftiert gewesen waren. Es war ein sehr oberflächliches Verhör, und ich bedauerte außerordentlich, dass sich nicht auch Dorus und die anderen Schiffer als Politische ausgegeben hatten. Dorus' blühende Phantasie hätte ausgereicht, innerhalb von Sekunden für jeden von uns eine glaubwürdige Geschichte zu erfinden. Der Hauptmann schien sich mit unserer Vorgeschichte zufriedenzugeben, und wir begannen wieder zu schreien: »Wann können wir nach Hause?«

Er schüttelte traurig den Kopf und sagte: »Das kann ich nicht mit Sicherheit sagen. Die Züge fahren nur selten und unregelmäßig. Es wird mindestens zwei Wochen dauern, bis wir euch von hier verlegen können, und selbst dann wird es vermutlich in mehreren Phasen verlaufen. In Holland stehen die Dinge immer noch ziemlich schlecht – vor knapp zehn Monaten sind alle Eisenbahner dort gegen die Deutschen in den Streik getreten, und seitdem bestehen kaum noch Zugverbindungen. Die Deutschen haben viele Lokomotiven und Waggons beschlagnahmt, und jetzt fällt es den Nederlandse Spoorwegen natürlich schwer, sich neu zu organisieren.«

»Und wie ist es damit, uns nach Hause zu fliegen?«, fragte Dries kühn. »Aus einem Kriegsgefangenenlager bei Riesa haben sie Tommys nach Hause geflogen.«

»Ja, ich weiß«, seufzte der Hauptmann, »und auch die französischen und belgischen Politischen werden nach Hause geflogen, aber bei den Niederländern klappt es nicht.«

»Warum zum Teufel nicht?«, kam von allen Seiten die empörte Frage. »Die sind auch nicht besser als wir, oder?«

»Ich weiß es nicht.« Der Hauptmann zuckte müde die Achseln. »Wahrscheinlich gibt's einen guten Grund dafür, aber ich kenne ihn nicht, ich kenne ihn wirklich nicht. Glaubt mir, wenn ich könnte, würde ich euch gleich morgen nach Hause schaffen, aber vergesst nicht, dass es in Deutschland Millionen von Gefangenen und Zwangsarbeitern gibt, und es braucht Zeit, so viele Menschen von A nach B zu transportieren.«

Mir kam eine Idee. »Sagen Sie«, fragte ich, »wenn französische oder belgische Politische hier durchs Lager kommen, wie schicken Sie die zu einem Flugplatz, von wo sie nach Hause geflogen werden können? Das hier ist doch ein großes Hauptquartier der Luftwaffe; gibt's hier keinen Flugplatz in der Nähe?«

»Den hat es gegeben«, antwortete er, »aber man kann ihn nicht mehr nutzen. Wir schicken alle zu dem großen Flugplatz bei Halle, den die Amerikaner wieder gut instand gesetzt haben. Sämtliche Vorräte für dieses Lager kommen vom Flugplatz Halle, so dass die Lastwagen immer leer zurückfahren und wir keine Transportprobleme haben.«

Dann setzte er zu einer Erläuterung der im Lager herrschenden Regeln an, aber ich hörte nur noch mit halbem Ohr zu, denn meine Idee nahm Gestalt an. Als er sich zum Gehen anschickte, wurde mir klar, dass ich, bevor ich den Plan mit meinen Freunden besprechen konnte, unbedingt noch eine Sache in Erfahrung bringen musste. Gleichzeitig wusste ich, dass der niederländische Offizier, wenn er von dem Plan Wind bekäme, verpflichtet wäre, ihn zu vereiteln. So wartete ich, bis er tatsächlich aufbrach. Ich hielt mit ihm Schritt und fragte ihn beiläufig: »Übrigens, spricht etwas dagegen, dass wir aus eigener Kraft nach Westen aufbrechen, so wie wir es bis hierher getan haben?«

Er sah mich zum ersten Mal genau an und lächelte. »Du hast es eilig, nicht wahr?«, sagte er leise.

Ich blickte ihm direkt in die Augen und fuhr in demselben scheinbar beiläufigen Ton fort: »Natürlich, wir wollen so schnell wie möglich nach Hause.«

Der Hauptmann war etwa in meinem Alter, vielleicht ein Jahr älter. Allerdings war er, wie er uns erklärt hatte, der niederländischen Armee erst in Großbritannien beigetreten, wo er sich bei Kriegsausbruch zufällig aufhielt. Die Kunst der Verstellung hatte er nicht so gut erlernt wie wir in unserem fünfjährigen Kampf mit der Gestapo, und als ich ihn jetzt für einen Plan einspannen wollte, den er offiziell nicht billigen konnte, kam ich mir wesentlich älter vor als er und war traurig über diese erst jüngst erworbene Macht. Der Hauptmann kratzte sich am Kopf und sagte langsam: »Nein, ihr seid jetzt frei, und wir haben nicht die Absicht, euch aufzuhalten, wenn ihr das Lager verlassen wollt. Aber empfehlen würde ich es nicht. Vermutlich würde es dann noch länger dauern, bis ihr nach Hause kommt. Soweit ich weiß, haben es drei Gruppen auf eigene Faust versucht. Zwei davon waren nach zwei Tagen wieder zurück. Was mit der dritten passiert ist, wissen wir nicht. Vielleicht hatten sie Glück und sind von einem Lkw-Konvoi Richtung Westen mitgenommen worden, vielleicht stecken sie aber auch im nächsten DP-Lager.«

Jetzt waren wir an der Tür angelangt, und er schien es eilig zu haben, daher beharrte ich nicht auf meiner Meinung. »Dürfte ich Sie heute Abend in Ihrem Büro sprechen?«, fragte ich höflich.

»Gewiss«, antwortete er. »Ich werde in etwa einer Stunde dort sein. Jetzt muss ich erst einmal hinübergehen und nachschauen, ob der Rest eures Konvois abgewickelt ist und ob es noch mehr Politische gibt.«

Meine Freunde drängten sich bereits auf einem der Betten zusammen. Sie kannten mich zu gut, um sich von meinen unschuldigen Fragen täuschen zu lassen, und hatten eine ziemlich gute Vorstellung davon, was ich im Schilde führte. »Glaubst du, wir schaffen es in eines dieser Evakuierungsflugzeuge, Zip?«, fragte Joke.

»Mit etwas Glück, warum nicht?«, antwortete ich. »Wenn die ganze Zeit leere Lastwagen nach Halle fahren, sollte es nicht schwierig sein, mitgenommen zu werden. Ich wette, sobald wir in der Nähe des Flugplatzes sind, können wir ein Flugzeug besteigen. Wir könnten immer vortäuschen, Franzosen oder Belgier zu sein.«

»Ich spreche kein Französisch«, wandte Dries ein.

»Ich auch nicht«, grinste Jos, aber in seinen Augen tanzte ein Licht, und ich wusste, dass er sich, wenn es darauf ankäme, auch als Türke ausgeben würde.

Ich sah Nell ängstlich an. Wenn sie dagegen wäre, würde der Plan scheitern, denn mit ihrem schmerzhaft geschwollenen Bein hatte sie Anspruch auf jede erdenkliche Rücksichtnahme. Aber Nell hatte nur ruhig in sich hineingelächelt, und jetzt sagte sie: »Ich bin dafür, Zip, und ich muss sagen, du hast schnell geschaltet. Ich bin's gewohnt, zu organisieren, aber die Situation hätte ich bestimmt nicht so schnell begriffen wie du. Wenn du in Holland keine Arbeit findest, kommst du zu mir, und ich besorge dir eine Stelle bei den Pfadfindern.«

Das war das höchste Lob, das Nell vergeben konnte, denn ihre Pfadfinder waren ihr heilig. Dabei fiel mir wieder das seltsame bittere Gefühl ein, das mich beschlichen hatte, als ich den wohlmeinenden Hauptmann in meine kleine Falle lockte, und so sagte ich halb im Ernst: »Nein, danke, ich lüge zu viel, und gute Taten kommen bei mir nur einmal im Jahr vor.«

Ich erklärte, dass wir einen Beweis brauchten, dass wir tatsächlich ehemalige politische Häftlinge waren. Der Hauptmann war offenbar davon überzeugt, und dann konnte er uns auch ein entsprechendes Papier ausstellen. Unsere Nationalität allerdings musste offenbleiben, denn wenn uns das Papier unmissverständlich als Holländer auswies, könnte man uns am Flugplatz abweisen. Außerdem fand ich es besser, unsere elf Gefährten in den Plan einzubeziehen. Auf einem Flugplatz würde eine Gruppe von sechzehn Personen einen größeren Eindruck machen als eine Gruppe von fünf, und wenn wir den Hauptmann um eine Art Ausweis bäten, der für uns alle galt, würde er vielleicht keinen Verdacht schöpfen. Ich sagte zu Dries: »Jetzt gehst du zu den Männern, erzählst ihnen davon und überzeugst sie, dass es unsere beste Option ist. Zeig ihnen deine Karte, damit sie sehen können, dass Halle südwestlich von hier liegt, dass wir, sollten wir dort festsitzen, auch nicht weiter von zu Hause entfernt wären als an diesem Ort und dass wir bessere Chancen auf einen Flugtransport hätten.«

Dries, Nell und Joke gingen auf die andere Seite des Raumes, wo unsere neuen Freunde faulenzten und miteinander plauderten. Doch als ich mich aufs Bett legte, um in meinem Kopf zu klären, was für ein Dokument ich haben wollte, schob mich Jos zur Seite und legte sich neben mich. »Ich kann zwar nicht so gut reden, Zippie«, sagte er, »aber vielleicht kann ich dir beim Denken helfen.«

Während unsere Freunde am anderen Ende des Raums einen lebhaften Wortwechsel hatten, blieben wir eine Weile ruhig liegen. In Gedanken formulierte ich den Text des Dokuments, das ich uns beschaffen wollte, und Jos lag ausgestreckt neben mir. Als ich mich eben für einen Text entschieden hatte, wurde mir plötzlich bewusst, dass Jos ein kräftiger, lebensstrotzender Mann war, der während seiner viermonatigen Zwangsarbeit nicht unter denselben Entbehrungen gelitten hatte wie wir und daher weit mehr als wir eine ganze Person war. In meinem Körper verspürte ich – schwach, aber unverkennbar – gewisse Regungen. Einem jähen Impuls folgend, zog ich seinen Kopf zu mir und küsste ihn leidenschaftlich, bis er mich grob von sich stieß.

Er errötete unter seiner Bräune und sagte heiser: »Das solltest du nicht tun, Zippie. Du weißt, dass ich zu Hause ein Mädchen habe. Und all die Leute um uns herum!«

Zerknirscht antwortete ich: »Es tut mir leid, Jos, eigentlich wollte ich das gar nicht. Es ist nur so, dass ich mich plötzlich wieder wie eine Frau gefühlt habe statt wie – nun ja, wie eine wandelnde Maschine. Es ist so lange her, dass ich dergleichen empfunden habe, das musst du verstehen.«

Jos verstand. Er umarmte mich ungestüm, und als Dries und die beiden Mädchen von ihrer Sitzung zurückkehrten, um zu berichten, dass alle mit unserem Plan einverstanden waren, lagen wir wieder friedlich ausgestreckt da. Zwar schämte ich mich ein wenig, vor allem aber war ich beschwingt und bereit, das Büro des niederländischen Hauptmanns aufzusuchen. Die kluge Nell jedoch mahnte zur Vorsicht. »Wenn wir zu ungeduldig sind, könnte er etwas argwöhnen«, sagte sie. »Warte noch ein bisschen.«

Wir warteten bis fast 20 Uhr, dann gingen Dries, ich und zwei Abgesandte unserer neuen Freunde zum Büro des Hauptmanns. Vorab hatten wir beschlossen, dass ich die Sprecherin wäre; sollte ich in Schwierigkeiten geraten, würden abwechselnd die anderen das Heft in die Hand nehmen. Aber alles war lächerlich einfach. Ich erklärte, dass wir keine Papiere hätten und dass wir, wenn wir von jetzt an als Gruppe reisen wollten, ob wir nun im Lager bleiben oder uns auf eigene Faust durchschlagen würden, ein Dokument benötigten, um zu beweisen, dass wir Politische seien.

»Was schwebt dir vor?«, fragte der Hauptmann. Er drehte sich zu seiner alten Schreibmaschine um, und praktisch diktierte ich ihm das Dokument, das er in zweifacher Ausfertigung tippte. Es hatte etwa folgenden Wortlaut: »Bescheinigung: Bei den folgenden Personen handelt es sich um ehemalige politische Häftlinge, die bei Coswig/Dessau die sowjetisch-amerikanische Demarkationslinie überschritten haben. Sie sind bei allen Transporten nach Frankreich, Belgien und Holland bevorzugt zu behandeln, unabhängig davon, von wo aus sie den Transport beantragen.«

Es folgten unsere sechzehn Namen und die Unterschrift des niederländischen Hauptmanns sowie einige bedeutend aussehende Stempel. Die eine Ausfertigung überreichte er uns, die andere behielt er selbst. Da ich die Verwahrerin des sowjetischen Passierscheins war, wurde ich automatisch zur Verwahrerin auch des neuen Passierscheins. Ich faltete ihn sorgsam zusammen und steckte ihn in eine Tasche meiner neuen Hose. Ich wusste, dass er genau das war, was wir brauchten. Das Dokument erwähnte weder unsere Nationalität noch die Art der Beförderung, auf die wir ein Anrecht hatten, und gewährte uns den Spielraum, fast alles zu nutzen, was uns in den Weg kam.

Jubelnd kehrten wir vier in unser Zimmer zurück und verkündeten unseren Sieg. Unter den sechzehn wurde rasch entschieden, dass wir, falls nötig, alle behaupten würden, Belgier zu sein, und dass sich die acht, die kein Französisch sprachen, als Flamen ausgeben würden. Nach einigen Diskussionen einigten wir uns darauf, am nächsten Morgen aufzubrechen. Einige der Männer hätten sich noch gerne ein wenig ausgeruht, mit der Aussicht auf drei Mahlzeiten am Tag. Aber wir blieben standhaft. Es galt jetzt oder nie. Wenn wir blieben, würde der Hauptmann es sich womöglich anders überlegen und unser kostbares Dokument zurückverlangen.

Schließlich wurde es still im Raum. Als ich es mir auf meinem Bett bequem machte, fragte ich mich schläfrig, ob sich der Hauptmann wirklich hatte täuschen lassen oder ob es seine Art gewesen war, uns zu einer Chance zu verhelfen, die er von Amts wegen nicht hätte zulassen dürfen. Mit leisem Bedauern entschied ich mich für die erste Variante, immerhin hatte er mit vollem Namen und Rang unterzeichnet und offizielle Stempel verwendet, was er wohl vermieden hätte, wenn er auf unsere Spielchen eingegangen wäre. Doch mein schlechtes Gewissen war nicht stark genug, um mich wach zu halten. Ich drehte mich um, und nach wenigen Minuten war ich fest eingeschlafen.

Am nächsten Morgen um acht Uhr gingen wir alle sechzehn in die Kantine. Wir hatten unsere Sachen gepackt und waren bereit zum Aufbruch, aber ein kostenloses Frühstück vor der Abreise war nicht zu verachten. Erwartungsvoll setzten wir uns an die Tische, und zu unserer Überraschung erschienen wieder die Kellnerinnen und servierten uns Rührei, Brot und große Becher mit dampfendem Kaffee. Angesichts einer so reichhaltigen Mahlzeit mussten wir lächeln, doch als einer der Männer erneut vorschlug, noch ein paar Tage zu bleiben, um das Essen zu genießen, beendeten wir rasch das Frühstück und erhoben uns zum Gehen.

»Kommt schon, Leute«, sagte Nell in ihrem überzeugendsten Tonfall, »wir haben zu tun!« Damit humpelte sie hinaus, ohne sich auch nur einmal umzuschauen, und der ganze Trupp folgte ihr gehorsam. Wir holten unser Gepäck und fanden geräuschlos den Weg zum Lagerausgang und von dort zu einer Straße, auf der ein großes

Schild in einer Richtung nach Berlin, in der anderen nach Halle zeigte. Dort warteten wir etwa eine halbe Stunde lang geduldig, bis schließlich ein großer Lastwagen herandonnerte, der in die richtige Richtung fuhr. Wir winkten und schrien, und der Lkw kam mit kreischenden Bremsen zum Stehen. Ein freundlich grinsender Schwarzer steckte den Kopf aus dem Fahrerhaus und fragte, wo wir hinwollten. Wir riefen: »Flugplatz Halle«, und er sagte: »Genau da fahre ich hin. Steigt ein!«

Er stieg aus dem Fahrerhaus – ein großer, kohlschwarzer Mann, der in seiner gut sitzenden Uniform beneidenswert sauber und gepflegt aussah – und öffnete die Ladeklappe. Als er uns helfen wollte, an Bord zu klettern, bemerkte er den Panzer, den wir mitgenommen hatten, teils aus Sentimentalität, teils weil wir nicht wussten, wohin es uns verschlagen würde und ob wir ihn nicht vielleicht doch noch brauchten. Er bekam einen Lachanfall, schlug sich auf den Oberschenkel und rief: »Wozu braucht ihr denn dieses Ding? Das bringt euch auch nicht schneller ans Ziel!«

Wir stimmten in sein Gelächter ein, schoben aber trotzdem unseren winzigen Panzer auf die Ladefläche des großen amerikanischen Lastwagens, bevor wir selbst hinaufkletterten. Dann schloss er die Ladeklappe, und auf ging's zu einer weiteren strapaziösen Fahrt. Die Städte und Dörfer in diesem Teil Deutschlands haben wie die der meisten europäischen Länder enge, krumme Straßen, oft mit Kopfsteinpflaster, aber das störte unseren Fahrer nicht. Er bog um die Ecken, als wollte er den Dreck vom Putz der Häuser kratzen, und raste über Kirchenvorplätze, als wären es Schnellstraßen. Aber er verursachte keinen Unfall, und die rund fünfzig Kilometer lange Strecke zwischen dem DP-Lager und dem Flugplatz legten wir in fünfundzwanzig Minuten zurück.

Kurz bevor wir am Flugplatz ankamen, passierten wir ein großes DP-Lager aus Zelten und Baracken, und einen Moment lang hatte ich Angst, dass er uns dort absetzen würde. Aber er brauste vorbei und hielt erst an, als wir uns auf dem Flugplatzgelände befanden, direkt vor dem Büro des befehlshabenden Offiziers. Als wir, noch leicht benommen von der temporeichen Fahrt, vom Lkw kletterten, fragte ich unseren grinsenden Fahrer: »Was ist das für ein großes Lager, an dem wir eben vorbeigekommen sind?«

»Ach, das sind Franzosen und so«, antwortete er salopp. »Die warten drauf, dass sie ausgeflogen werden. Ihr seid keine Franzosen, oder?«

»Nein«, antwortete ich mit ernster Miene. »Wir sind Australier.«

Es war ein dürftiger Scherz, aber nachdem wir ihm alle die Hand gedrückt und fürs Mitnehmen gedankt hatten, lachte er noch immer. Wir berieten uns kurz und beschlossen, dass dieselbe Delegation, die das Schreiben des niederländischen Hauptmanns erwirkt hatte, sich den amerikanischen Kommandanten des Flugplatzes vornehmen sollte. Die anderen warteten draußen, während wir vier ziemlich schüchtern in das als Kommandoposten ausgewiesene marode Gebäude marschierten.

Drinnen fanden wir einen jungen, sichtlich überforderten Mann vor, der hinter einem Schreibtisch mit mehreren Telefonen saß. »Wer zum Teufel seid ihr?«, blaffte er uns an.

Ich wusste nicht, wie ich ihn anreden sollte, denn er trug nur Hose und Hemd der Air Force; sein Uniformrock war nirgends zu sehen, so dass ich seinen Dienstgrad nicht einschätzen konnte. Er mochte ebenso gut Unteroffizier wie Oberst sein. »Wir sind ehemalige politische Gefangene, Sir«, begann ich höflich, nahm unser Dokument aus der Hosentasche und legte es ihm vor; als ich sah, wie er die Stirn runzelte, fuhr ich hastig fort: »Und bei den Transporten genießen wir Vorrang, weil wir zum Tode verurteilt waren. Könnten wir von hier aus ein Flugzeug nehmen?«

Wieder einmal log ich, denn die Tatsache, dass Dries, Joke, Nell und ich tatsächlich zum Tode verurteilt worden waren, hatte nichts mit unserer erschlichenen Vorzugsbehandlung zu tun. Aber ich wollte nach Hause, und ich sagte mir, dass ich das Recht hatte, diesen schrecklichen Satz zu verwenden, wenn uns damit geholfen wäre. Jedenfalls zeigte er Wirkung. Die Miene des jungen Mannes vor uns veränderte sich, und seine Stimme klang weicher, als er fragte: »Zum Tode verurteilt, wie? Na, da habt ihr aber Glück, dass ihr entkommen seid. Wie viele seid ihr?«

»Sechzehn, Sir«, antwortete Dries schnell. »Die anderen warten draußen.«

»Sechzehn«, sagte er zu sich selbst und überflog unser Dokument. Dann sagte er: »Ich habe ein Flugzeug, das in zwanzig Minuten nach Brüssel abgeht. Ich könnte euch in diese Maschine setzen. Seid ihr mit Brüssel einverstanden?«

Diesmal antworteten wir im Chor: »Jawohl, Sir!« Er gab mir unseren Brief zurück und bellte einen Befehl in den Nebenraum. Ein Unteroffizier eilte herbei. »Bring die Leute hier zu der C-47, die gleich nach Brüssel abhebt«, befahl unser Wohltäter, »und sorg dafür, dass sie nicht zu viel Gepäck mit an Bord nehmen. Aber plötzlich!«

Wir konnten es nicht glauben, aber der Unteroffizier führte uns aus dem Raum, noch bevor wir richtig »danke« sagen konnten. Und der junge Mann hinter dem Schreibtisch schien uns bereits vergessen zu haben – er bellte Befehle ins Telefon.

Als wir draußen waren, fiel uns die Warnung ein, nicht zu viel Gepäck mitzunehmen. Wir banden unsere Rucksäcke vom Panzer los und stellten sie ordentlich in eine Ecke, wo sie niemandem im Weg waren. Wie die Schiffer ihr Pferd hatten wir unser Wägelchen lieb gewonnen und hätten es gerne als Souvenir mit nach Hause genommen. Doch unser Fahrer hatte recht: Damit würden wir auch nicht schneller vorankommen, außerdem schien uns mit einem Mal ein Reisetempo jenseits unserer kühnsten Hoffnungen zu erwarten.

Eine halbe Stunde später befanden wir uns in der Luft.

In der Maschine, die wir mit einem Dutzend amerikanischer Soldaten teilten, kauerten wir uns auf unseren Schalensitzen eng zusammen und kniffen einander immer wieder in den Arm, um uns zu vergewissern, dass das alles kein Traum war. Jetzt flogen wir dem Land entgegen, wo wir hingehörten, einerlei, ob wir in Belgien oder Frankreich landen würden statt in Holland. Dort angekommen, wäre der Heimweg nicht mehr so beschwerlich, denn wir wären von Menschen umgeben, die unsere Notlage verstanden. Aus den kleinen Fenstern warfen wir ab und zu einen Blick auf Deutschland, das Land unglücklicher Erinnerungen. Aber Deutschland war passenderweise mit zerklüfteten grauen Regenwolken verhangen, die nur hier und da einen Flecken freigaben, und unsere einzige Empfindung beim Anblick eines solchen Fleckens war, dass wir so schnell wie möglich fortwollten.

Derlei Gedanken hing jeder von uns nach, aber wir sprachen nur sehr wenig. Uns fehlten die Worte, um unsere Gefühle zu beschreiben.

NEUNTES KAPITEL

Der Flug dauerte etwa zweieinhalb Stunden; gegen 14 Uhr landeten wir auf einem Flugplatz bei Brüssel. Uns wurde gesagt, wir sollten, während die amerikanischen Soldaten und die Crew ausstiegen, im Flugzeug bleiben, und ich hielt mein Dokument bereit. Doch gleich darauf kam ein britischer Soldat und forderte uns höflich auf, auszusteigen und in die Kantine zu kommen. Stumm folgten wir ihm durch einen leichten Nieselregen in eine Baracke, wo uns gleich Sandwiches mit Frühstücksfleisch und große Becher Tee mit viel Milch angeboten wurden. Unauffällig schob ich unser Dokument wieder in meine Hosentasche. Offenbar war es zu diesem Zeitpunkt nicht erforderlich. Aber was sollten wir tun oder sagen?

Keiner von uns hatte die geringste Ahnung, was als Nächstes anstand; in unserer Verlegenheit akzeptierten wir weitere Sandwiches und mehr von dem Tee, den uns die Tommys immer wieder aufdrängten; vor allem aber mussten die meisten von uns dringend zur Toilette. Joke rettete die Situation, indem sie unschuldig fragte: »Geht es gleich los, oder habe ich noch Zeit, aufs Klo zu gehen?«

Ihre Frage verhalf uns zu zwei dringend benötigten Informationen: der Lage der Toilette und dass wir auf einen Lkw warteten, der uns zu einem DP-Auffanglager in

Brüssel bringen würde. Danach tauschten wir mit den Tommys eine Menge allgemeiner Informationen aus. Sie wollten wissen, woher wir kamen und weshalb, und wir wollten wissen, in welcher Weise sie am Krieg beteiligt waren. Geschichten flogen hin und her. »Was ist mit den Amerikanern passiert, die uns hierhergebracht haben?«, fragte ich einmal, und einer von ihnen sagte achselzuckend: »Auf die hat ein Lastwagen gewartet. Jetzt sind wir dazu da, uns um euch zu kümmern. Aber keine Sorge, unser Mann wird bald aufkreuzen.«

Am Ende kreuzte er tatsächlich mit einem bedeckten Lkw auf, der gerade groß genug war, um uns alle zu befördern. Wir kletterten auf die Ladefläche, und der Lkw fuhr los. Mit der Gegend um Brüssel war ich ziemlich vertraut, hatte sie aber immer *vor* mir gesehen, sei es zu Fuß oder auf dem Rad, und der Blick nach *hinten* – mehr bot der Lkw nicht – verwirrte mich. Allerdings wusste ich, dass der Lastwagen für die Fahrt vom Flugplatz in die Stadt viel zu lange brauchte, und hielt Ausschau nach Orientierungspunkten. Nach ungefähr einer Stunde hatte ich genug gesehen, um zu wissen, dass wir um Brüssel herumfuhren statt ins Zentrum. Wir hämmerten an die Rückwand des Fahrerhauses, bis der britische Fahrer anhielt und ausstieg, um zu fragen, was los sei.

»Sie haben sich verfahren«, sagte ich vorwurfsvoll. »Wenn Sie so weitermachen, kommen wir vielleicht wieder zurück zum Flugplatz, aber höchstwahrscheinlich werden Sie sich in einem der nördlichen Vororte verirren, und dann finden wir nie mehr heraus!«

Er gab zu, dass er sich verfahren hatte, und holte eine Karte hervor. Joke und ich zeigten ihm unseren Standort, und einer unserer Gefährten erbot sich, ihn zu lotsen. Wir erreichten die Rue de la Régence, von da an kannte unser Tommy den Weg und brachte uns schnurstracks zum DP-Aufnahmezentrum.

Es stellte sich als ein geräumiger Bau heraus mit Platz für etwa sechzig Personen. Im Erdgeschoss befanden sich ein großer Speisesaal (der nicht einmal als Kantine bezeichnet werden konnte), ein Büro, Duschen und eine Empfangshalle. Rasch wurden wir durch die Duschen geschleust und wieder einmal mit DDT entlaust. Dann erhielten wir alle ein Rot-Kreuz-Paket, das Zahnbürste, Handtücher, Seife, Schokoladenriegel und Zigaretten enthielt. Nachdem wir auf dem Flugplatz so gut durchgefüttert worden waren, wollten einige von unserer Gruppe das Paket tatsächlich ablehnen. Doch die netten Damen, die die Arbeit freiwillig verrichteten, wollten davon nichts wissen. »So nehmen Sie schon«, drängten sie. »Jetzt brauchen Sie es vielleicht nicht, später aber schon. Holland ist gerade erst befreit worden. Die sind nicht so gut dran wie wir.«

Dann wurden wir nach oben geführt, wo unsere Gruppe auf mehrere Räume mit je acht Stockbetten verteilt wurde. Wie immer blieben wir fünf zusammen und erhielten denselben Raum zugewiesen. Wir teilten ihn mit einem jüdischen Ehepaar und seiner achtjährigen Tochter, denen es irgendwie gelungen war, aus dem schrecklichen KZ Bergen-Belsen zu fliehen. Die aufgeweckte ältere Dame, die uns zu unserem Quartier geführt hatte, blieb in der Tür stehen, bis wir unsere Betten in Besitz genommen hatten, indem wir unsere Bündel einfach am Kopfende des jeweiligen Bettes ablegten. Wir stellten uns der jüdischen

Familie vor, die die oberen Betten in Beschlag genommen hatte. Dann sagte sie einigermaßen ungeduldig: »Jetzt bringe ich Sie nach unten, wo eine echte Überraschung auf Sie wartet. Kommen Sie!«

Gehorsam folgten wir ihr. »Das ist der Speisesaal«, sagte sie und wies mit einladender Geste auf ein gut ausgestattetes Zimmer mit fünf Tischen für je sechs Personen. »Frühstück ist von 7 bis 8 Uhr 30, Mittagessen von 11 Uhr 30 bis 13 Uhr und Abendessen von 17 Uhr 30 bis 19 Uhr. Wir haben es nett für Sie eingerichtet, nicht wahr?«

Es war fast zu schön – wir wussten nicht recht, was wir tun oder sagen sollten. Aber unsere Dame war noch nicht fertig. »Bald wird die erste Schicht ihr Abendessen einnehmen«, sagte sie und blickte uns prüfend an, »wahrscheinlich sind das die Leute, die sich schon seit einiger Zeit hier aufhalten. Insofern haben Sie noch etwa fünfundvierzig Minuten, bis Sie an die Reihe kommen. Möchten Sie sich kurz die Stadt anschauen? Wir haben hier etwas für Sie.« Damit ging sie zu einem Schrank in der Empfangshalle, holte eine Handvoll Anstecknadeln heraus und heftete sie jedem von uns an. »Damit können Sie kostenlos Busse und Straßenbahnen benutzen«, sagte sie mit einem charmanten Lachen. »Wenn Sie möchten, können Sie damit in der ganzen Stadt umherfahren. Aber vergessen Sie nicht, dass wir das Haus um 23 Uhr abschließen, also achten Sie darauf, dass Sie bis dahin zurück sind, sonst müssen Sie auf der Straße schlafen.«

Endlich konnte ich durchatmen. Ich hatte viele Freunde in Brüssel und wollte mit ihnen Kontakt aufnehmen. Außerdem wollten Nell, Joke und ich unbedingt wissen, ob

Lottie, ihre Mutter und all unsere belgischen Zellengenossinnen nach Hause zurückgekehrt waren. Als die Dame aufhörte zu reden, fragte ich ganz schüchtern: »In der Halle habe ich zwei Fernsprechzellen gesehen. Dürfen wir die benutzen?«

Nachdem sie ihrer Pflicht Genüge getan hatte, war sie bereits auf dem Sprung, blieb jetzt aber unvermittelt stehen und fragte: »Wozu denn das?«

»Ich habe ein paar Freunde in der Stadt«, antwortete ich stockend und fühlte mich wie eine Sechsjährige, die ihrer Lehrerin antwortet.

Sofort drehte sie sich um und hatte bereits ihr Portemonnaie gezückt. »Das hätten Sie mir vorher sagen sollen«, sagte sie streng und reichte mir die notwendigen Münzen für vier Anrufe.

»Hören Sie«, sagte ich, »meine Freunde haben Geld – können wir Ihnen das zurückerstatten?« Aber sie war bereits verschwunden – eine Dame von Welt, die dem Gebot der Nächstenliebe nachkam und sich nicht mit dem kläglichen Kleckerbetrag für vier Telefonate abgab.

Ich lief zu einer der beiden Fernsprechzellen und wählte eine Nummer aus meinen Tagen im Widerstand. Es war ein bekannter Händler für chinesische Antiquitäten. Seine Frau nahm ab. »Hier ist Gaby«, sagte ich atemlos.

»Gaby, du bist am Leben?«, rief sie. »Von wo aus rufst du an?«

»Ich bin hier in Brüssel.«

»Komm zu uns, ich muss dir etwas zeigen.«

»Gerne, aber ich habe vier Freunde dabei. Darf ich sie mitbringen?«

»Natürlich, komm sofort.«

Das Abendessen, das uns erwartete, ließ ich außer Acht und erklärte meinen Freunden rasch, dass wir alle eingeladen seien. Wir gingen nach draußen und stiegen in eine Straßenbahn. Die Abzeichen wirkten wie ein Zaubermittel; manche Fahrgäste standen sogar auf, um uns ihren Platz anzubieten. Und schon bald fand ich mich, wie in einem längst vergessenen Traum, in der alten, engen Straße hinter der Sint-Michiels-en Sint-Goedelekathedraal wieder und läutete die Glocke des Antiquitätengeschäfts. Oben an der langen Treppe, die zu den Wohnräumen über dem Laden führte, stand meine belgische Freundin Yvonne, mollig und lächelnd, genau wie ich sie in Erinnerung hatte. Ich konnte die Treppe nicht schnell genug hinaufsteigen, und in meiner Verwirrung, sie abzuküssen und zugleich ihrem Mann und ihrem Sohn, die in der Wohnzimmertür warteten, die Hände zu schütteln, vergaß ich fast, meine Freunde vorzustellen. Aber schließlich konnten wir alles aufklären, und sie führte uns ins Wohnzimmer.

»Sieh mal«, sagte sie und zeigte auf den Tisch. Dort lag inmitten eines Blumenkranzes ein Brief mit der Handschrift meiner Mutter. Ungläubig blickte ich auf ihn hinab, unfähig zu sprechen. »Mach schon, lies«, drängte sie sanft, und ehrfürchtig nahm ich das Blatt Papier in die Hand. Es war auf den 25. Mai datiert. Meine Mutter hatte den Krieg überlebt! Tränenüberströmt las ich weiter. In dem Brief dankte sie meinen belgischen Freunden für ein Paket mit Lebensmitteln, das sie ihr unmittelbar nach der Befreiung der Niederlande geschickt hatten, und schrieb, dass die ganze Familie – Vater, Mutter und zwei Schwestern – zwar unterernährt und sehr dünn, aber am Leben sei, allerdings habe sie keine Nachrichten von mir und meinem Bruder. Meine Knie begannen zu zittern, und ich setzte mich abrupt hin.

»Was ist los, Zippie?«, fragten die anderen neugierig. »Was steht drin?«

»Sie sind alle am Leben«, schluchzte ich, »meine Familie ist am Leben, nur dass sie noch nichts von meinem Bruder gehört hat.«

Ich lachte und weinte vor Glück und umarmte jeden im Zimmer. Meine Freunde teilten meine Gefühle. Auch wenn sie selbst noch keine Nachricht von ihren Familien hatten, schien der Brief ein gutes Omen für uns alle zu sein. Und dann kam mir etwas Seltsames in den Sinn. Meine belgischen Freunde hatten mich schon immer als »Gaby« gekannt und nannten mich sogar jetzt noch so. Wie hatten sie meinen richtigen Namen und die Adresse meiner Eltern herausgefunden? Sie erklärten, sie hätten sich an eine Telefonnummer erinnert, die ich bei meinen unregelmäßigen Aufenthalten in ihrem Haus oft angerufen hätte, und bei diesen Anrufen hätte ich niederländisch gesprochen. In der Annahme, ich könnte mit Freunden gesprochen haben, die meinen richtigen Namen wussten, hätten sie nach der Befreiung der Niederlande ebendiese Nummer gewählt. Ihre Vermutung habe sich bewahrheitet, mühelos hätten sie meinen richtigen Namen in Erfahrung gebracht und meinen Eltern ein Paket geschickt. Sie wussten, dass in Nordholland schreckliche Hungersnot herrschte, außerdem wollten sie Neuigkeiten über mich hören.

Es war ein unvergesslicher Abend. Normalerweise sprachen meine belgischen Freunde französisch, aber sie konnten ein paar Brocken Flämisch, die sie hin und wieder Dries und Jos zuliebe einwarfen. Ansonsten waren diese auf unsere ziemlich hektischen Übersetzungsversuche angewiesen. Yvonne servierte Kuchen und trockenen Wermut, und während wir beidem großzügig zusprachen, erzählte sie, dass sie, ihr Mann und ihr Sohn etwa zwei Wochen nach mir verhaftet worden seien.

»Das ist seltsam«, sagte ich, »euern Namen oder eure Adresse habe ich nie verraten. Und nachdem ihr gefasst worden seid, hat mich die Gestapo auch nie über euch ausgehorcht.«

»Ja, wir wissen, dass es nicht durch dich passiert ist«, antworteten sie. »Während des Verhörs haben sie uns nie mit dir in Verbindung gebracht. Wir sind uns immer noch nicht sicher, wie es dazu kam, obwohl wir gewisse Verdachtsmomente haben.«

»Aber wann und wo seid ihr befreit worden?«, fragte ich. »Ihr seid doch nicht erst vor Kurzem nach Hause gekommen, oder? So jedenfalls siehst du nicht aus.«

»Du meinst, dass ich mein altes Gewicht wiederhabe«, sagte Yvonne lachend. »Das wirst du auch, Gaby, das wirst du auch! Hier, nimm noch etwas Kuchen.« Es stellte sich heraus, dass sie in einem Brüsseler Gefängnis festgehalten und anschließend in einen Zug nach Deutschland gepfercht worden waren; allerdings hatten die alliierten Armeen Brüssel so schnell überrannt, dass der Zug nicht mehr abfuhr, und so waren sie einfach vom Bahnhof nach Hause gelaufen durch Straßen, in denen sich alliierte Soldaten und eine überglückliche Bevölkerung drängten. Während ihrer Abwesenheit hatte sich ein Freund um das Geschäft gekümmert, so dass ihre unschätzbaren Antiquitäten außer Gefahr waren.

Nachdem die ersten dringendsten Nachrichten ausgetauscht worden waren, fielen uns plötzlich unsere belgischen Freundinnen in der NN-Gruppe von Waldheim ein. Überzeugt, dass sie längst nach Hause gekommen waren, fragten wir, ob wir das Telefon benutzen dürften, um sie anzurufen. Bei Lottie und ihrer Mutter meldete sich niemand, aber dann besann ich mich auf den Ehenamen von Lotties Zwillingsschwester, fand ihn im Telefonbuch und bekam sie an die Strippe. Ich weiß nicht, wer von uns überraschter war: sie, als sie eine fremde Stimme hörte, die ihr erzählte, ihre Mutter und ihre Schwester seien am Leben und auf dem Heimweg, oder ich, als ich herausfand, dass die beiden, obwohl sie Waldheim fünf Tage vor uns verlassen hatten und sich nicht mit Russen herumplagen mussten, noch nicht zurückgekehrt waren. Schließlich legte ich auf und erzählte meinen Freunden, was ich soeben vernommen hatte.

»Weißt du was, Zip«, sagte Joke höchst verwundert. »Vielleicht sitzen sie in dem großen DP-Lager fest, das wir gesehen haben, kurz bevor wir den Flugplatz Halle erreichten. Wenn sie aus Altenburg gekommen sind, wäre das doch der naheliegende Ort für sie.«

»Mein Gott!«, rief Nell. »Willst du damit sagen, dass wir womöglich direkt an ihnen vorbeigekommen sind und dann ein Flugzeug besteigen konnten, während sie einen Monat lang warten mussten?«

»Eine verdammt gute Sache, dass wir das getan haben!«, sagte Dries. »Du weißt genau, dass das Flugzeug zu drei Vierteln leer abgeflogen wäre, wenn wir nicht mitgekommen wären. Wir haben niemandem den Platz weggenommen!«

»Wenn das so ist«, fuhr Nell mit der ihr eigenen Sachlichkeit fort, »müssen wir die Angehörigen aller, die mit uns in Waldheim waren, anrufen und die gute Nachricht verbreiten.«

Etwa eine Stunde lang drängten wir uns um das Telefon, während Yvonne um uns herumschwebte und unsere Kuchenteller und Wermutgläser nachfüllte. Unserer Überzeugung nach mussten die fünfzehn Belgierinnen, die als NNs mit uns zusammen in Waldhein eingesessen hatten, lange vor uns zurückgekehrt sein, so dass wir nicht einmal die Liste der Namen und Adressen mitgenommen hatten, die wir die ganze Wegstrecke bei uns führten. An die meisten Namen konnten wir uns jedoch erinnern, und so blätterten wir das Telefonbuch durch, bis wir auf eine vertraut klingende Adresse stießen. In einigen Fällen nahm keiner ab, in anderen waren neue Mieter eingezogen und kannten die Adresse der ehemaligen Bewohner nicht. Indem Joke, Nell und ich uns am Telefon abwechselten, gelang es uns, wenigstens sechs Familien zu erreichen, die sich sehr über die Nachricht freuten.

Yvonne zog mich in eine Ecke und drückte mir eine Menge Kleingeld in die Hände.

»Nicht doch«, protestierte ich, »wir sind gut versorgt. Wir dürfen sogar, ohne zu bezahlen, mit der Straßenbahn fahren!«

»Mach keine Anstalten«, sagte sie. »Gestern habe ich eine chinesische Vase verkauft, und zwar für mehr, als mein Mann dafür verlangt hatte. Und bleib in Kontakt mit uns, ja?«

Etwas war mir schon den ganzen Abend durch den

Kopf gegangen, und jetzt fragte ich Yvonne: »Wie lange braucht die Post zwischen Brüssel und Nordholland?«

Sie schüttelte den Kopf und sagte: »Der Brief, den du heute Abend gesehen hast, hat zehn Tage gebraucht. Ich bin immer noch überrascht, dass unser Paket überhaupt angekommen ist. Falls du vorhast, deiner Familie zu schreiben, vergiss es; wahrscheinlich wirst du vor deinem Brief zu Hause sein. Außerdem würden sie dich lieber leibhaftig sehen als nur einen Gruß von dir.«

Als wir mit der Straßenbahn wieder zum DP-Zentrum zurückfuhren, vertraute ich Joke an: »Seit fast zwei Wochen zermartere ich mir das Hirn, aber ich kann mich einfach nicht mehr an unsere private Telefonnummer erinnern. Weißt du deine noch?«

»Ja«, sagte sie stolz und haspelte sie herunter: »Ortsvorwahl Zeist –« Während wir in der Straßenbahn dahinschuckelten, fragte ich die anderen. Nell und Jos hatten keine Mühe. Dries musste lange überlegen, bis ihm die Telefonnummer seiner Mutter in Arnheim einfiel, er sie aus den Tiefen seines Gedächtnisses hervorgekramt hatte. Doch wie ich mich auch anstrengte, ich konnte mich an meine nicht erinnern. »Warum quälst du dich, Zippie?«, fragte Joke und legte mir tröstend den Arm um den Rücken. »Ich habe deine belgischen Freunde danach gefragt, denn ich hatte die verwegene Idee, dass ich vielleicht daheim anrufen könnte. Aber die einzige Leitung von hier geht nach Eindhoven, mit dem nördlichen Teil Hollands gibt es offenbar noch keinen telefonischen Kontakt.«

»Ja, ich weiß«, sagte ich. »Ich habe sie dasselbe gefragt. Aber vielleicht funktionieren ja Arzttelefone.«

»Wir sind noch nicht in Holland«, warf Nell ein, »und

von hier aus lässt sich unmöglich telefonieren. So viel scheinen wir alle herausgefunden zu haben. Überschlaf's erst mal, vielleicht fällt sie dir ja morgen ein.«

Es war zehn Minuten vor elf, als wir im Empfangszentrum klingelten und ein verschlafenes Mädchen öffnete. Um nicht die jüdische Familie zu wecken, die fest schlief, richteten wir mucksmäuschenstill unsere Betten und machten uns fertig für die Nacht. Die Betten hatten echte Matratzen und sogar Kissen. Wir brauchten nur noch unsere Decken auszubreiten.

Am nächsten Morgen schliefen wir uns aus und kamen erst gegen acht Uhr zum Frühstück. Wir hatten einen Tisch für uns, und wieder geschah das Unglaubliche: Serviererinnen brachten uns Rührei, Toast, Margarine und eine große Kanne Kaffee mit viel Zucker und Milch. Wir bedienten uns freizügig, und als wir bei der dritten Tasse Kaffee einige der Zigaretten rauchten, die man uns gegeben hatte, kam eine der Serviererinnen vorbei und sagte uns, der »politische Offizier« sei bereit, uns im Büro neben dem Speisesaal zu empfangen.

Der Offizier wollte uns offenbar nacheinander sehen, und rein zufällig war ich die Letzte, die eintrat. Jos hatten wir vor uns hergeschoben, weil er Papiere hatte, und Dries hatte Nell hineingeholfen, weil das Bein ihr Mühe bereitete. Joke und ich saßen in der Empfangshalle, als die Tür aufging und ein britischer Unteroffizier sagte: »Die Nächste bitte.« Da ich meine Zigarette zu Ende rauchen wollte, stupste ich Joke an.

Bei Joke dauerte es nur fünf Minuten, dann war ich an der Reihe. Ich sah mich einem niederländischen Oberst gegenüber, dessen erste Geste darin bestand, mir eine englische Zigarette anzubieten. Ich nahm sie an und setzte mich. So behaglich fühlte ich mich, dass ich auf die Worte, die über mich hereinbrachen, gänzlich unvorbereitet war. »Sie brauchen mir gar nicht erst zu sagen, wer Sie sind«, sagte der Oberst hinter seinem Schreibtisch. »Ihre Kameraden haben es mir gesagt, und ich habe in unseren Unterlagen nachgeschaut. Was mich betrifft, ist bei Ihnen so weit alles klar. Aber würden Sie mir bitte erklären, weshalb Sie mit einem SS-Angehörigen und mit einem Mann, von dem ich stark vermute, dass er Nazi ist, auch wenn ich es noch nicht beweisen kann, nach Brüssel geflogen sind?«

Ich musterte ihn und sah einen breiten, großzügigen Mund, eine scharfe Habichtsnase und hinter der Stahlbrille kalte graue Augen. Innerhalb von drei oder vier Sekunden hatten wir einander abgeschätzt. Ich wusste, dass er stärker war als ich und dass ich nicht mit ihm kämpfen wollte. Ich war des Kämpfens müde. Er hatte gesiegt, noch ehe wir aneinandergerieten. Ich zog die Namensliste aus der Hosentasche und übergab sie ihm. »Das kam so, Sir«, gestand ich leise. »Ich wusste rein gar nichts über die elf Namen, die Sie unter den unsrigen sehen, außer dass sie sich als Politische ausgaben. Aber uns wurde gesagt, nur Belgier und Franzosen dürften nach Hause fliegen. Das fand ich ungerecht, und so habe ich einen niederländischen Offizier überredet, uns dieses Papier auszustellen. Ich habe alle sechzehn Namen aufgeschrieben, weil ich dachte, das wir dann eine bessere Chance auf ein Flugzeug hätten als eine kleine Fünferguppe.«

Er überflog mein kostbares Dokument, und jetzt umspielte ein Lächeln seine Lippen. »Und die hatten Sie offenbar«, sagte er trocken. »Großen Respekt vor einer niederländischen Uniform haben Sie aber nicht gezeigt, oder?«

Dieser Gedanke war mir nie gekommen. »Es tut mir nicht leid, dass ich es getan habe, Sir«, sagte ich abwehrend. »Ich finde es immer noch ungerecht, dass wir nicht nach Hause fliegen dürfen.«

»Das hat seinen guten Grund«, antwortete er mit einer jetzt sanften Stimme. »Erstens gibt es in Holland keinen einzigen Flugplatz, dessen Zustand gut genug wäre, um große Flugzeuge abzufertigen. Zweitens ist Holland selbst in einem sehr schlechten Zustand. In den vergangenen sechs Monaten hat es viel Zerstörung und eine schreckliche Hungersnot gegeben. Wir können nicht zulassen, dass Tausende von euch in ein Land zurückkehren, in dem es noch immer nicht genug Nahrung für die Bevölkerung gibt.«

»Wollen Sie damit sagen, dass wir hierbleiben müssen?«, fragte ich niedergeschlagen.

Er schüttelte den Kopf. »Nein, der Süden Hollands ist seit neun Monaten frei. Dort wird man sich um Sie kümmern. Hier haben wir drei Aufnahmezentren, und die sind alle fast voll. Ich glaube, in zwei oder drei Tagen kommt ein Zug.« Er stand auf und streckte mir seine Hand entgegen. Die grauen Augen hinter den Brillengläsern funkelten. »Vermutlich sollte ich Sie regelrecht ausschimpfen«, sagte er lächelnd, »aber um die Wahrheit zu sagen, ich bin froh, dass Sie's bis zum Flugzeug geschafft haben. Seien Sie einfach etwas vorsichtiger, mit wem Sie Umgang haben, wenn Sie das nächste Mal etwas so Riskantes unternehmen.«

Ich gesellte mich wieder zu meinen Freunden, die im Speisesaal auf mich warteten. »Das ist ein Teufelskerl!«, bemerkte ich.

»Wir haben versucht herauszufinden, wer von den anderen der SS-Mann ist«, sagte Dries, »aber offen gesagt, habe ich nicht die geringste Ahnung.«

»Ich auch nicht«, sagte ich lässig, »aber wen interessiert das schon? Er ist erwischt worden, oder?«

Wir beschlossen, uns für den Rest des Tages zu trennen. Joke hatte mehrere Freundinnen aus dem Widerstand, die sie aufsuchen wollte. Dries und Jos wollten die Stadt besichtigen, und ich gab ihnen den größten Teil des Geldes, das Yvonne mir geschenkt hatte, weil ich wusste, dass ich es nicht benötigen würde. Der Rest ging an Nell, die ihr Bein schonen und an diesem Tag im Zentrum bleiben wollte. Um sich die Zeit zu vertreiben, wollte sie einige Ferngespräche führen, die wir am Vorabend nicht mehr geschafft hatten.

Wir verbrachten drei glückliche Tage in Brüssel, besuchten Freunde oder schlenderten einfach umher und machten einen Schaufensterbummel. Brüssel erlebte damals einen regelrechten Boom, die Geschäfte quollen geradezu über vor Waren – Waren, die wir seit Jahren nicht mehr zu Gesicht bekommen hatten. Einmal suchte ich die niederländischen Freunde auf, die Yvonne meinen richtigen Namen genannt hatten. Sie fanden, dass meine Rückkehr gefeiert werden müsste, und führten mich in das beste Restaurant der Stadt. Bis zu diesem Zeitpunkt war ich mir meiner Kleidung gar nicht bewusst gewesen, doch als ich das verspiegelte, in gedämpftes Licht getauchte Restaurant betrat und die Blumen auf den glänzend weißen

Tischdecken wahrnahm, wurde mir plötzlich klar, dass ich in meinem ausgefransten Pullover, der Männerhose und den schweren, eine Nummer zu großen Schuhen noch immer wie eine Landstreicherin aussah. Aber auch hier wirkte das Abzeichen der politischen Gefangenen Wunder; der Oberkellner geleitete uns zu dem besten Tisch, als wäre ich eine Prinzessin in einem prächtigen Abendkleid.

Und dann blickte ich benommen auf eine riesige Speisekarte mit einer langen Liste von Gerichten, die alle zu gut klangen, um wahr zu sein. Ich war außerstande, unter ihnen zu wählen, bis ich auf einmal die Worte »Canard à l'orange« las. Plötzlich hatte ich eine Vision von unserer kahlen, schmutzigen Zelle in Waldheim am letzten Tag unserer Gefangenschaft, als Laure uns mit ihrer lebhaften Beschreibung, wie man dieses besondere Gericht zubereitet, in Bann geschlagen hatte. Ich legte die Speisekarte wieder hin und sagte feierlich zu meinem Gastgeber: »Es muss Canard à l'orange sein, Émile.«

»Du kannst alles haben, was du willst«, sagte er. »Ist Canard à l'orange ein Lieblingsgericht von dir?«

Ich antwortete: »Ich hatte eine Zellengenossin, die es so anschaulich beschreiben konnte, dass man das Gefühl hatte, die Ente tatsächlich zu essen. Jetzt möchte ich wissen, wie es sich anfühlt, wenn man sie wirklich isst.«

Es war die beste Mahlzeit, die ich je gehabt hatte. Mein Freund Émile, ein Feinschmecker und Weinkenner, sorgte dafür, dass uns nur das Beste vorgesetzt wurde. Der ganze Abend hatte eine traumähnliche Qualität. Wir waren in Nimmerland. Noch fünf Tage vorher hatte ich in einem Wald an der Elbe auf einem Kanten Sauerteigbrot herumgekaut und an etwas starkem, ungezuckertem Tee genippt, ohne einen Pfennig in der Tasche, ohne ausgewiesene Identität, ohne das Wissen, ob ich noch eine Familie hatte, zu der ich heimkehren konnte. Und jetzt dinierte ich in einem erstklassigen Restaurant mit herbeischwebenden Kellnern, reichlich Champagner, einem stets gefüllten Teller und dem beseligenden Wissen, dass meine Familie in Sicherheit war und der Nachrichtenoffizier offenbar meine persönliche Akte kannte.

Als ich an diesem Abend kurz vor elf wieder im Zentrum eintraf, fand ich Dries und Jos im Speisesaal. Sie warteten auf mich und spielten Dame. »Nell und Joke sind schon im Bett«, sagte Dries. »Was ist los mit dir, Zippie? Du siehst so komisch aus. Bist du betrunken?«

»Ich weiß nicht«, sagte ich wahrheitsgemäß. »Vielleicht ist es der Champagner, vielleicht ist es das Gefühl, am Leben zu sein. Wisst ihr, wie ich mich fühle? Ich fühle mich wie ein Konzertgeiger, von dem man eine Zugabe verlangt. Ich war so überzeugt, dass ich sterben würde und das Konzert zu Ende sei, aber offenbar verlangt das Leben eine Zugabe. Das ist mir erst heute Abend aufgegangen.«

Ein weiteres Ergebnis meiner Besuche bei verschiedenen Freunden in Brüssel war, dass ich eine stolze Menge an Konserven, Instantkaffee, Tüten mit Zucker, Schokoriegeln und so weiter sammelte. Jede Familie bestand darauf, mir etwas mitzugeben, da sie wussten, dass die Menschen im nördlichen Teil Hollands nach wie vor Hunger litten. Joke machte dieselbe Erfahrung. Etwas davon schenkte ich Dries, Nell und Jos, denn sie kannten in Brüssel niemanden und hatten nicht die gleiche Chance wie ich, Nahrungsmittel zu horten.

Als wir uns am Morgen des 12. Juni in der Empfangshalle versammelten, um auf den Abtransport zum Bahnhof zu warten, von wo uns ein Zug nach Norden bringen würde, hatte ich nicht nur meinen Rucksack umgehängt, sondern trug außerdem ein dickes, grob genähtes Leinenbündel in den Händen. Etwa fünfundfünfzig von uns standen reisefertig in der Empfangshalle. Ich sah mich in der Menge um: Wie viele unserer elf Flugbegleiter waren da? Zu meiner Erleichterung erkannte ich den Kerl mit dem buschigen Haar, der mir die neue Hose vermacht hatte. Undeutlich wusste ich und war froh darüber, dass er nicht der SS-Mann war, den der sachkundige Oberst hatte verhaften lassen. Aber in diesem Punkt erwies sich mein Gedächtnis als unzuverlässig. Zwar erkannte ich die meisten von denen, die vorübergehend bei uns gewesen waren, aber an die beiden fehlenden Gesichter konnte ich mich nicht erinnern. Auch meine Freunde nicht, als ich sie danach fragte. »Wen interessiert's?«, sagte Jos, nachdem sie flüchtig die Menge abgesucht hatte. »Vergiss nicht, Zip, jetzt werden wir unsere Zugaben geben. Es nützt nichts, zurückzuschauen.«

Endlich fuhren zwei britische Lastwagen vor, wir alle kletterten auf die Ladefläche und wurden zum Bahnhof Brussel-Noord gebracht, wo bereits eine weitere Gruppe Holländer wartete. Pakete mit Sandwiches und Obst wurden verteilt. Inzwischen waren wir seit fast fünf Wochen frei und unsere hohlen Wangen schon wieder etwas ausgefüllt. Erst am Vortag hatte ich mich im Haus einer Freundin auf die Waage gestellt und gesehen, dass ich die Hälfte des Gewichts, das ich in den langen Gefängnismonaten verloren hatte, wiedererlangt hatte. Dann traf die dritte Gruppe Holländer ein; jetzt mussten wir uns alle, etwa einhundertachtzig an der Zahl, auf dem Bahnsteig aufstellen, jeder mit seinen Bündeln und seinen Hoffnungen auf ein neues Leben.

Schließlich fuhr der Zug ein, eine altmodische Lokomotive, die zwei Waggons der Holzklasse zog. Unser Zug legte nur etwa hundert Kilometer zurück, doch wegen etlicher Rangierereien und Verspätungen dauerte die Fahrt vier Stunden. Die Stimmung im Zug wechselte mit seiner Geschwindigkeit. Wenn es schnell ging, saß jeder, in seine Träume versunken, auf den Holzbänken und wollte nicht reden. Wurde der Zug langsamer, drängten sich alle auf dem Gang neben den Abteilen, schauten aus dem Fenster und stellten Vermutungen an, weshalb der Zug langsamer geworden war. Als wir den Bahnhof Roosendaal durchfuhren, stand ich gerade am Fenster. Zufällig kannte ich den Bahnhof sehr gut, denn während des Krieges hatte ich dort ein Fahrrad eingelagert und es in mondklaren Nächten oft benutzt, um über die niederländisch-belgische Grenze zu gelangen, indem ich die schmalen Schmugglerpfade entlangradelte, die sich an jeder bewachten Grenze finden.

Meinen Freunden, die still im Abteil saßen, rief ich zu: »Wir sind in Holland. Kommt und seht!« Sie traten zu mir ans Fenster, und während wir auf die flachen, ordentlich bewirtschafteten Felder blickten – was für ein Kontrast zu den vielen zerschossenen und ausgebrannten Bauernhäusern! –, klickte plötzlich etwas in mein Gehirn. Mir war meine Privatnummer eingefallen! Überschwänglich umarmte ich die neben mir stehende Nell und sang: »Den Haag 114261!«

Kurz darauf fuhr der Zug in die Station des kleinen Dorfes Oudenbosch ein, und zu unserer Überraschung wurden wir von einem Empfangskomitee erwartet. Mindestens ein Dutzend fröhlicher Mönche erwartete uns, sie schwirrten um uns herum, halfen beim Aussteigen, nahmen die Bündel entgegen, die durch die Fenster gereicht wurden, stellten uns zu einer Kolonne zusammen und waren allen behilflich. Mit ihren schwarzen Kutten, die ihre Beine umflatterten, und ihren in der Sonne glänzenden Tonsuren erinnerten sie mich an eine Schar Krähen, die soeben auf einem besonders verheißungsvollen Futterplatz eingetroffen sind. In weiser Voraussicht hatten sie einen kleinen, für die Beförderung von Postsäcken gedachten Karren mitgebracht, und darin verstauten wir Nell und den größten Teil unseres Gepäcks. Und dann brach der ganze Trupp zu unserer nächsten Bleibe auf, einem großen katholischen Kloster. Es war ein zwanzigminütiger Fußweg zu dem kopfsteingepflasterten Innenhof inmitten weitläufiger Gebäude. Dort mussten wir erneut Aufstellung nehmen, und weitere Mönche schwärmten aus, um uns willkommen zu heißen und uns zu versichern, wie glücklich sie seien, dass wir lebend heimgekehrt waren. Während des Krieges hatte ich gute Kontakte zu zwei Nonnenklöstern, deren unerschrockene Schwestern sogar so weit gegangen waren, alliierte Piloten zu verstecken (passenderweise in Nonnentracht verkleidet), aber in einem Männerkloster war ich noch nie gewesen. Mit großem Interesse schaute ich mich um.

»Sagen Sie«, fragte ich einen vorbeikommenden Mönch, »wie viele Menschen können Sie hier aufnehmen?«

»Derzeit haben wir zwischen fünfzehnhundert und

zweitausend«, antwortete er höflich. »Zweitausend sind so etwa die Obergrenze.«

»Aber wo bringen Sie die alle unter?«, fragte ich erstaunt.

Lächelnd antwortete er: »Es ist wunderbar, wie viele Menschen man unterbringen kann, wenn es der Herrgott von uns verlangt. Zuerst fanden wir heraus, dass wir viel Platz schaffen konnten, indem wir zu dritt in unseren Zellen wohnen, statt dass jeder seine eigene Zelle hat. Dann haben wir die alten Stallungen hergerichtet, die wir eigentlich gar nicht mehr benutzen. Als Nächstes die Bibliothek. Mittlerweile sind einige von uns in der Stadt untergekommen, und das schafft noch mehr Platz.«

»Es ist sehr, sehr freundlich von Ihnen, dass Sie das alles für uns tun«, fiel ihm Joke in die Rede.

Der Mönch, der jene merkwürdige Aura kindlichen Frohsinns ausstrahlte, die für alle Nonnen und Mönche, denen ich je begegnet bin, bezeichnend zu sein scheint, lachte laut auf und erwiderte: »Wie ich höre, habt ihr doch auch was für uns getan, oder etwa nicht?« Dann wurde er wieder ernst und fügte hinzu: »Natürlich ist unsere Unterkunft nicht so gut wie die, die Sie in Brüssel hatten. Anscheinend hat man Ihnen Privatbetten und alle möglichen wunderbaren Mahlzeiten zukommen lassen. Hier werden Sie im Stroh schlafen, und wir servieren nur zwei Mahlzeiten am Tag, aber gute Mahlzeiten.«

»Was glauben Sie, wie lange es dauern wird, bis wir nach Hause können?«, fragte Nell. »Wir kommen alle aus Nordholland, wissen Sie.«

Plötzlich war unser Mönch in Eile. »Das kann ich Ihnen wirklich nicht sagen«, meinte er und wandte sich ab.

»Fragen Sie die Sicherheitskräfte, wenn Sie zu ihnen kommen.« Mit diesen Worten ging er die Schlange entlang und ließ uns ratlos zurück.

Die Schlange hatte sich langsam, aber stetig voranbewegt, und kurz darauf waren wir an der Reihe. Zu unserer großen Zufriedenheit wurden wir in eine Praxis geführt, in der drei Ärzte Überstunden machten, um den Zustrom an Neuankömmlingen zu bewältigen. Die Untersuchung war notgedrungen oberflächlich – Messung von Blutdruck und Puls, Inspektion von Zunge und Rachen, Prüfung der Nervenreaktion, kurze Auflistung persönlicher Beschwerden –, aber wenigstens bekam Nell ein Mittel gegen ihre Beinschmerzen, und wichtiger noch, wir alle bestanden den Test vor dem Röntgenschirm und wurden für tuberkulosefrei erklärt. Das war eine geheime Angst von uns drei Mädchen und Dries gewesen. Viele Monate hatten wir engen Kontakt mit Tuberkulosekranken gehabt, so dass wir nie sicher sein konnten, ob wir uns infiziert hatten oder nicht, und inzwischen wussten wir über die Situation in Nordholland hinreichend Bescheid, um zu wissen, dass wir uns, falls wir Anzeichen dieser schrecklichen Krankheit hätten, von unseren unterernährten Familien fernhalten mussten.

Die nächste Stufe unserer klösterlichen Initiation war das Komitee für politische Sicherheit. Man gestattete uns, als Gruppe einzutreten, und bearbeitete in Rekordzeit unsere Personalien. Erst als wir schon wieder an der Tür waren, begriff ich, weshalb man uns so lässig behandelte; der niederländische Oberst zwinkerte mir zu und flüsterte: »Wie ich höre, hatten Sie Probleme mit meinem Kollegen in Brüssel!«

Ein Mönch, der an der Tür gewartet hatte, führte uns zu einem Tisch im Nebenraum, wo Schildchen für die Raumzuweisung ausgegeben wurden. Hier endlich hatten wir Zeit, aufs Neue unsere große Frage loszuwerden: »Wann können wir nach Hause?«

»Oh, das wird zwei, drei Wochen oder so dauern«, antwortete die resolute matronenhafte Dame, die hinter einem großen Tisch arbeitete und eine ganze Reihe Mönche als Botenjungen zur Verfügung hatte. »Mal sehen – ihr drei Mädchen solltet in den A-Flügel gehen, und was euch zwei junge Männer betrifft, so könnt ihr in einer der Zellen unserer Brüder schlafen.«

Aber Nell ließ sich nicht so leicht abweisen. »Warum dürfen wir nicht schon morgen nach Norden?«, fragte sie streitlustig.

Die Dame blickte auf und gab ihr eine einleuchtende Antwort. »Im Norden gibt es nicht genug zu essen«, sagte sie kurz. »Wenn wir euch dorthin schicken, machen wir die Lage nur noch schlimmer. Wohnt jemand von euch südlich der Flüsse?« Wir schüttelten stumm den Kopf. »Nun, dann müsst ihr euch einfach gedulden«, schloss sie. »Jetzt geht und sucht euer Quartier, und wenn ihr Beanstandungen habt, meldet ihr euch bei mir.«

Wir waren endgültig entlassen, und aus Respekt vor den Mönchen, in deren Haus wir unterkamen, ließen wir sogar zu, dass unsere Gruppe getrennt wurde. Die Männer gingen in die eine Richtung, die Frauen in die andere, aber nicht bevor wir uns eine halbe Stunde später am Portal des Innenhofes verabredet hatten.

Um fünf, zur vereinbarten Zeit, warteten Dries und Jos auf uns. Wir wussten, dass das Abendessen serviert wurde, aber nachdem wir den ganzen Nachmittag über unsere belgischen Sandwiches vertilgt hatten, hatten wir keinen Hunger. Nell, die sich dank des Medikaments, das ihr wegen ihres Beins verabreicht worden war, schon viel besser fühlte, sagte: »Lasst uns einen Rundgang durch das Dorf machen, bevor wir uns in der Essensschlange anstellen.« Arm in Arm schlenderten wir zu fünft die Dorfstraße hinunter.

In den nächsten Sekunden geschah das große Wunder. Ein Oberleutnant in niederländischer Uniform bog um eine Ecke in die Hauptstraße. Bevor meine Freunde sich's versahen, flog ich die Straße hinunter und fiel ihm um den Hals, umarmte und küsste ihn – es gab kein Halten mehr. Sie blieben stehen und starrten uns an, bis ich endlich wieder zu mir kam und den Oberleutnant als meinen Cousin Dirk Roosenburg vorstellte.

Zur Ehre meines Cousins sei gesagt, dass er sich von meinem Überfall sehr schnell erholte. »Was zum Teufel! Ich dachte, du wärst tot«, sagte er. »Aber solange das nicht der Fall ist, komm und iss mit mir in der Offiziersmesse zu Abend!«

»Wie kommt es, dass du bei der niederländischen Armee bist?«, fragte ich. Ich wusste, dass er eine nicht unbeträchtliche Rolle im Widerstand gespielt hatte.

»Ganz einfach«, sagte er lächelnd. »Du weißt, dass wir südlich der Flüsse wohnen. Sobald unsere Stadt befreit war, bin ich zum Militär gegangen.«

»Geht's deiner Frau und deinen Kindern gut?«, fragte ich besorgt.

Er antwortete: »O ja, es geht ihnen gut. Eindhoven ist ziemlich stark beschädigt, aber wie du weißt, wohnen wir außerhalb und hatten keine Probleme. Und was ist mit dir?«

So schnell und präzise ich konnte, erzählte ich ihm von unseren Erlebnissen.

»Du steckst also in diesem Kloster fest?«, sagte er nachdenklich. »Es wird drei bis vier Wochen dauern, bevor sie dich nach Norden lassen.« Er dachte ein paar Minuten nach, dann fragte er: »Ist das deine Gruppe, nur ihr fünf? Jetzt bringe ich euch erst einmal zur Offiziersmesse, später stoße ich zu euch. Vielleicht lasse ich mir was einfallen.«

Dirk führte uns zur Offiziersmesse, die sich ums Eck in der nächsten Straße befand, und befahl dem Messeoffizier, uns in angemessenem Rahmen Drinks zu servieren. Wir nahmen an dem langen Tisch Platz, schlürften behutsam holländischen Gin und spekulierten, was Dirk wohl im Schilde führte, als ein anderer Offizier hereinkam, der sich als ein alter Freund von mir an der Universität Leiden entpuppte. Das war Holland – ein Land, wo man kaum einen Schritt tun konnte, ohne einem Familienangehörigen, einem alten Schulfreund oder irgendeinem Bekannten zu begegnen. In den Tagen des Widerstands war diese Eigenheit des Lebens in den Niederlanden oft ein lästiges Hindernis gewesen, gefährdete sie doch alle Versuche eines Widerstandskämpfers, seine wahre Identität geheim zu halten, jetzt aber war sie eine herzerwärmende Erfahrung.

Eine halbe Stunde später kehrte Dirk zurück und stellte uns den anderen Offizieren vor, die hereingeschlendert kamen. Dann zog er mich in eine Ecke und sagte fröhlich: »Es ist alles vorbereitet, Kleine. Ich habe einen Wagen organisiert und einen Chauffeur, der morgen mit Geheimbefehlen nach Norden fahren muss. Morgen früh Punkt acht haltet ihr euch am Portal des Klosters bereit, er wird euch dort abholen.«

Völlig verblüfft sagte ich: »Du tust etwas ganz Wunderbares für uns, Dirk. Bist du sicher, dass du dir damit keine Schwierigkeiten aufhalst?«

»Und wenn schon«, lachte er. »Ihr habt ein Recht darauf, nach Hause zu kommen, und genau dafür werde ich sorgen. Nur eine Sache – der Fahrer muss abends wieder hier sein, und ihr werdet einen großen Umweg machen müssen, denn es gibt nur eine Stelle, wo die Flüsse überquert werden können, nämlich nördlich von 's-Hertogenbosch; alle anderen Brücken sind zerstört. Wahrscheinlich wird er nicht genug Zeit haben, euch alle in euren jeweiligen Heimatstädten abzusetzen.«

Ich traute meinen Ohren nicht, genauso wie meine Freunde, als ich ihnen die gute Nachricht übermittelte. Unsere Mahlzeit verlief sehr vergnügt, abgerundet wurde sie von einer großen Schüssel Erdbeeren, einem besonderen Genuss, den uns die Ordonnanzen auf Geheiß der Offiziere bereiteten, mit denen wir den Tisch teilten. Danach kehrten wir ins Kloster zurück, übervoll von der ungeheuren Neuigkeit, die wir, wie wir wussten, streng für uns behalten mussten.

In dieser Nacht konnte keiner von uns richtig schlafen. Viertel vor acht versammelten wir uns vor dem Portal. Unser Glück konnten wir noch immer kaum fassen. Aber alles hatte seine Richtigkeit. Pünktlich um acht Uhr fuhr ein ramponiertes Automobil vor, und wenige Minuten später waren wir tatsächlich unterwegs.

Der Soldat, der am Steuer saß, zeigte sich begeistert von seiner Mission. »Der Oberleutnant hat mir gestern Abend von euch erzählt«, sagte er stolz. »Ich glaube, euch nach Hause zu bringen ist die schönste Aufgabe, die ich in der Armee je bekommen habe.« Er fuhr schnell und sicher. Nell saß auf dem Vordersitz, wir anderen auf dem Rücksitz. Sonderbar schweigsam und angespannt blickten wir hinaus auf die vertraute flache Landschaft und nahmen betrübt die Zerstörung vieler Städte und Dörfer wahr. Der Soldat am Steuer unterhielt uns mit seinen Kommentaren, er erzählte, wo die heftigsten Gefechte stattgefunden hatten, wie die alliierten Armeen nach Norden vorgerückt waren und von dem gescheiterten Luftlandeangriff auf Arnheim. Nach etwa einer Stunde fragte er: »Hat jemand von euch heute Morgen schon gefrühstückt?«

Wir verneinten. Ausnahmsweise war keiner von uns hungrig gewesen, zudem hatten wir zu viel Angst gehabt, unsere Verabredung zu versäumen, wenn wir riskiert hätten, in der Essensschlange anzustehen.

»Das dachte ich mir«, sagte er. »Ihr seid alle ziemlich nervös, was? Nun, ich habe euch eine große Thermoskanne Kaffee mitgebracht. Warum reicht ihr sie nicht herum? Und falls ihr Hunger bekommt, habe ich ein paar Tafeln Schokolade.«

Dankbar tranken wir den Kaffee und entspannten uns ein wenig, aber essen konnten wir nichts. Inzwischen näherten wir uns den Flüssen, und vor uns auf der Straße fuhren mehrere große Lastwagen. »Jetzt drückt mir die Daumen«, sagte der Soldat. »Manchmal muss man hier stundenlang warten, weil aus allen Richtungen immer wieder große Lebensmitteltransporter ankommen, von denen jeder an dieser Stelle und nirgendwo sonst den Fluss überqueren muss.«

Doch das Glück blieb uns treu. Vor der Behelfsbrücke über die Maas standen nur fünf Lastwagen. Ein Wachposten überprüfte die Papiere. Während unser Fahrer ausstieg, um seine Papiere vorzuweisen, sahen wir zu, wie sich die Lkw einer nach dem anderen Zentimeter für Zentimeter über die Brücke bewegten. Sie sah aus, als bestünde sie nur aus Holzbohlen und ein paar Strängen Draht. Aber auf wundersame Weise hielt sie stand. Der Soldat kam zurück, und nun rumpelten wir über die Brücke zum anderen Ufer.

»Irgendwelche Probleme mit den Geheimbefehlen?«, fragte ich unseren Fahrer.

»Nicht die Bohne«, antwortete er heiter. »Der Oberleutnant hat alles bestens vorbereitet.«

Ich fing an zu lachen. »Mir scheint, alles, was wir für diese Fahrt brauchen, sind ein paar äußerst dubiose Papiere«, sagte ich.

Das musste natürlich erklärt werden. Wir erzählten unserem Fahrer die Geschichte von dem sowjetischen Passierschein, den wir nicht lesen konnten, und von dem erschlichenen Dokument, das uns dazu gedient hatte, das Flugzeug zu besteigen. Er war begeistert und stellte noch mehr Fragen, zum Beispiel wie wir in Oudenbosch angekommen seien, und als wir die Waal (einen der beiden Mündungsarme des Rheins) und den Lek überquert hatten, plauderten wir bereits wie alte Freunde.

Dann war der Moment gekommen, dass Dries uns verlassen und auf eigene Faust weiterreisen sollte. »Keine Sorge«, sagte der Soldat, nachdem er an einem strategischen Punkt angehalten hatte. Er schüttelte Dries die Hand. »Auf dieser Straße fahren viele Kanadier, und niemand wird sich weigern, dich mitzunehmen. Heutzutage trampen in Holland alle, es ist die einzige Möglichkeit, sich fortzubewegen.«

Wir reichten Dries seinen Rucksack, und er küsste seine Mädels ausgiebig. »Ach, Dries«, sagte Joke zitternd, »ich hoffe, deiner Mutter geht es gut!«

»Schreib uns und lass es uns wissen, sobald du kannst, ja?«, drängte Nell. Plötzlich war meine Kehle so zugeschnürt, dass ich kein Wort herausbrachte. Ich küsste ihn einfach nur, und dort am Straßenrand ließen wir ihn stehen. Er hatte ein tapferes Lächeln im Gesicht und Tränen in den Augen. »Er hat nur noch seine Mutter«, erklärte Nell dem Fahrer.

Joke war die Nächste. In der halben Stunde, bevor wir bei ihr zu Hause ankamen, umklammerte sie ihren Rucksack und saß steif und kerzengerade auf dem Rücksitz, zu nervös, um dem Fahrer verständliche Anweisungen zu geben. Als wir am Gartentor ihres Hauses anhielten, stürzte sie aus dem Auto und rannte den gefliesten Weg hinauf. Wir warteten gespannt. Das Haus schien in Ordnung; ob aber auch ihre Familie in Ordnung war? Und dann kamen Joke und ihre Mutter zusammen aus dem Haus gelaufen, und wir alle stießen einen großen Seufzer der Erleichterung aus. Joke tanzte wild um das Auto herum, lachte und weinte in einem. »Alle sind am Leben«, rief sie. »Alle, mein Papa, meine Mutter und meine Brüder! Alle sind am Leben!«

Ihre Mutter hatte den Wagenschlag geöffnet, beugte sich herein und erzählte uns aufgeregt, sie habe mit Nells

Vater korrespondiert (Nell wohnte bei ihm in Alkmaar), und auch er sei am Leben und gesund und harre ungeduldig ihrer Rückkehr.

»Dann weiß er es? Er weiß es?«, fragte Nell ungläubig.

»Aber natürlich!«, rief Jokes Mutter. »Wir alle wussten es. Da war doch der Brief an die Roosenburgs, der Brief, der aus England kam und in dem stand, dass ihr auf dem Heimweg seid.«

Also hatte der Tommy aus Riesa meinen Brief aufgegeben!* Das war in der Tat eine wunderbare Nachricht, besonders für Nell, die sich nun entspannen konnte in der Gewissheit, dass ihr Vater auf sie wartete. Joke tanzte noch immer herum und rief dem Himmel, den Vögeln und allen, die sie hören wollten, ihre frohe Botschaft zu. Ihre Mutter drängte uns, hereinzukommen und etwas zu uns zu nehmen. »Sagen Sie«, unterbrach ich sie, »haben Sie sich mit Dries' Mutter in Verbindung gesetzt?«

»O ja«, antwortete sie, »auch ihr geht es gut. Ihr Haus ist zerbombt, und wir hatten Mühe, sie ausfindig zu machen, weil sie zu einer Schwester gezogen ist. Warten Sie, ich habe den Brief hier.« Sie kramte in ihren Rocktaschen, und als sie ihn nicht fand, fügte sie verzweifelt hinzu: »Ach nein, doch nicht. Er muss auf dem Tisch liegen. Wollen Sie nicht eine Minute hereinkommen?«

Aber sie hatte uns bereits das Wichtigste mitgeteilt, und plötzlich fiel uns ein, dass unser Fahrer bis zum Abend zurück sein musste.

* Ich kenne den Namen des Tommys nicht, aber sollte er jemals dieses Buch lesen, möchte ich, dass er weiß, wie dankbar wir ihm alle sind.

Nell strahlte vor Glück. »Unvorstellbar, dass mein alter Vater das alles überlebt hat!«, sagte sie ungläubig.

Dann ergriff unser Fahrer das Wort. »Seit ich ein kleiner Junge war, hab ich nicht mehr geweint, aber wisst ihr was, jetzt ist mir wirklich zum Weinen zumute«, sagte er verwundert.

Wir setzten Jos an der Kreuzung zur Schnellstraße nach Rotterdam ab. Gefasst wie immer, nahm er sein Bündel, umarmte Nell und mich, schüttelte dem Fahrer die Hand und begann die Abzweigung hinunterzugehen. »Jos!«, rief ich ihm nach. »Sag Bescheid, wie's dir ergeht, ja?«

»Auf jeden Fall«, rief er zurück, »viel Glück euch beiden!« Und dann ging er los, mit ausholenden Schritten und seinem über die Schulter geworfenen Bündel, ein selbstbewusster blonder Bursche.

Jetzt war ich an der Reihe. Genau wie Joke saß ich da und umklammerte schon lange vor unserer Ankunft meine Bündel. Meine innere Anspannung übersetzte sich in den dringenden Wunsch zu reden. Ich gab dem Fahrer so viele Anweisungen, dass er mir schließlich lachend sagte: »Entspann dich, hörst du? Ich weiß doch, wo du wohnst. Ich könnte dich mit geschlossenen Augen hinbringen.« Dann ging ich mit Nell noch einmal sämtliche Vereinbarungen durch, die wir bereits in Brüssel getroffen hatten und die die Schiffer und die Nordländer betrafen, die wir in Dessau zurückgelassen hatten: wer welche Familie über die unmittelbar bevorstehende Rückkehr von Sohn, Vater oder Liebstem unterrichten sollte. Geduldig besprach Nell mit mir die ganze Liste, anscheinend begriff sie, dass ich über irgendetwas reden musste, um nicht zu explodieren.

Plötzlich waren wir da. Das Auto war in meine alte Straße eingebogen und fuhr vor meinem alten Haus vor. Hastig küsste ich Nell und dankte dem Soldaten. Ich hatte ihnen gesagt, dass sie nicht warten sollten, denn dass es meiner Familie gut ging, wussten wir ja schon, und sie würden nur wertvolle Zeit verlieren.

Die Haustür war offen, in der Diele standen ein Eimer Wasser und ein Mopp, ein Zeichen dafür, dass unsere Putzfrau da war und auf ihre gewohnt energische Art die Böden wischte. Ich hörte sie in der Küche umhergehen und lief, bevor sie mich abpassen konnte, rasch die Treppe hinauf. Atemlos stürzte ich ins Arbeitszimmer meines Vaters. Er stand da und hielt ein Stethoskop an die Brust eines halb entkleideten älteren Mannes. Ich hatte ganz vergessen, dass er Sprechstunde hatte!

Papa ließ das Stethoskop fallen, und wir fielen uns in die Arme. »Mein Kind, mein Kind!«, wiederholte er mit seltsam hoher Stimme, als ich an seiner Schulter wortlos schluchzte. Dann zupfte er mich plötzlich am Ärmel und sagte: »Deine Mutter wollte heute Nachmittag ausgehen, aber vielleicht ist sie noch nicht fort. Wir laufen besser schnell nach oben. Vielleicht ist sie ja noch da.«

Wir ließen den armen, verwirrten Patienten auf seinem Stuhl sitzen, rannten aus dem Zimmer und sprangen, drei Stufen auf einmal nehmend, die Treppe hinauf ins nächste Stockwerk. Auf dem Treppenabsatz stießen wir mit einer meiner Schwestern zusammen und versanken in einer taumelnden Dreierumarmung, die uns womöglich zu Fall gebracht hätte, wenn das Glück nicht mit uns gewesen wäre. Schließlich erzählte uns meine Schwester, Mutter sei vor etwa zwanzig Minuten aus dem Haus gegangen. »Seit dem Brief aus England hat sie sich geweigert, das Haus zu verlassen, und jeden Tag auf dich gewartet«, sagte meine Schwester fast klagend, »und ausgerechnet heute haben ihre Freundinnen sie dazu überredet, sich eine kleine Auszeit zu gönnen, sie zu besuchen und eine Partie Bridge zu spielen.« Dann hellte sich ihre Miene auf, und sie sagte: »Aber ich weiß, wo sie ist. Im Haus eines anderen Arztes, das Telefon wird bestimmt funktionieren. Ich rufe sofort an!« Sie lief davon. Auf dem Treppenabsatz umklammerten mein Vater und ich einander immer noch.

»Papa, hast du unten nicht einen Patienten?«, stammelte ich.

Er schlug sich auf die Stirn und sagte: »Ach ja, stimmt. Warte, ich werde ihn los.« Und wie ein kleiner Junge rannte er die Treppe hinunter.

Meine Schwester tauchte aus dem Schlafzimmer meiner Eltern auf und berichtete: »Ich habe die Leute ans Telefon gekriegt. Mutter ist noch nicht da, aber sobald sie eintrifft, werden sie sie gleich wieder zurückschicken. Ach, wie schön, dass du wieder da bist!« Und wieder umarmte sie mich, und ich spürte, wie ihre Tränen an meinem Hals herabliefen.

Auf einmal wurde ich wieder ganz praktisch. »Schau«, sagte ich leise. »Ich hab ein paar Geschenke mitgebracht. Wir arrangieren sie hübsch für Mutter, ja?«

Gemeinsam gingen wir ins Wohnzimmer und arrangierten auf dem Couchtisch all die Konserven, die ich aus Belgien mitgebracht hatte, die Servietten aus dem Zuchthaus und meine Gefängnisstickereien. Dann stürzte Papa herein und sagte: »So, meinen Patienten bin ich los. Jetzt lasst uns die Flagge hissen. Seit wir den Brief aus England erhalten haben, dass du auf dem Heimweg bist, liegt sie schon bereit. Und auch von deinem Bruder haben wir gute Nachrichten. Jemand ist vorbeigekommen, um uns mitzuteilen, dass er zwei Tage nach der Befreiung des Lagers noch am Leben war; vermutlich ist er auf dem Heimweg.«

Irgendwie gelang es uns dreien, die Flagge zu hissen, und das stolze Rot-Weiß-Blau flatterte träge in der sanften Junibrise. Es war der 13. Juni 1945 – fünf Wochen nach unserer Befreiung aus dem Zuchthaus Waldheim.

Als meine Mutter mit ausgestreckten Armen ins Wohnzimmer stürzte, saßen wir drei, mein Vater, meine Schwester und ich, ziemlich steif hinter meinen ausgebreiteten Geschenken auf der Couch. Körperlich waren sie in schlechterer Verfassung als ich. In den letzten Kriegsmonaten hatten sie sich nur von Roten Beten und Tulpenzwiebeln ernährt. Außerdem erfuhr ich, dass meine jüngste Schwester in einem Krankenhaus in Haarlem arbeitete. Papa wollte versuchen, sie mithilfe eines Notpasses am nächsten Wochenende nach Hause kommen zu lassen. Und dann versagten uns die Worte. Keiner von uns konnte seine Gefühle ausdrücken. Meine Mutter brach das Schweigen. Nachdem wir uns minutenlang weinend in den Armen gelegen hatten, stellte sie so viele Fragen, dass sich auch meinem Vater und meiner Schwester die Zungen lösten, und bald musste ich Fragen von allen Seiten beantworten. Meinen belgischen Geschenken gegenüber zeigte sich meine Mutter in höchstem Maße gleichgültig. »Ich hab dich wieder«, wiederholte sie ein ums andere Mal, »ich hab dich wieder!«

Schließlich nahm ich das kleine viereckige Stück Baumwolle zur Hand, das ich aus meiner Gefängnisunterwäsche herausgeschnitten und mit einem Spinnennetzmuster bestickt hatte. »Sieh nur«, sagte ich stolz, »das hab ich eigens für dich gestickt. Wirst du es als Andenken behalten?«

In diesem Moment brach Mutter zusammen. »Das kannst du nicht gestickt haben«, schluchzte sie, »du hast doch nicht einmal gewusst, in welcher Hand du die Nadel halten musst.«

NACHBEMERKUNG

1956 erstmals im »New Yorker« erschienen, wurde die Buchausgabe von »Morgen wartet eine neue Welt« (»The Walls Came Tumbling Down«) 1957 in den USA zum Bestseller, gefolgt von erfolgreichen Übersetzungen in England und in den Niederlanden, und auch in Japan sorgte die Geschichte über Zip, Joke und Nell für Begeisterung. Gerühmt wurde die unaufdringliche Leichtfüßigkeit, mit der Henriette Roosenburg ihre erstaunliche Geschichte erzählt; man feierte den Optimismus und den Humor, mit dem die drei Freundinnen ihr Schicksal selbst in die Hand nehmen, als wahres Kennzeichen von Mut und Heldentum und verglich die Eindringlichkeit des Berichts mit dem Film »Die Brücke am Kwai« (1957).

In den USA gerieten die Autorin und ihr Buch nie ganz in Vergessenheit, fanden hin und wieder Erwähnung in der Öffentlichkeit, im Jahr 2000 kam zuletzt eine Raubedition des Buches auf den Markt. Im Gegensatz dazu verschwand sie ausgerechnet in den Niederlanden völlig aus dem kollektiven Gedächtnis, was an ihrem Vagabundenleben gelegen haben könnte: Nach dem Krieg lebte sie zunächst in Paris und New York, bevor sie sich endgültig in Frankreich niederließ, wo sie auf dem Kirchhof jenes Dorfes begraben ist, in dem sie ihre letzten Lebensjahre verbrachte. Erst durch eine Neuausgabe des Amsterdamer Verlages Cossee 2020 ist ihr Buch in ihrem Heimatland wiederentdeckt worden, als ein völlig zu Unrecht vergessener Klassiker einer beeindruckenden Autorin. Und jetzt erscheint ihr Bericht endlich auch zum ersten Mal auf Deutsch.

Ermutigt von ihren Kollegen, denen sie ihre Erlebnisse zu erzählen pflegte, begann Henriette Roosenburg, ihre mündlichen Schilderungen auf Tonband aufzunehmen. Die Autorin betonte stets, dass sie eine »Dokumentation« anstrebe, der sie so wenig wie möglich hinzugefügt habe. Ihr Ziel sei es gewesen, darzustellen, was sie in Deutschland unmittelbar nach dem Ende des Zweiten Weltkriegs erlebt habe. So schildert sie etwa auch die komplexen Beziehungen von Frauen mit sowjetischen Soldaten völlig unverblümt, wie es Marta Hillers in ihrem 1954 als Anonyma veröffentlichten autobiographischen Werk »Eine Frau in Berlin« eindrucksvoll vorgemacht hatte.

Henriette Roosenburg gelingt mit ihrem Buch jedoch mehr als ein Bericht, erzählt sie doch zugleich eine authentische, abenteuerliche Heldengeschichte mit Frauen in den Hauptrollen – eine Geschichte, die es allzu oft gegeben, die es aber viel zu selten ans Licht der Öffentlichkeit geschafft hat.

Brussel
G.F.P. Kaserne
1944 1-8 Mrt.
cel 1
Si c'était à refaire, recommenceriez vous?
Haaren
Elite-Lager
15 Mrt.-19 Juni
Afd II cel 29, 26, 56
En het duurt nog maar een troepie
Utrecht
Kriegswehrmacht-gefängnis
19 Juni 6 Sept.
Zaal B, cachot A
Cottbus
Fr. Zuchthaus
6 Oct. 2 Febr 1945
ZHA112, E70, Bs, 11 HH III 27
Et puis quand nous